法律社会学专论

大工法学·专业综合改革·系列教材

陈 光 赵大千 著

知识产权出版社
全国百佳图书出版单位

图书在版编目（CIP）数据

法律社会学专论／陈光，赵大千著． —北京：知识产权出版社，2019.8
ISBN 978-7-5130-6276-3

Ⅰ.①法… Ⅱ.①陈… ②赵… Ⅲ.①法律社会学—高等学校—教材 Ⅳ.①D902

中国版本图书馆 CIP 数据核字（2019）第 101499 号

责任编辑：齐梓伊　　　　　　　　　　责任校对：王　岩
执行编辑：凌艳怡　　　　　　　　　　责任印制：刘译文
封面设计：SUN 工作室　韩建文

法律社会学专论

陈　光　赵大千　著

出版发行：知识产权出版社有限责任公司	网　　址：http://www.ipph.cn
社　　址：北京市海淀区气象路 50 号院	邮　　编：100081
责编电话：010-82000860 转 8176	责编邮箱：qiziyi2004@qq.com
发行电话：010-82000860 转 8101/8102	发行传真：010-82000893/82005070/82000270
印　　刷：北京嘉恒彩色印刷有限责任公司	经　　销：各大网上书店、新华书店及相关专业书店
开　　本：720mm×1000mm　1/16	印　　张：17.75
版　　次：2019 年 8 月第 1 版	印　　次：2019 年 8 月第 1 次印刷
字　　数：270 千字	定　　价：78.00 元
ISBN 978-7-5130-6276-3	

出版权专有　侵权必究
如有印装质量问题，本社负责调换。

前　言

"法律是什么"，这是法律初学者首先遇到的一个问题，至少在逻辑上如此。对于我国的法律初学者而言，法律是统治阶级意志的体现以及法的内容由统治阶级的物质生活条件所决定，是他们所接触的关于法律本质的最初也是最权威的解释。《共产党宣言》中那段表述更是被广为引述，"你们的观念本身是资产阶级的生产关系和所有制关系的产物，正像你们的法不过是被奉为法律的你们这个阶级的意志一样，而这种意志的内容是由你们这个阶级的物质生活条件来决定的"[①]。其实，除了哲学和政治学的意蕴之外，这段"经典"论述实际上还反映了一个基本的法学原理：法律具有社会属性，对法律的关注不能忽视其存在的社会时代，尤其是社会的经济条件。

这一原理对于我们学习法律非常重要。经验地来观察法律现象或法律事实，来考察法律运行的实然状态，有助于帮助我们走出分析法学所构筑的逻辑迷阵，更深刻地理解法律所承载的那些价值或者功能，从而也更真实地把握我们所处的这个时代。当人们接受了"拿起法律武器保护自己的权益"这样的宣传时，当法律的初学者内化了自由、平等和公正等的法律价值时，当法治与正义的目标被法律人视为终生的追求时，一种法律之魅便也产生了。理想与现实之间总是存在距离，应然和实然之间的鸿沟从来不曾弥合，即使人们有意无意地忽略这种距离或鸿沟。于是，稍有不如意，沮丧与抱怨便会产生。此时，真应该认真倾听法律社会学学者的告诫：法律不是万能的，因

[①] 中共中央马克思恩格斯列宁斯大林著作编译局：《马克思恩格斯选集（第1卷）》，中共中央马克思恩格斯列宁斯大林著作编译局译，人民出版社1995年版，第289页。

为社会规范是多元的；法律效力不等于法律实效，因为法律从文本付诸于实践要受到各种因素的制约。

社会规范是多元的，国家立法机关制定的法律只是其中的一种。"一个社会、一个国家，由于历史和地理的原因，由于政治和经济发展不平衡，多宗源文化的共存和相互撞击，以及由于社会生活复杂性和多样性等原因，除了正式的国家法律规范外，多元的类法律规范在实际上也规约着人们的社会生活，而且在某种程度上发挥着比正式的国家法律规范更大的作用。"[①] 至于"类法律规范"都包括哪些具体的规范形式，不同的学者虽有不同的列举，但诸如道德、习惯和风俗等是公认的国家制定法之外的社会规范类别。近年来兴起的民间法和软法研究，尽管在内涵和外延上仍有待于进一步明确，但有关研究再次从理论与实证两个视角论证了国家制定法功能的局限及规范的多元。

法律具有强制性的规范效力，并且这种强制力来自国家，以国家的暴力为保障。但是，这种强制力以及所保障下的规范效力首先是一种文本意义上的，也即蕴含在法律文本的字里行间，而非当然地呈现于相应的社会交往关系之中，自动地转化为一种实然的作用力。立法后评估也正是建立在这一原理基础上。影响法律效力转化为法律实效的因素有很多。荀子所谓的"有治人、无治法"在某种意义上可以视为对规范治理最大制约因素的指明，这一因素来自规范实施主体同时也是作用对象——人。根据社会心理学的一般原理，个体的行为总是在特定的心理支配下作出的，而个体心理的形成或塑造又主要受制于其成长经历和社会环境等外在因素。因此，研究规范治理的实际状况离不开对个体社会心理的探析。换言之，个体的社会心理是研究规范治理的一个重要变量，它关系到规范治理由应然效力向实然成效转化的程度。关注规范治理主体的心理，意味着我们不再抽象地去提及某一类规范主体或法律角色（如法官、律师和当事人等），而是将其中每一类的成员都视为鲜活的社会中个体，他们具有一般社会属性同时也有着自己的个性。基于此，

---

① 赵震江：《法律社会学》，北京大学出版社1998年版，第114页。

我们不应基于逻辑一致性的研究需要而过度忽视或抹杀规范主体的个体性或特殊性。

美国学者劳伦斯·M. 弗里德曼指出："给予法律制度生命和真实性的是外面的世界。法律制度不是隔绝的、孤立的，它完全依靠外界的输入。没有诉讼当事人就没有法院；没有争论及抓住不放的意志，就没有诉讼当事人。这些社会要素使影片解冻，把制度启动起来。"[1] 重视多元规范运行中各参与主体的个性或特殊性，除了关注其行为时的规范心理外，还应将视野扩大至当下的社会。处于转型期的中国为我们观察和思考多元规范的运行提供了丰富的素材。在转型期的这样一个"大时代"中，利益的多元化推动着不同阶层的分化，整个社会的结构在发生着改变，同时还伴随着观念的分化以及价值的重新选择。所谓的"毁三观"，如果抛却其中戏谑的成分，多少反映了这样一个时代给人们价值理念所带来的深刻冲击。当然，中华文化的持久性和中国问题的复杂性注定了这一转型是漫长的。可以感受也能够预见的是，在这一漫长的过程中，有些内容在快速地发生着变化，有些内容在缓慢地发生着变化，而有些内容则难以发生变化。

复杂伴随着多样，这也正是法律社会学研究的一个基本逻辑起点。在经历了改革开放早期尤其是"依法治国"口号提出前后的激情澎湃后，学者们尤其是来自理论法学的研究者们渐渐地从启蒙式的思维中走出或者进行反思，相应的研究除了依然迎合政策的需要之外，明显冷静和"保守"了许多。一些学者开始关注法治建设中的一些本土性的东西，诸如习惯法、民间法和"德治"等问题，一些学者更为扎实地投身于中国法制现代化的问题，也有一些学者潜心于中国法学研究中一直较为缺乏的内容——分析实证主义法学。然而，无论何种研究路径和具体问题的选择，总能在他们身上找到大致相同的印迹——对现实的关怀。

的确，转型中国为法学研究者提出了艰巨的学术任务，同时也为其提供

---

[1] ［美］弗里德曼：《法律制度——从社会科学角度观察》，李琼英、林欣译，中国政法大学出版社2004年版，第17页。

了取之不竭的研究话题。从国家制定法及其实施状况，到国家制定法之外的规范形式的挖掘及其理论建构，从司法改革的原则及具体策略，到劳动教养的废除和社区矫正制度的建立，从对曾担任党和国家高级领导职务人员的公开审判，到网络上对赵作海案、聂树斌案和于欢案等纷纷扰扰地讨论不休、鞭挞不止，这些无不是转型中国带给我们的话题。当然，作为法律研究工作者，除了要对这些应接不暇的热点案例或者公共事件及时关注外，更要探析这些案例或事件背后的法理——国家法被如何对待，民间法发挥了怎样的功能，政府及民众的法治意识或规范心理是一种怎样的状态，等等。所有这些，构成了转型时期中国法律社会学研究的对象，也构成了所有法律理论和实务工作者所要面对的真实时代。无论是否愿意，我们总归身处在这个时代，我们存在的意义也是这样一个时代所赋予的。正如西方社群主义者指出的那样，在现实生活中，任何个体都必然要成为公共生活的参与者，要受到各种归属（attachments）的制约。我们每一个个体的意义也正是在这样的归属中得以确立。因此，如何在这样的时代中有所思考，而非总是浑浑噩噩或者喋喋不休地抱怨，才是我们正确的、有意义的选择。

基于上面的考虑，著者在习读法学教科书及"课外书"伊始便有着现实主义的思维倾向，并尝试着以自己的语言和文字来记录和表达自己对一些问题的看法，于是便陆续形成了这部作品的文字。当然，将这些文字编辑成一部教材，还得益于2016年著者所在的大连理工大学教务处批准的"法学专业综合改革项目"。作为该项目的成果之一，我们以专题的形式呈现了近年来各自在教学和科研中关于法律与社会关系的思考。专题内容涉及民间治理的规范与心理、民间法与软法、网络社会治理、法律社会学视角下的法律方法，以及法学引证研究等问题。尽管内容的专题性在一定程度上影响了逻辑的紧凑性，但本教材在介绍并遵循法律社会学基本原理基础上，以"治理""规范""心理"和"方法"四个关键词为主线，相对系统地表达了著者对于法律社会学中相关问题的理解。

本教材由陈光和赵大千两人合作完成，具体分工情况为：陈光，负责第二章、第三章、第四章、第五章和第七章的写作，赵大千负责第一章、第六章和第八章的写作。本教材由陈光负责确定编写大纲和内容审定。大连理工大学法学专业硕士研究生方嫒、李嘉美、陶威滨和周福键等同学，协助做了大量的资料收集与整理、文字校对等工作。知识产权出版社的齐梓伊主任和凌艳怡女士在编辑和出版本教材过程中，也给予了大力的支持并提出了很多有建设性的建议，在此一并表示感谢。受学识或个人观点所限，书中在理论阐述方面难免存在偏颇或不足之处，恳请各位读者批评指正。

编　者

2018 年 3 月 27 日

目录 Contents

第一章　法律社会学概述 …………………………………………… 1
一、法律社会学的产生与研究对象 …………………………… 1
（一）法律社会学的产生 ………………………………… 1
（二）法律社会学的研究对象 …………………………… 3
二、法律社会学的研究方法 …………………………………… 4
（一）法律社会学的思维方式 …………………………… 5
（二）法律社会学的研究范式 …………………………… 6
三、法律社会学的研究视野与研究范围 ……………………… 7
（一）法律社会学的研究视野 …………………………… 8
（二）法律社会学的研究范围 …………………………… 9

第二章　民间治理：历史与现实 ………………………………… 11
一、转型时期民间治理的规范与心理 ………………………… 12
（一）民间治理的含义、结构与功能 …………………… 12
（二）民间治理规范的特点及适用 ……………………… 17
（三）治理主体的规范心理及其转型 …………………… 21
二、转型时期民间纠纷的解决 ………………………………… 26
（一）转型时期民间纠纷的类型与特点 ………………… 26
（二）民间纠纷解决机制的种类及调解的意义 ………… 29
（三）完善民间纠纷解决机制的建议 …………………… 33
三、英租威海卫时期的民间治理及现实启示 ………………… 36
（一）民间治理的基本策略和基础性制度 ……………… 37

1

（二）诉讼制度及现实思考 ………………………………………… 43
　　（三）调解机制的运作 …………………………………………… 49
　　（四）民间治理的现实启示 ……………………………………… 52

第三章　民间法的社会心理学研究 ………………………………… 65
一、场域理论与民间法的含义 ……………………………………… 65
　　（一）释义民间法之前提：场域的界定 ………………………… 65
　　（二）民间法的含义界定 ………………………………………… 67
二、民间法研究的社会心理学进路 ………………………………… 72
　　（一）民间法研究的现状及问题简析 …………………………… 73
　　（二）民间法与社会心理机制的内在关联 ……………………… 75
　　（三）法律心理学与民间法研究的社会心理学进路 …………… 78
三、个体社会化中民间法的作用 …………………………………… 81
　　（一）研究个体社会化中的民间法原因 ………………………… 81
　　（二）动态分析：民间法在个体社会化不同时期的作用 ……… 85
　　（三）静态分析：个体社会化中名望与面子的规范意义 ……… 87

第四章　司法过程中民间法作用的社会心理机制 ………………… 92
一、作为法官知识构成的民间法 …………………………………… 92
　　（一）作为社会个体的法官与民间法 …………………………… 92
　　（二）民间法作为法官知识构成的表现——以影像中的法官为例 … 94
　　（三）民间法作为法官知识构成的必然性及意义 ……………… 96
二、司法调解中民间法的作用及其心理机制 ……………………… 97
　　（一）司法调解的优势及民间法存在的空间 …………………… 97
　　（二）司法调解中民间法作用的具体表现 ……………………… 98
　　（三）司法调解中民间法作用的社会心理机制 ………………… 102
三、"找关系"的规范性及其社会心理学分析 …………………… 108
　　（一）"找关系"：司法活动中不可忽视的民间法 …………… 108
　　（二）司法过程中"找关系"之社会心理 ……………………… 111
四、司法民意的规范属性及其社会心理成因 ……………………… 118

（一）民意的民间法属性 ·················· 118
　　（二）司法民意的社会心理成因分析 ·················· 119
五、判决正当性的社会心理学分析 ·················· 126
　　（一）判决正当性的含义及原因 ·················· 126
　　（二）司法判决为何以及如何被社会所接受 ·················· 128
　　（三）接受判决与通过司法之公正 ·················· 133
六、法官认知中民间法的影响及其规制 ·················· 135
　　（一）法官认知的含义及其影响因素 ·················· 135
　　（二）司法中民间法的意义及其对法官认知的影响 ·················· 139
　　（三）如何规制法官认知中民间法的影响 ·················· 146

第五章　社区治理的软法之治 ·················· 151

一、社区治理法治化：社会管理创新的重要维度与基本要求 ·················· 152
　　（一）从社会管理创新到创新社会治理 ·················· 152
　　（二）社区治理与社会管理创新的推进 ·················· 154
　　（三）社区治理法治化是社会管理创新的基本要求 ·················· 156
二、社区治理的规范依据：多元规范中的软法 ·················· 158
　　（一）社区治理中的多元规范 ·················· 158
　　（二）社区治理软法的表现形式 ·················· 162
　　（三）社区软法的公共治理功能 ·················· 165
三、社区治理实践中软法运行存在的问题 ·················· 167
　　（一）社区治理软法运行缺乏制度保障 ·················· 167
　　（二）社区治理实践中软法运行缺乏人员支持 ·················· 171
　　（三）社区软法运行中的矛盾解决机制不完善 ·················· 173
　　（四）社区治理软法实施中自由裁量缺乏有效约束 ·················· 175
四、加强软法之治与推进社区治理创新 ·················· 177
　　（一）完善社区软法的制定程序 ·················· 177
　　（二）健全软法运行的组织和实施保障机制 ·················· 179
　　（三）加强社区软法运行的硬法保障 ·················· 180

- （四）完善社区软法运行中的矛盾解决机制 …… 182
- （五）探索社区软法在司法中的适用方式 …… 183
- （六）采取措施有效规制社区软法实施中自由裁量 …… 184

第六章　网络社会治理方式创新 …… 188
一、网络社会变迁与治理概述 …… 188
- （一）网络社会的概念 …… 188
- （二）网络社会的社会学意义 …… 189
- （三）本章的核心议题与结构安排 …… 191

二、网络社会的本质与社会治理理念 …… 191
- （一）崭新说与网络社会自治 …… 191
- （二）媒介说与网络社会严格监管 …… 192
- （三）混合说与网络社会治理创新 …… 192

三、网络社会的运行逻辑与权利—权力关系嬗变 …… 194
- （一）网络社会的技术逻辑 …… 194
- （二）网络社会的社会逻辑 …… 197
- （三）网络社会运行逻辑的误解与澄清 …… 199

四、网络社会治理方式创新 …… 201
- （一）网络社会的法律治理方式 …… 201
- （二）网络社会的社会自治方式 …… 204
- （三）网络社会的技术治理方式 …… 206
- （四）网络社会三种治理方式的关系 …… 209

第七章　法社会学视角下的法律方法 …… 213
一、司法过程中法律方法的心理学意义 …… 213
- （一）司法的功能定位与法律方法的心理学意义 …… 213
- （二）法律方法对认知心理的影响 …… 217
- （三）法律方法与对裁决结果的接受 …… 220

二、司法过程中法律适用的智慧 …… 224
- （一）理性与实践：司法智慧的理论探究 …… 224

（二）理念与技巧：司法智慧的个案解析 …………………… 226
　　（三）影响司法智慧运用的因素 …………………………… 228
三、正式规范非正式适用的法律智慧 …………………………… 230
　　（一）从"依法收贷"看规范适用者的智慧 …………………… 230
　　（二）从社会心理学的角度看正式规范"非正式"适用的智慧 …… 234
　　（三）两套规范体系的和谐并用 …………………………… 237
四、多重权力关系中法律方法的功能与司法改革 ……………… 239
　　（一）法律方法的一般功能和特殊功能 …………………… 239
　　（二）多重权力关系中的法律方法与司法改革的困境 …… 243
　　（三）司法改革困境的走出与法律方法一般功能的最大化 …… 245

第八章　法学引证研究的回顾与反思 ………………………… 251

一、问题的提出：法学学术作品价值的量化研究 ……………… 252
　　（一）法学作品的量化评价 ………………………………… 253
　　（二）法学作品量化评价的问题 …………………………… 254
二、引证研究的制度分析 ………………………………………… 255
　　（一）中国学术作品关注度与学术价值之间的关系 ……… 255
　　（二）引证研究效度的制度性基础 ………………………… 257
三、引证研究的过程分析 ………………………………………… 260
　　（一）引证行为的宏观分析 ………………………………… 261
　　（二）引证行为的微观分析 ………………………………… 262
　　（三）引证行为的持久性分析 ……………………………… 264

第一章 法律社会学概述

学习目标

了解法律社会学的研究对象、法律社会学产生的社会背景和理论基础；掌握法律社会学的研究范式；区分法学家与社会学家在研究社会生活中法律问题方面的差别；熟悉法律社会学的研究范围；能够准确界定社会中法的形态及本质。

法律社会学（sociology of law）自19世纪末诞生至今，已经经过一百多年的发展历程。意大利社会学家安齐洛蒂在其著作《法律哲学和社会学》（1892）中首次正式使用"法律社会学"的概念。此后，奥地利法学家尤根·埃利希通过在其专著《法律社会学基本原理》（1913）中阐释"活法"理论，系统论证了法律社会学的总体性纲领、基本范式、分析工具和研究方法，标志着法律社会学的创立。

法律社会学是一门社会学与法学的交叉学科，表现出法学研究方法的创新和法学研究视野的拓展，经过一代又一代法律社会学家的努力，走向成熟和繁荣。作为一门新兴学科，法律社会学的研究和教学必须首先明晰两个关键问题：其一，法律社会学研究什么，即研究对象和研究范围；其二，法律社会学如何开展研究，此即研究方法。

一、法律社会学的产生与研究对象

（一）法律社会学的产生

法律社会学作为一门独立学科的产生具有独特的历史动因和理论背景。

这是准确把握"法律社会学研究什么"的前提基础。

首先,法律社会学产生的社会背景。法律社会学产生于19世纪末转型社会的现实背景之中。彼时,资本主义的生产方式和生产关系已经建立并运行了近一个世纪。早期工业化奉行无序的自由竞争,最终导致大规模工业和商业资本对全国经济和市场的垄断,社会形态从自由资本主义转向垄断资本主义。垄断资本主义的出现使得各种社会矛盾趋于激化,社会结构发生深刻变化,亟待改革与调整。弱势群体通过风起云涌的社会运动,要求解决社会中严重的实质不平等。他们希望通过立法保障公民权利,由此形成巨大的社会压力,对传统政治法律秩序发出挑战。

源自18世纪的概念法学在19世纪占据了支配地位。它的兴盛是大陆法系国家的共同现象,促成了普通法系国家的法律形式主义。[1] 概念法学强调国家法是唯一的法律。法律体系是一个由抽象法律原则和具体法律规则组成的逻辑自洽的概念体系。法官应当严格适用和忠实遵守国家法,通过概念分析和演绎推理从法律规范中得到正确的案件判决。[2] 概念法学将法律视为一个封闭的体系,割裂了法律与社会之间的紧密互动关系,忽视了法律在社会中的实际运作,这些缺陷促成了法律社会学的崛起。时代要求法律变革以回应社会现实、解决社会危机。法律社会学以"法与社会的关系"为研究主题,探索社会变迁中法律如何发展,法律能够成为引导社会变革或有效控制社会的工具等问题,拓宽了法学研究的视野。

其次,法律社会学产生的理论基础。工业革命以来自然科学的迅猛发展深刻影响了社会科学领域。社会学建立的初衷是反对神学和纯粹的哲学思辨,通过观察、调研、实验、历史和比较等方法,从经验事实中发现人类行为的规律。[3] 法律社会学是法学与社会学的交叉学科,蕴含社会学研究的基本特征,即观念基础和研究逻辑。

---

[1] 张文显:"西方法社会学的发展、基调、范围和方法",见李楯编:《法律社会学》,中国政法大学出版社1999年版,第46页。

[2] [美]菲尔德曼:《从前现代主义到后现代主义的美国法律思想:一次思想航行》,李国庆译,中国政法大学出版社2005年版,第174-176页。

[3] [法]孔德:《论实证精神》,黄建华译,商务印书馆1996年版,第4页。

法律社会学研究的观念基础渊源于法国社会学家涂尔干（又译迪尔凯姆）的社会事实理论。社会学的研究目标是发现社会事实，形成一门关于社会的科学。普遍存在于社会各处，从外部给予个人以约束，固有存在的都是社会事实，它具有外在性、强制性和普遍性三个特征。最重要的社会事实是社会和个人行为。就社会而言，社会由人构成，但有其自身独立的存在，同时具有强制性力量塑造和调整人的行为。社会作为一种社会事实表现为法律、道德、习俗、政策、教义等诸种多元化的社会制度。法律制度作为一种社会事实是发生于时空中，能被感知并有约束力的人之行为规范。就行为而言，人类行为与社会生活关系紧密。个人行为由社会所塑造，同时也不断改变着社会。法律制度和人之法律行为是现代社会最重要的社会事实。[1]

法律社会学的研究逻辑受到社会科学研究的深刻影响，是包含前提假设、观念准备、研究伦理、具体研究方法的一整套系统工程。与自然法学、分析法学等通过权威、思辨获得知识的方式等截然不同，法律社会学的研究逻辑以经验为基础，遵循科学程序：研究假设→操作化→调查或实验→归纳推理→研究结论。通过法律社会学的研究逻辑获得的知识满足两个必须的标准：符合经验观察且言之成理。[2]

（二）法律社会学研究对象

作为一门新兴学科，首先应当探讨的问题是研究对象，明确法律社会学研究的出发点和边界。关于法律社会学研究什么，学者们从不同的角度加以了阐释。

从法律社会学的产生来看，法律社会学将法律视为社会事实，通过社会学的理论和方法，在宏观上，研究法与社会之间的互动关系，在微观上，分析社会中的法律运作。沈宗灵概括指出法律社会学作为一门新兴学科开辟了法学研究的新路径，即透过现实社会问题，着重研究法律的实行、功能和效果。[3] 季卫东进一步提出了界定法律社会学研究的三个标尺：其一，研究内

---

[1] [法] 迪尔凯姆：《社会学方法的准则》，狄明玉译，商务印书馆1995年版，第9-11页。
[2] [美] 巴比：《社会研究方法：上》，邱泽奇译，华夏出版社2000年版，第34-40页。
[3] 沈宗灵："法社会学的几个基本理论问题"，载《法学杂志》1988年第1期。

容聚焦于社会中的法律现象，包括正式法与非正式法；其二，研究目的是在社会中解释法律，通过法律理解社会；其三，研究重点围绕法律的社会性，以社会本位为基础，强调法律的社会本质。①

综上，虽然国内外对于法律社会学的研究对象有多种解释，但也存在明显的共识：法律社会学是社会学的一个分支，借助社会学的理论和方法形成自己独特的研究范式，把既存的法律现象视作构成社会整体要素的一部分，侧重研究他们在社会结构中的运作、功能和效果。②

从学科体系角度，应当注意区分法律社会学（sociology of law）与社会学法学（sociological jurisprudence）。前者属于社会学分支，社会学家们把法律与既存法系放在社会结构当中理解，意图从法律中发现法社会秩序的本质，以建构一套理论性的解释。代表人物有尤根·埃利希、马克思·韦伯、卢曼等。③后者属于法学理论流派，社会学法学家们反对将法律视为依据逻辑建构的一套封闭的规范体系，主张运用社会科学方法从经验事实中发现法律以回应社会变迁，实现社会控制。④随着学科间相互渗透，法律社会学与社会学法学相互渗透，二者在理论视角、方法指向、价值目标上日趋一致，即二者都强调运用社会学的理论和方法研究法律现象，重视法律的运行、功能和效果。⑤

二、法律社会学研究方法

作为一门新兴学科，法律社会学的研究方法是必须解决的基本问题。值得注意的是，本书没有按照传统教材和著作中的模式介绍法律社会学的整个方法论系统，即不打算系统介绍法律社会学哲学方法论、部门方法论、具体研究手段三个层次的具体内容。法律社会学依赖社会科学研究方法，要求法学研究者像社会学家一样思考。这里将首先探讨研究法律现象的法学模式和社

---

① 季卫东："界定法社会学领域的三个标尺以及理论研究的新路径"，载《法学评论》2005年第10期。
② David Walker, The Oxford Companion to Law, Oxford University Press, 1980, p. 872.
③ [英]科特威尔：《法律社会学导论》，彭小龙译，中国政法大学出版社2015年版，第9页。
④ [美]威尔斯："社会中的法律研究"，见[美]埃文主编：《法律社会学》，郑哲民译，巨流图书公司1996年版，第27页。
⑤ 张文显：《二十世纪西方法哲学思潮研究》，法律出版社1996年版，第108页。

会学模式，进而分析两种研究模式有机结合时产生的方法论之争，最后阐释法律社会发展过程中形成的研究范式，以揭示法律社会学研究方法的基调和特色。

(一) 法律社会学的思维方式

法律社会学不仅仅是运用社会科学方法研究具体法律现象，这可能导致研究的庸俗化，我们应当跳出法学的思维樊篱，像社会学家一样思考。这首先要区分研究社会中法律现象的法学模式和社会学模式，二者在研究中心和研究视角上存在本质的差异。

从研究中心来看，法学模式强调以法律规则为中心，依据逻辑适用法律条文，从而作出司法判决。法律是普遍的和不变的，同样的社会事实会产生同样的判决结果。差别待遇是异常现象或道德偏差，应当被纠正。社会学模式主张以案件的社会结构为中心，关注案件的参与者及其对案件的影响，以解释案件判决如何作出。法律因不同案件的社会结构千差万别而可变，差别待遇是自然的且无处不在。[①]

从研究视角来看，法学模式是内在研究视角，关注法官和律师等司法的参与者如何运用逻辑将法律规则适用于案件事实以作出案件判决。法学模式以合法性为标准，把案件的社会事实放到法律框架中衡量，以判断人们的行为是否符合法律的要求，预测司法判决的结果。社会学模式是外在研究视角，从观察者的中立立场出发，经验观察和科学测量案件参与者的社会性，以解释案件判决的实际过程、社会学模式是科学的，着重观察法律在社会中的运作过程，以发现和解释法律发展规律。[②]

法律社会学自19世纪末诞生以来迅速发展，产生大量针对具体问题的经验研究成果。这些经验研究中相当一部分有庸俗化的倾向，突出地表现为规范研究与经验研究、基础理论与具体研究之间的断裂。[③] 法律社会学应当纠正这些缺陷，探寻法学模式和社会学模式的有机结合，将法律社会学推向繁荣。

---

① [美] 布莱克：《社会学视野中的司法》，郭星华等译，法律出版社2002年版，第103-104页。
② [美] 弗里德曼：《法律制度：从社会科学角度观察》，李琼英等译，中国政法大学出版社2004年版，第175-178页。
③ [美] 米尔斯：《社会学的想象力》，陈强等译，生活·读书·新知三联书店2005年版，第19页。

在法学模式与社会学模式有机结合的过程中，学者们关于应当如何研究展开了激烈的争论，即著名的塞尔兹尼克"法律价值"与布莱克"纯粹法社会学"两大方法论之争。以塞尔兹尼克和诺内特为代表的伯克利学派指出当时法律社会学研究庸俗化的原因是只关注具体研究手段的革新，缺乏价值研究，造成事实与价值的分离。[①] 他们强调社会事实不可能价值不涉，法律社会学研究不能够忽视法律价值，尤其是法治等重要价值。应当通过规范性研究在事实和规范之间架设桥梁，即经验研究基础上的规范分析方法。[②] 以布莱克为代表的威斯康星学派则坚持纯粹的社会科学研究方法，主张摒弃法律社会学中一切价值判断因素。他们认为法是社会控制的一种形式，法律社会学的研究对象是施加控制的行为本身。以此为出发点，将行为分解、描述为变量，以进行观察、解释、计算等量化研究，发现一般性法律理论。[③] 这场哲学层面的方法论之争本质上是规范主义与科学主义之间的论辩，最终推动了法律社会学理论与研究方法的多元化。

（二）法律社会学的研究范式

在一百年来的发展过程中，形成了历史主义、反形式主义、工具主义三大研究范式，反映了法律社会学研究的基调和特色。

历史主义强调运用社会科学理论与方法，探寻法的历史根源和社会基础，解释法的发展演变，考察社会变迁中的法律变迁和通过法律的社会变迁，确认法律进化的模式。[④] 可以说，法律社会学在某种意义上是从历史法学中发展起来的。[⑤] 在研究对象方面，法律社会学指出民族的习惯和信念是法的精神源泉，法是民族文化和民族特性的展示，习惯法是社会中重要的法之表现

---

① 张乃根："当代西方法社会学中方法论之争及其启示"，见李楯编：《法律社会学》，中国政法大学出版社1999年版，第97—99页。
② [美]诺内特、塞尔兹尼克：《转变中的法律与社会：迈向回应型法》，张志铭译，中国政法大学出版社1994年版，第31—33页。
③ [美]布莱克：《法律的运作行为》，唐越等译，中国政法大学出版社2004年版，第67—75页。
④ 何珊君：《法社会学新探：一个学科框架与知识体系的构建》，北京大学出版社2014年版，第23页。
⑤ [奥]埃利希："欧陆普通法法律科学的历史化趋势"，马贺译，载《华东政法学院学报》2003年第5期。

形式。① 在观念基础方面，法律社会学主张法植根于一个民族的历史之中，是历史的特殊产物，其表现形式、社会内容和对社会秩序的意义不断变迁。法律社会学对法与社会关系的认识是其研究的理论前提。因此，其非常注重在特定的社会场域中观察法律，阐释其本质和内涵，剖析法律与特定社会结构、价值体系之间的关系。在研究目的方面，法律起源于习惯法，习惯法通过不断适用和政治力量推动逐渐演变成成文法律规则。法律社会学意图通过对法律演进模式的分析，为法律革新提供历史维度和现实依据。②

反形式主义主张法律社会学是一门研究法与社会关系的学科，法律现象被视为社会经验事实，法律发展的重心是社会本身。法律社会学研究重点是社会对法律的制约与形塑、法律作为引导社会变迁的工具、法律的运作过程和效果。③ 这些研究跳出了强调法律是一个封闭的逻辑自洽的规则体系的形式主义樊篱，反对仅仅关注国家制定法律条文的一元法律观，将研究视野拓展到对社会秩序的维系真正发挥实效的全部的法。

工具主义注重法律的社会本质，揭开法律的神圣面纱，即法律既不是宗教神性的反映，也不是普遍真理的表现。法律建立在社会物质基础之上，是实现一定社会目的的工具。一方面，工具主义揭示了社会是法律权威的基础，利益和需要是法律产生的根源。法律应当根据不断变化的社会情势适时地作出调整以为社会利益提供最佳保护方案。另一方面，工具主义强调法律在社会中的功能。法律的功能在于对各种利益冲突给予有效的调解，以实现社会利益，维护社会秩序。因此，在现代社会法律取代道德和宗教成为最主要的社会控制手段。④

三、法律社会学的研究视野与研究范围

法律社会学运用社会科学的理论与方法扩宽了法学研究的视野。对于一

---

① ［德］萨维尼：《论立法和法学的当代使命》，许章润译，中国法制出版社2001年版，第25页。
② ［英］科特威尔：《法律社会学导论》，彭小龙译，中国政法大学出版社2015年版，第26－29页。
③ ［美］博登海默：《法理学——法律哲学与法律方法》，邓正来译，中国政法大学出版社2004年版，第134－136页。
④ ［美］庞德：《通过法律的社会控制》，沈宗灵译，商务印书馆1984年版，第9、35页。

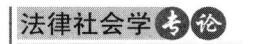

门新兴学科,我们应当厘清法律社会学的研究边界,即阐明其研究范围。

(一) 法律社会学的研究视野

法律社会学的研究对象是社会中的法律现象。它对法律作出了一种比较宽泛的理解,通过多元化视野和实践视野将所有发挥实效的社会规范都纳入法的范畴之中。

其一,多元化视野。法律社会学反对只关注国家制定法的狭隘视野,将研究拓展至社会生活中产生实际作用的所有法律形式,这一观点为国家法以外的其他法律规范形式提供合法性依据。法律社会学强调一种多元化的研究视野。这既体现了该学科分支独特的研究旨趣,也形成了立体化的法律结构。

从纵向来看,法律社会学者将法界定为国家法与非国家法。非国家法建立在人类历史演变和社会形态差异的基础之上,指称那些国家出现之前的法,即原始人类和初民社会中调整人的行为、解决纠纷、实现社会秩序的各种"法"规范。[①] 国家法—非国家法研究框架旨在探究现代社会法的根基和存在依据,尊重多元文化,反对西方中心主义。

从横向来看,法律社会学者将法界定为政府法与非政府法。非政府法以结构功能主义为理论基础,关注除政府以外的其他社会组织的规范,如村落、行会、宗教组织等。[②] 政府法—非政府法研究框架有助于探寻法的评价标准和社会效果,揭示政府法的有限性。随着研究的深入,法律社会学研究者跳出民族国家的框架,以全球化的视野看待法,进行法的本土化探索。[③] 在我国,非政府法被称为民间法,它既代表与政府法相对的社会规范,也表达了与移植法相对的本土法概念。中国法律社会学研究取向的特色之一是民间法研究盛行。对于转型时期的中国来说,处理政府法与民间法、移植法与本土法之间的张力,建构契合中国社会文化精神的现代化法治,是法律社会学研

---

① 朱景文:《比较法社会学的框架和方法——法制化、本土化和全球化》,中国人民大学出版社2001年版,第353页。
② 高其才:《中国习惯法论》,湖南出版社1995年版,第6页。
③ [日] 川岛武宜:《现代化与法》,王志安等译,中国政法大学出版社1994年版,第15页。

究的核心议题。①

其二,实践视野。法律社会学将法律的制定和实施视为一个过程,强调法律实施过程中,由于受到社会中各种因素的影响,可能会偏离法律的规定,这就是实践视野。②

实践的视野将法律区分为"纸面上的法"和"行动中的法",形成"规范—行为"研究框架。③ 这一研究框架蕴含两层意义:一层意义是法律多元主义,即法律文本之外的实际生活中也存在法,国家制定法律规范与法律实施过程中实际遵守的规则可能并不一致;另一层意义是结构主义,即聚焦法律的运作过程,探寻案件背后的社会关系和社会结构。

实践视野关注社会主体的法行动的逻辑和内驱力,及其背后的法律与社会相互影响关系,探寻有生命力的法。

(二) 法律社会学的研究范围

对于一门新兴学科而言,研究范围是从外延上划分法律社会学与其他相近学科的界限。

法律社会学的研究范围没有统一的安排,学者们仅仅尝试提供一个大框架,几乎所有与法律有关的社会问题都可以放在法律社会学的框架之内。从传统的提法来看,法律社会学研究范围大致包括两大类:一般理论研究与具体应用研究。

一般理论研究包括法律社会学的概念、法的社会存在形式、法的社会基础、法与社会的基本关系、法与社会变迁、法与社会控制、法与社会冲突、法律意识、法律文化、法律功能等。具体应用研究包括立法社会学、司法社会学、违法犯罪社会学、法律职业、纠纷解决、执法过程、社会治理等。近年来,法律社会学发展的显著趋势是基础理论研究与具体问题研究有机结合,重视基础理论对具体问题研究的指导意义。

本书是两位作者法律社会学教学和研究工作的探索和总结。全书的内容

---

① 朱景文:《比较法社会学的框架和方法——法制化、本土化和全球化》,中国人民大学出版社2001年版,第353页。
② 郭星华主编:《法社会学教程》,中国人民大学出版社2015年版,第8页。
③ [美]卢埃林:《普通法传统》,陈绪刚等译,中国政法大学出版社2002年版,第68页。

安排包含基础理论研究与具体应用研究。前者重点厘清法律社会学的几个基本问题，如从历史根源、社会现实、社会心理、司法过程多角度探讨我国民间法的运作，又如从软法、法律、自治、技术等多方面分析当今中国社会治理方式的创新和实际治理效果。后者涉及运用社会科学方法探讨具体问题，尝试对法律问题进行量化研究和科学分析。本书既可作为一本法律社会学的理论著作，也可选作本科生与研究生的教材或参考资料。

本章小结

本章阐释了法律社会学究竟研究什么，即研究对象和研究范围问题。法律社会学是一门法学与社会学交叉的新兴学科，运用社会科学研究方法，分析社会中的法律现象，透过现实社会问题，着重探索法与社会之间的互动关系和法律的实行、效果与功能。法律社会学拓宽了法学研究的范围，通过多元化视野和实践视野将所有发挥实效的社会规范都纳入法的范畴之中，丰富了法律社会学的理论研究与应用研究。

本章讨论了法律社会学如何展开研究，即研究方法问题。法律社会学有独特的方法论和研究逻辑，不是社会科学方法的简单运用，而是法学研究模式与社会学研究模式的有机结合，形成历史主义、反形式主义、工具主义的研究范式，以积累和拓展特有的知识与理论。经过哲学方法论层面的科学主义与规范主义大争论，法律社会学研究走向成熟和多元。

复习思考

1. 法律社会学研究的特征是什么？
2. 法学研究模式与社会学研究模式有何不同？
3. 如何理解规范主义与科学主义之间法律社会学方法论大论战？

第二章 民间治理：历史与现实

学习目标

了解转型时期民间治理的含义与结构；掌握转型时期民间治理规范的类型与特点；了解民间治理规范的实践适用；能够通过个案对民间治理规范适用的心理进行分析；能够就民间纠纷的解决展开调研，掌握民间纠纷的类型、解决机制及内在原理等；能够从历史的视角反思治理的理念与措施。

党的十八届三中全会将"完善和发展中国特色社会主义制度，推进国家治理体系和治理能力现代化"作为全面深化改革的总目标。党的十九大报告中再次强调指出："必须坚持和完善中国特色社会主义制度，不断推进国家治理体系和治理能力现代化，坚决破除一切不合时宜的思想观念和体制机制弊端，突破利益固化的樊篱，吸收人类文明有益成果，构建系统完备、科学规范、运行有效的制度体系，充分发挥我国社会主义制度优越性。"可以说，国家治理体系和治理能力现代化目标的提出，表明中国共产党执政兴国理念的创新与提升，对我国政治发展乃至整个社会主义现代化事业的建设有着重大意义。

俞可平指出："国家治理体系就是规范社会权力运行和维护公共秩序的一系列制度和程序。它包括规范行政行为、市场行为和社会行为的一系列制度和程序，政府治理、市场治理和社会治理是现代国家治理体系中三个最重要的次级体系。"[①] 国家治理体系和治理能力现代化离不开法治。当前，我国

---

① 俞可平：《论国家治理现代化》，社会科学文献出版社2014年版，第3页。

仍处于近代以来的转型阶段。社会转型时期学者们对法律的研究有多种视角。苏力曾指出："在这样一个时期，你可以用'中国'或'转型时期'或'法治'这样的大概念抹去一切差别，但是你不能用这些概念本身来解决任何问题。"[1] 的确如此，我们不应仅仅停留在概念推演和逻辑思辨层面上，而应深入到中国法律实践的真实生活中，去发现存在于社会中的真实问题并有针对性地提出解决问题的建议。与此同时，我们也应该关注历史上曾经发生的一些治理事件或治理经验，做到古为今用。本章中，我们将结合对辽宁省沈阳市沈北新区的一个乡镇司法所的调研，以及英国租借威海卫时期的一些治理举措，阐述民间治理的机制、规范和社会心理等基本问题。

一、转型时期民间治理的规范与心理

（一）民间治理的含义、结构与功能

1. 民间治理的含义

"民间治理"概念本身的表述需要加以明确。"民间"是一个本土化的词语，但它不等同于"乡土"或"乡村"，也即"民间"所指称的社会范畴或属性不唯独包括乡村或农村，我们可将其理解为一种与"官方"相对（对应而非对立）相融的场域。传统语境中的"治理"主要包括"统治、管理"和"处理、整修"两种含义[2]。在我国法律文本中，"治理"这一概念也经常出现，但其沿用的是传统语境下的含义，即在某种意义上等同于"管理"。例如，《治安管理处罚法》第6条规定："各级人民政府应当加强社会治安综合治理，采取有效措施，化解社会矛盾，增进社会和谐，维护社会稳定。"

在我们调研沈北新区的一个乡镇司法所时，在所长办公室墙板上载明的"司法所主要职责"及"工作目标"中分别有关于"治理"的表述（后来我们在其他司法所中也发现相同的墙板，虽然墙板挂的地点不同但有关这两项的内容是一致的），而且在条款数目有限的情况下出现了三次。在"司法所

---

[1] 苏力：《送法下乡——中国基层司法制度研究》，中国政法大学出版社2000年版，第5页。
[2] 见《现代汉语词典》（第六版）第1679页。

主要职责"一栏中，第6条载明："组织开展基层依法治理工作，为乡镇人民政府（街道办事处）依法行政、依法管理提供法律意见和建议"；第8条载明："参与社会治安综合治理工作"。而在"工作目标"一栏中有关"依法治理"的目标是这样表述的："积极开展依法治乡镇（街）、依法治村（社区）活动，开展民主法制示范村（社区）创建活动。辖区内依法治理达标单位达70%以上。"当我们向该司法所所长提问其如何理解"治理"的含义时，该所长先是笑着表示这是一个很学术的问题，接下来还是讲出了其所理解的治理：整治，即制定一些规章办法，然后根据这些制度进行管理。这或许也是大部分基层法律工作人员对"治理"的含义的一般性理解。

然而，当前国内外研究新公共管理等相关理论的学者所理解和界定的"治理"（governance），恰恰与我们传统语境下的"统治、管理"的定位相反，它所反映的基本理念是在协调社会利益关系过程中应改变单纯依靠政府统治的方式，而应引进市场竞争机制和网络化的合作等方式。从这个意义上讲，"治理"是一个十足的舶来词，其所对应的理念及理论更是本土难以生成的，在进行学术研究时也应保持适当的谨慎。正如有学者在分析治理理论的中国适用性时指出的那样："治理理论产生于西方语境中，因此它是否适用于民主、法治及公民社会等情况都明显异于西方的中国，就成为一个热门议题。中国学者对中国现实的强烈关怀是正当的，但如果因现实关怀而忽视了应有的学术理性，就可能导致对理论的随意解释和对实践的误导。"[①] 虽然如此，我们仍然可以将治理理论放在中国语境下进行理解和探讨，并赋予其新的本土化的含义。或许在中国实现治理理论所描绘的社会结构或状态与西方相比会有很大差异，但是治理理论所强调的协商、分享与合作等理念却是可以在我们的社会结构的重整、制度内容的设计以及价值理念的重构中予以反映的，并且这些也应该成为当下正处其中的社会转型的目标或方向。因此，民间治理这个术语有其独特的时代发展内涵。

2. 民间治理的结构和功能

从结构上看，民间治理由治理的主体、内容、依据和程序等几个要素

---

① 郁建兴、王诗宗："治理理论的中国适用性"，载《哲学研究》2010年第11期。

构成。在当前中国语境下，治理主体包括主导主体和参与主体。主导主体包括各类政府基层部门、具有社会管理功能的事业单位以及社会自组织团体等，他们具有相应的政治权威或公共权力，是各种民间治理活动的主导者或推动者。参与主体则是一般的社会民众，根据其社会身份或职业等可具体分为城镇居民、村民以及处于两者之间的群体（如进城务工者）等。从内容上看，民间治理涉及的事务非常广泛，它涵盖社会生活的方方面面，包括政治方面、经济、文化以及环境等方面。由于我国尚处于社会转型时期，国家公权力或称官方的力量依然强大，市民社会及社会公共自治领域尚未形成，所以在涉及这些事务的民间治理过程中，主导主体的权威和权力依然会比较重要，民间治理与官方治理的分离不是很明显。治理依据指的是民间治理过程中所遵循的各类规范。在这些规范中，与官方权力密切相关的法律依然是主要的，但诸如民间法、软法等规范形式的作用也逐渐被重视。民间治理是一种程序性治理，只不过不同事项的治理所适用的程序也不同。例如，执法人员执法要严格按照法定程序进行，而进行民间调解时对程序的要求则比较灵活。

对于民间治理结构，我们可以结合调研所了解的纠纷排查机制作具体解析。在一司法所的制度文档中有关于纠纷排查制度的专门规定，即所谓纠纷排除制度是"司法行政机关和人民调解组织，根据本地区纠纷的特点、规律及问题，有针对性的采取措施，进行民间纠纷摸底、登记、分类处理的一项工作制度"。该司法所同时还设置有登记簿。在该登记簿上简要记载了司法所近年来所调解的民间纠纷。其中有这样一起纠纷：当事人赵某将1.44亩承包土地转包给马某耕种，后来当地土地承包价格上涨，赵某要求马某每亩增加100元租金被拒绝而发生纠纷，在司法所与村调解组织进行纠纷排查时得知该纠纷的存在，司法所工作人员遂介入该纠纷并进行调解。经司法所工作人员的调解，最终当事人双方达成调解协议，承包人马某同意按每亩增加100元的标准加付租金，赵某则保证在土地转租期间不再对租金进行涨价。对于这一案例，我们当然可以依据物权法、农村土地承包法和合同法基本原理或条款等进行分析并提出解决方案，但是司法所在处理这一纠纷时似乎没有完全依据这些国家法律的规定，而是在传统的民间治理结构框架内进行了

第二章 民间治理：历史与现实

解决。

在该案中，司法所工作人员和纠纷当事人双方属于治理主体。由于该纠纷是有着官方身份的基层司法机关在进行纠纷排查时发现并主动介入，调解方案也主要是司法所拟定的，所以司法所工作人员属于主导主体。纠纷当事人双方最终接受了调解方案，纠纷也确实化解了，这表明主导主体的行为离不开纠纷当事人双方的参与和配合。双方当事人土地转包金的纠纷属于治理内容，这一点是比较明确的。在治理依据方面，本案所反映出的问题是非常值得深思的。农村土地承包法等国家正式法律条文并没有被引作纠纷处理依据，但纠纷的处理结果也的确不是任意的并且具有实践合理性。从最终的处理结果来看，对纠纷双方当事人的利益遵循公平原则进行现实性的衡量或许是司法所工作人员进行调解时潜在的依据，并且据我们对司法所调解的其他民间纠纷的了解和分析，几乎都是遵循这一原则性依据，或许我们可以称这一原则性依据为民间（或习惯）法。由于本案是采用调解的方式解决，所以治理程序并不严格，大体经过司法所工作人员先分别听取双方当事人诉说，再进行劝解调和，最终达成一致并签署协议这样的程序。此外，尽管纠纷排查簿上最后结果一栏中写着"双方满意"，但司法所工作人员及纠纷当事人双方都清楚这种满意背后的丰富内容，至少司法所的调解方式中不仅仅有"苦口婆心地规劝"这一种。[①] 总的来看，这一案例在一定程度上能够反映当前民间治理结构的一些基本特点。

从功能上看，民间治理具有保障秩序、协调利益和增进福祉三项基本功能。任何社会都内含相应的民间治理机制，只不过在不同的历史时期和社会形态中，民间治理结构会有很大的不同。例如，马林诺夫斯基通过对特罗布里安德岛的土著居民纠纷调解的考察发现："难得一见的争吵一旦发生，就要采用公众规劝（yakala）的形式，将得到各自的朋友和亲戚支持的双方召

[①] 在调研过程中，一司法所所长坦言当前民间纠纷呈现越来越复杂的特点，民众的法律意识普遍提高，但是为了有效地化解矛盾，在进行调解过程中除了对双方进行动之以情、晓之以理的"苦口婆心地规劝"外，通过拖延时间来冷却纠纷当事人的情绪，对有关当事人进行训斥甚至吓唬等也是常用的方式。至于登记簿上的一些记载，有些地方进行了一定的改编。在他看来，反正纠纷都解决了，登记簿上的文字记载在很多情况下只是个形式而已。

集碰面，双方相见，各人慷慨陈词，互相指责。"① 当前我们社会中从属于民间治理的纠纷调解机制则与之不同，也丰富得多。但无论何种历史时期或社会形态下的民间治理，都承载并发挥着保障秩序、协调利益和增进福祉三种功能，并且每种基本功能对应着不同的价值理念。其中，保障秩序功能以秩序或稳定为基本价值追求，协调利益功能以正义或公正为价值定位，而增进福祉则对应效益或功利的价值。

需要注意的是，民间治理的这三种职能之间并非天然协调的，不同的社会形态下所形成的民间治理结构不同，其所强调和发挥的实际功能也会有所侧重。例如，压制性政权或专制政权下的民间治理首要的功能是保障有利于维护专制利益的秩序，稳定便是这种社会形态下民间治理的首要价值，因为"压制性政权是把所有的利益置于危险之中的政权，尤其对那些不为现行的特权和权力体系所保护的利益来说，就更是如此"②。转型时期的中国正由前现代社会向现代社会过渡，民间治理结构中仍保留了大量的前现代因素（尽管这种情况在不同的地域或民族中会有很大的不同），民间治理的功能仍以保障秩序和增进经济福利为主，以正义或公正为价值定位的利益协调功能尚未得到充分地发挥。

应该说，民间治理的结构与功能只是我们分析民间治理一个静态的理论框架或模型。若要更加清晰地发现特定时期的社会发展存在的问题，以及提出针对性的改进建议，离不开对民间治理两个重要参数——规范和心理的研究。其中，作为民间治理依据的规范，其形式、内容及结构关系在很大程度上决定着民间治理结构的类型或属性，并反映着民间治理结构所对应社会的形态及特点。对治理主体规范心理的研究则有助于我们从治理主体的角度切入来更好地理解民间治理为何以此种结构存在并运行。

---

① [英]马林诺夫斯基:《原始社会的犯罪与习俗》，原江译，云南人民出版社2002年版，第38页。

② [美]诺内特、塞尔兹尼克:《转变中的法律与社会：迈向回应型法》，中国政法大学出版社2004年版，第32页。

第二章 民间治理：历史与现实

（二）民间治理规范的特点及适用

1. 治理规范的多元平衡

治理依据是民间治理结构的核心要素，民间治理的功能及所对应的价值也同样体现在作为治理依据具体表现的各类规范之中。其中，由国家特定机关制定的法律在这些规范中显然处于主导地位，尤其自国家从社会中分离出来之后，便属于基本的治理依据。美国社会法学家庞德认为，"在近代世界，法律成了社会控制的主要手段"而且"在当前社会中，我们主要依靠的是政治组织社会的强力"[①]。然而，马克斯·韦伯也曾指出："在共同体中被认为有效的规范不一定都是'法律规范'。构成共同体强制力机制的人所起的官方功能并不都是与法律强制力有关。"[②] 民间治理中可以作为治理依据的规范形式是多元的，除了国家法律外，还包括民间法、民族习惯法、软法、公共政策以及其他对治理主体行为能够产生有效影响的规范。此外，公平正义的理念在很多情形中也独立发挥着规范的功能，虽然这种理念往往会跟其他类型的规范结合在一起。对于这些规范类型，无论是各自的含义与特征还是相互间的关系，学者们都有着丰富的论述。例如，强世功就曾结合其实践调研对民事调解中的法律同人情、道理和习惯等规范形式之间的关系有过这样的论述："我们可以说，法律是在对人情和道理的认可的基础上才触及乡村社会的，反之，法律在对乡村社会的征服过程中，肯定了传统的人情和道理的合法律性。法律不是国家占用的一项特权，它存在于它的对立面之中，即乡村社会的习惯、规矩、礼仪和人情面子之中，进一步它存在与其对立面的相互关系之中。"[③] 然而，将各类规范形式置于民间治理的结构框架内，并且同样以结构性的眼光来探讨各类规范形式之间的综合性关系，则较为少见。

所谓以结构性眼光来探讨各类规范形式之间的综合性关系，指的是我们可以在民间治理结构框架内，将国家法、民间法、民族习惯法、软法及公共

[①] [美] 庞德：《通过法律的社会控制》，沈宗灵译，商务印书馆2010年版，第12页。
[②] [德] 韦伯：《论经济与社会中的法律》，张乃根译，中国大百科全书出版社1998年版，第15页。
[③] 强世功："'法律'是如何实践的"，见王铭铭、王斯福主编：《乡土社会的秩序、公正与权威》，中国政法大学出版社1997年版，第510页。

政策等视为承载不同功能却又相互关联的规范形式,其相互关联性具体表现为界分、冲突、互助与融合等。不同形式的规范在不同的民间治理场合中单独地或共同地出现并发挥相应的规范功能。只要规范之间有界分或差异便可能会产生程度不同的冲突,但是规范冲突在不同的民间治理结构运行中会经由相应的冲突解决机制来避免、解决或减小影响。更多的场合中,各类规范之间会在功能分工基础上进行互助或合作,共同实现民间治理所承载的功能。也正是在冲突与互助的过程中,各类规范之间的界限会出现程度不同的模糊,相互间的转化与融合也是一种不可避免的关系或现象。理想的规范结构应该是一种"各美其美、美人之美、美美与共"的多元平衡的结构状态,即各类形式的规范首先很好地实现各司其职,又能在治理实践需要的时候自觉地实现互助,以在最大限度上保障民间治理各种功能的实现。

当然,寻求民间治理中多元平衡的规范结构建立的前提是合理地界分各类规范的内涵与外延,并正确地认识各类规范之间的融合关系。目前学者们对国家法与民间法的界分与融合关系的分析较为透彻,而在国家法与软法以及民间法与软法的关系问题上则缺少深入研究,有些分析或观点也不甚妥当。例如,在对待国家法与软法关系问题上,梁剑兵曾有过这样的论述:"在合理存在的官僚政治体制中,即使是经过正式立法程序的国家制定法,如果其功能仅仅限于表明立法者的态度、立场、观点、看法,或者某具体规范本身仅仅具有告示、指引、评价、预测和教化功能,却不被附加上实现其硬法律应有的强制功能的可操作性时,这样的法律即使具备规范性法律文件的外表形式却在实际的法律生活中不可能具有法律实效,它们也可以被界定为软法。"[①] 在讨论习惯法与软法的转化关系时,郑毅认为,习惯法可以通过直接承认或间接承认的方式实现向软法的转化,国家也可以通过制定软法的方式对软法加以尊重与承认。[②] 可见,两位学者都认为软法与国家(或官方)权力或国家机关的行为有关。这种观点值得商榷。虽然两人都指出了软法与国家法或习惯法的转化关系,但是没有对国家法、软法和习惯法三者做明确地

---

① 梁剑兵:"论软法与民间法的耦合与界分",载《法治论丛》2009年第6期。
② 郑毅:"论习惯法与软法的关系及转化",载《山东大学学报(哲学社会科学版)》2012年第2期。

界分，甚至混淆了软法与国家法的界限。软法是社会成员基于公共生活尤其是团体生活的需要而自觉创制的一种规范形式，它存在并运行于社会公共关系领域，其典型表现形式是各类社会团体或公共组织共同制定的社团章程或组织规约。[①] 总之，国家法对应着国家公权力运行领域，民间法对应着公民的民间私域交往领域，软法则对应着公民社会公共活动领域。这便是本书对国家法、民间法和软法这三种重要的民间治理规范所做的基本界分。

除此之外，在国家权力运行领域及社会公共活动领域还存在大量的纪律性和操作性规则，这些规则是国家机关或社会团体针对其成员而制定，涉及的内容也非常广泛，从考勤到仪表，从会议规则再到具体的工作细则，这些也都会在具体的民间治理过程中对治理主体尤其是主导主体的行为产生实质影响。例如，在前文提到的司法所制定的人民调解规范准则文档中有调解主持人规则、记录人规则、调解人规则和当事人规则。这些规则中既有纪律性的要求、原则性的规定，还有程序性的规则。如"主持人规则"中有关于主持人义务、品德及形象的综合性的原则性的要求，即"调解主持人廉洁公正，匡扶正义，主持公道，以理服人，不徇私情，大公无私，真正体现调解干部的良好形象"。在"调解人规则"中对调解人与主持人的关系，以及调解人的职责也有规定，即"调解人在调解主持人领导下进行依法调解，要认真熟悉案情，掌握双方当事人的心理活动情况"；"调解人要严肃认真，深明大义，主持公道，掌握调解过程和调解技巧，指导人们认识错误事实所造成的社会危害和想象不到的后果，真正做到调解一案，教育一片"。应该说，在强调"依法治理"的基层司法实践活动中，此类纪律性和操作性规则的数量越来越庞大。

其实，此种类型的规范在任何国家的公共政策和法律的实施过程中都是不可缺少的。美国学者科尼利厄斯·M.克温将此类规则按照其功能的不同而划分为"立法性"规则、"阐释性"规则和"程序性"规则。其中，"立法性"规则产生于政府机构根据国会命令或授权制定将上升为新法律的规则之时。当公众要求政府机构阐释其如何理解现有法律政策时，便产生"阐释

[①] 陈光："多元规则平衡中软法与民间法的界分与互助"，载《太平洋学报》2012年第8期。

性"规则。"程序性"规则界定政府机构的组织及运作过程。克温的另一种划分是按照规则所影响与引导社会的不同部分为标准,将此类规则划分为与私人行为有关的规则、有关与政府打交道的人员的规则以及有关政府的规则三类。① 此处所称的纪律性和操作性规则与克温讲的规则虽然并不完全等同,但是这些规则的功能与影响的对象与克温的划分和阐述却基本上相符。如果从立法技术的角度来评价这些规则条款,显然在立法语言和规则表述等方面都存在很多问题,但是这些规则在民间治理过程中却发挥着不可替代的作用,它们不仅对民间治理主体尤其是主导主体施加了有效的约束,而且还是实现国家法和软法与民间治理活动有机连接、推动民间治理在各个环节有效运转以及民间治理规范结构趋向多元平衡的必要中介。

2. 治理规范的适用

在民间治理过程中,治理主体会根据具体情形中的需要来选择适用特定形式的规范或者规范组合。选择适用何种规范往往会基于后果主义考量,也即从实现民间治理三种基本功能中的一种或多种出发来做选择。这正如美国大法官本杰明·卡多佐在论述法院职能时所指出的那样:"在我看来,法院的职能并不是必然接受那些100年前或150年前被认定为是政策规则的东西,而是要以一种为情况许可的、最接近精确的方式来确定,什么是适合目前时代的政策规则。"② 具体到个案,就是要求治理主体尤其是主导主体应结合具体案件来选择和构建最适于裁判本案的规范,并且在很多情况下要辅之以恰当的法律解释、法律论证和利益衡量等法律方法。在沈北新区法院进行调研时,一位法官向我们提到了法律解释的问题。在一起民间借贷案件中,当事人之间立有书面欠条并设定了担保,但有关担保的表述为:"刘某自愿以自家所住房屋为借款人王某做担保",担保人处落款为"刘某",而在"刘某"名字的正下方还署有"郭某"(系刘某的妻子)的名字。后借款人因无力偿还借款被诉至法院。案件审理过程中,关于郭某的法律地位发生了争议。出

---

① [美]克温:《规则制定——政府部门如何制定法规与政策》,刘璟等译,复旦大学出版社2007年版,第23-28页。
② [美]卡多佐:《司法过程的性质》,苏力译,商务印书馆1998年版,第59页。

借人主张郭某为连带保证人,而刘某和郭某则主张郭某只是见证人,其签名仅表示郭某同意刘某以其夫妻所住房屋作担保。法官最终支持了郭某的说法。当我们询问其为何对此法律事实做这样的解释时,法官的回答是要综合考虑欠条订立时当事人的心理、法律知识和一般人的习惯等因素,以最能合理反映当事人在当时情景中的想法或意图来解释欠条上的有关文字和签名的法律意义。法官的这一回答使我们对法律解释的含义和运用有了新的认识。当然,根据治理内容的特点及需要选择规范并对规范作最合理的解释,这是民间治理中规范适用的一般样态。

在调研过程中,我们还发现在有些案件的规范适用中,治理主体用来作为治理依据的规范的选择并不是很恰当,但是这并没有从根本上影响案件的处理结果或纠纷的化解。例如,在一司法所的法律咨询登记簿中有这样一条记录:咨询人佟某的老伴与其分居并到儿子家住了好多年了,老伴向他索要三亩地的转包费和粮补款,佟某询问是否该给老伴这两笔钱。就本案涉及的法律问题而言,最准确的规范应该是婚姻法中关于夫妻共同财产的规定,但司法所工作人员在解答时并没有选择这方面的规范,而是作出了这样的解答:土地是国家赋予每个公民生存最基本的条件,佟某没有理由不给老伴土地转包款和粮补款。对此,我们可以从适用法律规范准确性的角度来给予指正,也可以从民间治理功能之保障秩序和协调利益的角度来给予肯定,毕竟在司法所工作人员对该案咨询问题所做的解答中,其选择的规范与依据婚姻法规定所得到的结论是一致的。当民间治理以后果主义考量也即以最终是否有利于实现治理的功能作为评价治理效果的首要标准时,治理主体是否选择了准确的规范依据似乎并不是很严格的要求,而这也是转型时期民间治理的一个重要特点。

(三)治理主体的规范心理及其转型

民间治理最终所指向或处理的对象是个体的行为及相应的交往关系,而任何个体的行为都是在一定的心理状态支配下做出的。因此,若要更好地理解民间治理主体的行为以及治理规范的作用效果,离不开对治理主体规范心理的分析。不仅如此,社会的全面转型不仅包括政治、经济、文化和社会等领域制度、器物层面的转变,更包括民众在从事上述领域活动中心理层面的转变。法国学者勒庞对此也有相同的判断,认为:"真正的历史大动荡,并不是那些以其宏大而暴烈的场面让我们吃惊的事情。造成文明洗心革面的唯一重要的变化,是影响到思想、观念和信仰的变化。"① 在调研过程中,我们与包括法官、司法所工作人员、派出所警察以及普通百姓等在内的不同社会角色进行交流,从他们关于法律实践和认识的言谈举止中能够隐约感受到当前民间治理主体规范心理的复杂性,更感慨社会在心理层面实现完全转型的漫长性。

作为民间治理的主导主体,他们对规范的理解和态度反映了国家公权力和社会公权力享有者和行使者的规范心理,也直接影响到他们在民间治理中所追求的目标及所采取的措施。对于主导主体的规范心理,我们可从以下几个方面来把握和分析。

一是无论是基层法院的法官、司法所负责人,还是派出所的警察,他们都认为规范尤其是国家法律应该得到尊重和遵守,也都认为自己在处理案件中基本做到了依法公正。据沈北新区法院的一位法官讲,她本人毕业于辽宁大学法律系,受过系统的法学教育,对于法治理念和要求也有很好地理解,在司法实践中会遵循"以事实为依据、以法律为准绳"的原则来裁判案件,但由于社会转型时期民众的法治观念和法律知识比较薄弱,她会尽可能地做到既依照法律规定裁决案件又针对个案实际情况进行利益衡量。当问到在审判案件中是否会受到法律以外的因素影响包括来自领导压力时,她的回答是这种情况极少,因为有法律的明确规定,谁也不敢枉法裁判,这是一个原则性立场。其实,不仅这位法官有这样的认识和做法,司法所工作人员以及派出所警察也都认同并表示会严格秉持这样的立场和原则。对于国家法律之外的其他形式的规范,如民间法和民族习惯法等规范,上述人员也都表示会在不违反国家法律前提下,尽量予以尊重并根据需要加以适用。这些都表明,尊重并遵守规范已经成为绝大多数民间治理主导主体基本的规范心理,尽管在具体的民间治理实践中其尊重和遵守规范的严格性可能会有损益。

---

① [法] 勒庞:《乌合之众——大众心理学研究》,中央编译出版社2005年版,第1页。

第二章　民间治理：历史与现实

二是让民间治理主导主体感到苦恼的是他们在承担繁重的治理事务同时，还要面临参与主体对其治理过程和治理结果不信任所带来的压力，尤其是对于法官来讲，当事人的上访活动给予了他们工作以很大的压力。当前，在基层法院中每位法官的工作量是非常繁重的，尤其是民事审判庭的法官，有的每年甚至要审理三百多起案件。调研中一位民庭的庭长告诉我们，其实选择法官这个职业，所付出的劳动和收入并不成正比，即使是下班后和节假日脑子里也常常在考虑某个案件该如何裁决的问题。此外，不止一位法官跟我们提到当前当事人针对法院裁决进行信访给他们所带来的重大压力。虽然法官们都认为自己能够并已经做到了依法公正裁判案件，但是由于有的当事人对法院和法官的不信任或者苛求，即使对裁决结果有微小的不满也试图通过上访或找媒体来给法院和法官施加压力，部分当事人的这些举动给他们依法裁判案件造成了潜在的负面影响，使得他们在许多情形下不能也不敢完全按照法律规定进行裁决。

社会心理学研究者认为，自我效能是个体对自己能力的一种自我评价，"在日常生活中，自我效能指引我们制定有挑战性的目标，并在面对困难的时候具有较强的韧性"①。然而，当个体的努力加坚持并没有获得预期成就时，个人的自我效能感就会降低并产生挫败感，此时也容易产生偏见。对此，社会心理学家 A. 班杜拉指出："当没有行为能够产生一个择定的结果，或者外在的结果与行动的水平或质量联系不紧密时，结果预期就可与自我效能的评判相分离。这样的结构安排会导致社会偏见的介入，就使相同的行为产生不同的乃至不平等的结果。"② 对于法官以及其他一些从事民间治理的主导主体而言，他们认为自己在工作岗位上已经足够努力，但是这些努力在很多时候会因为来自业务外的压力而得不到认可，时间一久，他们中的许多人便会逐渐产生挫败感和社会偏见，并在不同程度上放弃之前对规范的敬畏与严格遵从的态度。部分主导主体还会产生屈从心理。作为一种心理机制，屈从

---

① ［美］迈尔斯：《社会心理学》，侯玉波等译，人民邮电出版社2006年版，第41页。
② ［美］班杜拉：《思想和行动的社会基础——社会认知论：下册》，华东师范大学出版社2001年版，第555页。

"使个体的行为在违背人格特征的情况下束缚于权威系统"①。例如，在司法尚未完全独立，法官裁决案件时不仅要考虑法律规定，还要兼顾所谓的"社会效果"。但在很多情况下，法官依法裁决本身没有问题，甚至也本不该发生所谓的社会问题，但是由于当事人的自私行为而引致裁判的"社会效果"问题时，法官往往会陷入一种尴尬的局面，有时甚至会危及其工作的稳定性。这就导致部分法官在裁决一些特殊案件（无论是案情还是当事人的特殊）时，主动选择那种能够最大限度避免当事人"闹事"的裁决方案，至于法律的权威以及法官独立的人格都会不自觉地屈从于这种选择。

三是有些民间治理主导主体对自身社会角色或功能的定位，影响了他们对规范的认识和适用，这也可以视为治理主体规范心理的范畴。例如，调研中一位司法所负责人告诉我们，他们的职责除了墙板上载明的那些之外，还有一项重要的职责，那就是认真执行好政府和上级部门交付的任务。用他的话讲就是："既然吃共产党的饭，就应该给共产党做好事情。"至于法律或其他形式的规范，只是进行社会管理的一种工具而已。像这种将自己的工作仅视为为共产党做事，将法律作为一种统治和管理工具的认识和心理，在民间治理主导主体中并不少见。当然，对于这样的定位及现象也有很多质疑甚至抱怨的声音。在唐峰（一位来自基层派出所的法学博士）的《纠纷和解》一书中，他提到前些年为了重树公安形象，进一步密切党群关系，"有警必接、有难必帮、有险必救、有求必应"被提了出来。如果对这"四有一必"作机械理解，就可能出现民警应工人要求为其买早点的现象。对此，唐峰博士分析道："国家试图包揽一切，变成社会的保姆，而公安机关作为一个行政权极大的政府工作部门，作为一个直接影响社会的行政机关，就首当其冲的成为国家作为社会保姆的表征——公安机关成了'社会的保姆'。"②

虽然作为民间治理主导主体的法官、司法所负责人以及派出所警察认为他们是依法的、公正的并且也是非常辛苦的。遗憾的是，他们在很多民众的心目中并没有得到应有的认可或积极评价，民众对规范尤其是国家法律的认

---

① 李维：《社会心理学新发展》，上海教育出版社2006年版，第213页。
② 唐峰：《纠纷和解》，中国政法大学出版社2012年版，第101页。

识以及民间治理主导主体适用规范的行为有着不同的认识和心理。调研中我们曾来到某村庄,在村头遇到几位六七十岁左右的老人,当我们说明来历并请他们发表对国家法律的看法时,他们中有的闭口不言,有的表示出不屑,还有一位老汉用一种奇怪的语调说了三个字:"哼!法律?"然后马上离开了。后经同行的向导告知,刚才所遇见的那几位老人所在的村庄有两个"地霸"(向导语),其中一个担任村长,另一个承包村头的矿山,这两人曾将村里一人打死(不知何故),虽然公安机关介入调查并且好像法院也进行了审理,但是似乎最后的惩罚非常轻而且没影响到他们两人在村里的地位和事业。据向导分析,那位生气离开的老汉可能是受害人的亲属,那几位闭口不言或表示不屑的老人可能慑于"地霸"的权势,担心被他们知晓而不敢随便说什么。听到这些,我们感到愕然,同时也诧异于为何在民间治理的主导主体和参与主体的口中及心中对规范特别是国家法律的实践状况之评价相差如此之大。尽管不排除我们调研的局限,包括接触的对象有限以及遇到的事情或现象有偶然性,但是这毕竟是一种真实的存在,至少从那几位老人的言谈举止中,我们感受到了规范尤其是国家法律在他们的心中是如此的不堪,这样的规范心理对于民间治理而言绝非积极性的因素。

在调研中,我们还在当地一座山上见到了一座低矮的土庙,庙宇里供奉着三个男性石灰雕像,并标着"胡大太爷""胡二太爷"和"胡三太爷",他们穿着清朝时的服装。正对着三个泥雕摆放着香案,香炉中有燃烧过的香灰。在庙墙外侧写有四个大字:"有求必应"。在庙宇外有专卖香火等供奉之物的摊位。向导告诉我们,当地传说山上有三只成了仙的"狐狸狗",当地百姓如果遇到结婚生子、孩子上学甚至打官司等事情,有的会到这里烧香求保佑。对此种现象或许我们可以迷信视之,但是这里向导提到了有人会在遇到官司时来拜求,这也在一个层面上反映了部分民众的规范心理,折射了民间治理依据——规范在实践中所遇到的不幸。这让笔者想到了另一件事情:在一次乘出租车时,司机聊到了当前的官员腐败和法律实施情况,司机认为,如果在"文化大革命"时期,当官的就不敢这样贪污受贿,现在法律也不管用,有钱有权的就可以随便解释法律。这两件事情看似无关,实际都在某种程度上反映了当前部分民众的规范心理。

四是就参与主体而言，他们无论是向神异求助，还是期待"伟人"的复活抑或诉诸上访，这些"礼失求诸野"的心理真实地反映了当前在民间治理中许多参与主体对规范特别是国家法律缺乏基本的信任，他们依然更加信任附着于神异、已故领袖以及上级政府之上的权力。这种现象再一次证明：在民众受"权力规训"如此之深的社会里，要想在制度和心理上完全实现向现代文明的转型，使民众真正接受"规则规训"，是如此的艰难。在这一漫长的转型过程中，无论是民间治理的主导主体还是参与主体显然都不自觉地成为了时代的试验品，成为了社会转型所带来的一切美好与折磨的承受者，而这或许也是中国社会由前现代走向真正的现代社会所不可避免的宿命。

二、转型时期民间纠纷的解决

在沈北新区的调研中，我们对该地区民间纠纷的种类、特点和解决机制（尤其是调解机制）也有了更为直观和真实的了解，或许这能够在一定程度上反映转型时期我国民间纠纷及其解决情况，有助于我们更好地认知当前我国基层法治建设现状，认识到我国法治建设之路的艰难与任务的艰巨。

（一）转型时期民间纠纷的类型与特点

从古至今，纠纷在人类的任何时期都会发生，为了维护人类的生存与发展秩序，各种纠纷解决机制被创造并应用于纠纷解决实践中。可以说，无论在人类文明发展史上还是在司法制度演进过程中，纠纷解决都是其中一项重要的内容。我国正处于社会转型的历史进程中，民间纠纷及其解决也不可避免地会印有这种转型的时代痕迹。

根据调研，在当地的社会生活中，主要存在以下三种类型的民间纠纷：一是民事纠纷，这类纠纷主要包括农村土地流转纠纷、民间借贷纠纷、婚姻家庭纠纷和邻里纠纷等。二是行政纠纷，此类纠纷属于基层法律纠纷中牵涉社会关系较为复杂、受社会群众关注度高且影响面较广的一类纠纷。其主要涉及基层组织选举以及因农村集体土地承包经营确权和农村宅基地使用权的行政确认产生的纠纷与争议。随着城市化进程的快速推进，因农村集体土地的行政确认引起的行政相对人和相关人之间争议是近年来行政纠纷中较为频发的。三是轻微刑事纠纷，此类纠纷主要涉及盗窃、故意伤害等轻微刑事案件。相比较于前两种类型的纠纷，此类纠纷数量较少，也相对容易解决或处理。

虽然从纠纷类型上可以看出当前民间纠纷的一些转型色彩，但是由于这些纠纷几乎在任何时期都或多或少的存在，所以纠纷类型并不能真切有效地反映社会转型背景。为了进一步把握民间纠纷的转型特点，以及更好地解决这些纠纷，我们有必要归纳这些纠纷的特点。

第一，土地和房屋纠纷数量最多。土地流转纠纷近年来大量涌现，因土地承包或转包而发生的各种纠纷所占比例最大。我们在对沈北新区一司法所进行的调研中发现，记录在其近年来提供法律咨询处登记簿上的 20 个咨询问题中，有 16 个问题都与土地流转有关，其中既有转包到期后承包人继续占用发包人土地而引发的纠纷，也有发包人要求承包人提高承包金不成而发生的纠纷等。此外，因土地征收、征用或房屋拆迁补偿而发生的纠纷也多有发生。对于农村土地纠纷的类型、特点、发生根源以及如何治理等，学者们都有着较深刻地认识和分析。例如，有学者总结了我国农村土地纠纷的特点："相较于其他社会矛盾，农村土地纠纷具有数量庞大（十分普遍，涉及面广）、类型多样（如土地所有权纠纷、土地承包合同纠纷、土地流转纠纷、土地收益分配纠纷、土地征收纠纷、土地调整纠纷等）、原因复杂（既有历史遗留问题，也有现实政策问题；既有农村习俗问题，也有法律法规不完善的问题；既有基层管理不足的问题，也有权力滥用的问题）、主体多元（包括农户、村级组织、村民小组、政府部门及资本持有者等之间的各种纠纷）、群体性（涉及人员多，往往涉及很多村民或整个村级组织）、危害性大（利益争执激烈，容易激化矛盾，演化为暴力冲突，造成恶劣的社会影响）等显著特点。"[①] 总之，土地和房屋纠纷已成为当前基层民间纠纷最突出的内容，需要有关部门及社会组织对此予以重视并妥善处理。

第二，纠纷涉及的社会关系较为复杂。民事纠纷尤其是土地和房屋纠纷

---

① 陈丹、陈柳钦："新时期农村土地纠纷的类型、根源及其治理"，载《河北经贸大学学报》2011 年第 6 期。

涉及集体土地承包经营制度、农村宅基地制度以及国家经济政策，纠纷本身较为复杂与多样，并且，虽然民众的法律意识比以前有所提高，在许多纠纷发生时懂得寻求法律解决，但总的来讲，基层民众的法律意识和法治观念普遍不高。加之农村社会关系联系相较城市更为紧密，家庭宗族观念更为强化，因家族繁衍形成的亲属关系、婚姻形成的姻亲关系、因地域形成的邻里关系等使得人与人之间的联系更为密切，所以民事纠纷不及时解决，导致进一步激化，往往会演变成群体性事件的发生，随之带来严重的社会负面影响。近年来因土地纠纷而引发的信访事件也不断增多，对此有学者分析道："土地一热，土地纠纷和涉地信访必然增多，有理的理直气壮上访，没理的也赖着上访，如有些农民前些年不愿种地，主动交回土地或擅自弃地撂荒，现在又回来要地，要不上就上访；有些农民几亩几分地过去不当回事不上访，现在当大事上访。"① 这一方面反映了民众的法律意识现状，另一方面也反映了土地纠纷处理的复杂性。

第三，纠纷涉及的民族性矛盾并不突出。此次我们调研地主要为锡伯族民族乡，这里聚居着很多锡伯族人，但由于锡伯族与汉族长期的经济社会交往，民族融合水平很高。尽管当地也保持了其一些特有的文化传统、风俗习惯因国家保护而得到传承，但是在锡伯族族与汉族交往过程中，单一因民族矛盾引起的纠纷并不突出显著，也即当地具体纠纷案件中，很少出现涉及民族性问题的争议。据沈北新区法院和民族乡司法所工作人员介绍，他们在审理或处理锡伯族与汉族人之间的民间纠纷时，只要严格按照法律规定和当地习惯就可以了，不需要特意考虑其中一方所具有的少数民族身份。在我们调研过程中，也遇到多位锡伯族的法官和司法工作人员，他们也认为当地锡伯族人与汉族人相处融洽，两族人在日常生活和生产过程中都已经看不出什么区别，所以不存在什么民族性矛盾或纠纷。

第四，纠纷形式带有城镇化特点。因各地经济发展水平的不断提高以及农村城镇化进程的不断推进，基层民间纠纷也常常会带有受城镇化建设影响的特点。以我们调研地为例，由于当地正处于城镇化改革快速推进期，农村

---

① 韩冀："当前农村土地纠纷的特点与对策"，载《农村经济与科技》2012年第6期。

劳动力外出务工,当地民间纠纷的多发类型已经从传统的继承、共有财产分割、离婚争议等婚姻家庭纠纷、债权债务纠纷、宅基地权属纠纷等传统农村民间纠纷转变为农村集体土地确权纠纷、征用土地补偿纠纷、劳资纠纷等带有明显城镇化特点的纠纷争议。

(二)民间纠纷解决机制的种类及调解的意义

1. 民间纠纷的解决机制

纠纷的解决需要借助于相应的机制,这些机制包括诉讼、仲裁、调解以及和解等。任何一个社会的纠纷解决机制都不是单一的,不同的解决机制都在发挥着各自的功能。当然,不同的社会结构和历史时期,各纠纷解决机制在社会纠纷解决中的地位有所不同,所发挥的作用有大有小。朱景文曾论述道:"改革开放给中国社会带来的重要变化就是社会关系的复杂化和利益的多元化。如果说在社会关系相对简单的时期依靠没有受过专门训练的法官、检察官和律师,审判工作、检察工作和法律服务还能够维系,大量的纠纷集中在单位或依靠人民调解,通过法院之外的途径解决,是一件很自然的事;在社会关系复杂化、利益多元化的条件下,人们活动的领域远远超过单位或所居住的地区,从争端的复杂性程度讲,无论刑事、民事、行政纠纷,都需要专门的法律知识,受过专门的法律训练的人才能成为纠纷的仲裁者。"[1] 这段论述很好地描述了转型中国纠纷解决的特点。根据调研,当前在基层法律纠纷解决中发挥主要作用的解决机制有以下几种。

(1)和解。和解属于民间私力救济的重要方式之一,是双方相互让步,最终就如何解决纠纷达成一致的过程。唐峰将和解的含义定义为:"与纠纷具有实质关联性的主体(当事人),自愿选择或虽然强制选择,但自愿形成解决纠纷的方案或接受他人提供的纠纷解决方案的基于'合意'的解决纠纷的方式。"[2] 在实践中,和解既可以由发生纠纷的当事人之间直接协商达成,也可以在第三方的介入协调下达成。和解往往在事实清楚、涉及社会关系较

---

[1] 朱景文:"法治道路的探索——以纠纷解决的正规化和非正规化为视角",载《法学》2009年第7期。

[2] 唐峰:《纠纷和解》,中国政法大学出版社2012年版,第27页。

少的争议中被采用,例如,婚姻、继承、赡养、债权债务纠纷。通过调研得知,和解也是该地区民众之间发生法律纠纷后首先考虑采用的解决方式。但由于一旦发生争议或纠纷,当事人之间可能会因为生气或面子等原因不愿意直接坐到一起进行协商,所以通常的做法是在第三方的斡旋或撮合下双方当事人坐到一起或者由第三方代为传话,最终寻求解决协议的达成也即纠纷获得解决。

(2)人民调解。人民调解是我国有着传统特色的基层民间纠纷解决机制,它由民间调解组织主持,对民间纠纷进行调解。民间调解组织是根据我国宪法及其他相关法律建立和运行的民间纠纷解决机构。范愉、李浩指出:"民间调解的主体是建立在基层自治组织内的社区调解,并在此基础上形成不同层级的多种形式的民间调解网络。"[1] 此次调研,我们重点就人民调解在基层的实践状况做了考察,我们发现,因人民调解这种纠纷解决机制在实际运行中有着很大的灵活性和自主性,所以这种机制得到较为广泛的认可和适用。不仅如此,近年来,司法行政部门非常重视协助各村镇街道建立和完善人民调解各项制度,包括机构的完善、调解人员的选拔和培训以及工作的指导等,使得在前些年有些趋于衰弱的人民调解机制再次焕发了活力,并承担了大量的基层法律纠纷的调处工作。

(3)行政调解。近年来,随着"大调解"制度的不断拓展,东北地区各基层人民政府依据相应政策规定,尝试将行政调解与人民调解相结合运用,例如,由司法所直接调解,或者由公安机关聘请人民调解员和律师主持参与调解,然后以人民调解委员会名义出具调解协议。这种形式适应了当前地区社会发展进程,符合当事人需要,具有一定的合理性。对于这种行政调解的特点和优势,有学者总结道:"行政调解具有专业性、综合性、高效性、主动性和权威性等优势,在解决纠纷、化解矛盾、维护稳定中有着其他组织难以替代的作用和优势。"[2] 但是我们也应该注意,这种调解模式在一定程度上有违人民调解的自治性或自愿性原则。在具体的调解实践中,作为国家公权

---

[1] 范愉、李浩:《纠纷解决——理论、制度与技能》,清华大学出版社2010年版,第57页。
[2] 朱丽萍:"论当前农村基层纠纷的行政调解",载《中共浙江省委党校学报》2009年第1期。

力代表的基层司法行政部门对人民调解应该保持一定的限度,不能越俎代庖以至于过度压缩人民调解的运行空间。当然,我们也可以在实践中探索将一部分行政调解逐步纳入到人民调解中,使两者发挥更大的合力功能。

(4)诉讼。作为一种正式的纠纷解决机制,诉讼近年来正成为基层民众寻求纠纷解决的重要途径。这一点从每年基层法院民事审判庭审理的民间纠纷案件大量增加可以看出。在我们所调研的沈北新区法院,民一庭的法官告诉我们,他们庭每位法官每年大约要审理三四百起案件,审判任务非常繁重。所涉及的民事纠纷也涵盖了土地、民间借贷、婚姻、继承、侵权和交通事故赔偿等。

(5)其他民间纠纷解决机制。除上面提到的四种常用的纠纷解决机制之外,在我国基层法律实践中,还存在其他一些民间纠纷解决机制,例如,借助一些社会中介机构(如消费者协会)或其他具有纠纷解决功能的民间组织(如各类NGO)等介入纠纷进行调解或仲裁。不过,据我们调研,由于在乡镇社会生活中社会中介机构及民间组织的数量有限且发展不够成熟,对于大部分民众而言尚感到陌生,所以通过这些机构或组织寻求纠纷解决的情形不是很多。这也在某种意义上反映了当前社会的转型特点。

2. 调解在民间纠纷解决中的重要意义

构建合理的社会纠纷解决机制是创建和谐社会的基本要求。然而在具体社会实践中,"解决纠纷的机制、体制与制度不健全,处理纠纷的资源与能力不足,也使建立和谐社会的努力遭遇到很大障碍"[①]。在社会转型过程中,固然要强调树立法律的权威及对诉讼解决机制的重视,但是法律和诉讼有其自身的局限,尤其在基层社会生活中,民间纠纷的处理未必一定要借助法律的方式或诉讼的途径。相比较于诉讼,调解应该在民间纠纷的处理中扮演重要的甚至核心的角色。

从诉讼解决机制的局限来看,司法资源的有限和诉讼效率的低下在很大程度上限制了诉讼机制在解决民间纠纷中的功能发挥,调解则不存在这样的缺陷,能够在较短时间内实现纠纷的化解。现代诉权理论要求保障当事人接

[①] 徐昕:《纠纷解决与社会和谐》,法律出版社2006年版,第24页。

近司法正义，以有效解决公民的司法途径救济权利，公民可以通过诉讼方式来解决纠纷，但是就目前我国的司法现状来看，法院受理案件数量剧增呈现"诉讼爆炸"现象，而法院的编制是有限的，这就导致许多法官尤其是民事审判庭的法官每年的审判任务非常繁重。不可否认，基层法院的法官绝大部分在业务方面都是非常投入的。正如沈北新区法院的一位法官告诉我们的那样，虽然他们有公休日和节假日，但是由于手头的案子太多，使得他们即使在节假日里也会不自觉地去思考某个案子该如何裁判，很少能够完全将案子放到一边而轻松地度假。但一般而言，一定时期内案件裁判的质量与法官在该时期所审理案件的数量是成反比关系的。因此，尽管法官认为自己很努力并尽可能地公正裁判每个案件，但是这并不能从根本上避免案件裁判中出现纰漏或疏忽。由于司法资源的有限和诉讼法律关于案件审理期限及程序的规定等原因，与其他纠纷解决方式相比，诉讼是一种高成本的权利救济方式。诉讼当事人在诉讼中要支付包括诉讼费、鉴定费、律师费等在内的多种诉讼费用。虽然方式是最具权威性的，但诉讼的程序性及其严格性往往会导致纠纷很难在短时间内得到解决，当事人的合法权利有时也得不到及时救助，从而削弱了公民对司法的信赖和期待，使法院陷入信任危机。

从基层社会生活的特点及民众的法律观念来看，在基层社会生活中，民众或多或少地仍处于一个熟人社会，在日常生活的许多方面都要进行交往。换言之，基层民众之间处于一种重复博弈状态。在这样的社会生活中，人们交往看重自己的声誉。虽然现在很多人在遇到纠纷时愿意诉诸法院寻求解决，但是受传统法律观念影响，大多数民众还是不愿意到法院打官司，许多民间纠纷如果能够通过私下解决或者调解的方式来处理，总比到法院打官司要好一些。随着社会制度的改革和发展，各地区逐步推进了基层民主政治建设，形成以居民委员会和村民委员会为基本单位的社会管理模式，民众通过居委会或村委会实行自我管理、自我教育、自我服务。尽管在实行基层群众自治实践过程中存在很多问题，但这种制度框架毕竟已经建立，今后要做的便是充分赋予这种制度以更大的活力，也即通过政策、法律或法规等授权基层群众自治组织以更大的自治权，其中当然包括民间纠纷的自决权。人民调解便是与这种发展需要相适应的一种纠纷解决机制，并且这种机制已经为我国基层纠纷解决的实践证明是可以发挥预期功能的。此外，就我们调研地所在的东北地区来讲，这里少数民族较多，各民族经济发展不平衡、文化形态也呈现多样性。这也是影响民间纠纷解决机制选择的一个重要因素。随着社会主义市场经济及社会变革的不断发展和推进，少数民族在人际关系、价值观念和生活方式等方面都会受到程度不同的影响或冲击。虽然这使他们在生活习俗和交往习惯等方面与汉族逐渐趋同，但是民族问题从来都不是一个小问题。运用调解这种软机制而非诉讼这种硬机制，来解决少数民族与汉族居民之间以及少数民族之间的各类民间纠纷，效果会更好些。根据我们的调查也可知，该地区在涉及少数民族的纠纷解决实践中，也的确有将近90%的纠纷是通过调解的方式来解决的。

从调解自身的特点来看，它在处理民间纠纷方面具有灵活性强、尊重当事人的意思自治以及较为便捷等优势。从调解的种类看，它包括人民调解、司法调解、行政调解和其他国家机关或社会组织主导或参与的调解。无论何种场合或何种形式的调解，都遵循着以当事人为核心，而且在当事人平等自愿基础达成的纠纷解决协议也更容易履行。此外，在社会转型时期，调解还被视为国家权力融入社会或民间的一个重要载体或途径，应将其放到社会治理的框架中来认识，调解还因此承担着纠纷解决之外的治理功能。如有学者就此论述道："所谓国家权力融入社会的载体，是指国家通过人民调解组织进入社会，并利用人民调解发挥其国家治理的作用。虽然人民调解与传统的民间调解在追求纠纷的解决上目标和功能是一致的，但是，国家所提倡的传统的人民调解并不仅仅是解决纠纷，而且还是政府进行教育群众、改造社会的主要方式之一。因此，对人民调解的研究不能仅局限于其纠纷解决的层面，必须将其视为中国社会治理机制中的一个环节。"[①] 总之，调解机制在社会转型时期的民间纠纷解决中应该发挥更大的乃至核心的功能。

（三）完善民间纠纷解决机制的建议

任何社会形态或历史时期中，民间纠纷同与之相应的纠纷解决机制之间

[①] 宋明："人民调解的正当性论证——民间纠纷解决机制的法社会学研究"，载《山东大学学报（哲学社会科学版）》2008年第3期。

都会存在程度不同的紧张关系。处于转型时期的社会，其民间纠纷会比那些已经进入一种稳定的社会形态和具有较稳定社会结构的社会中所发生的民间纠纷要复杂得多，因为社会转型所带来的社会各方面的改变中都不可避免地会发生纠纷。各种性质或类型的民间纠纷的存在及其解决本身就是社会转型不可缺少的内容。但是，社会转型不是无秩序、无目的、无方向的转型，中国社会转型的方向应该是进入一个现代化的国家和社会形态中，在这一过程中无论是国家还是社会都应该尽可能地协调好各社会利益主体之间的关系，这样也才能更好地保障转型秩序并实现转型目的。针对诉讼和调解这两种主要的纠纷解决机制在民间纠纷解决中的地位，结合我们调研所发现的当前民间纠纷解决机制中存在的问题，现著者提出如下几点建议，来完善我国转型时期民间纠纷解决机制。

一是应改进和完善民间纠纷解决机制结构，实现诉讼机制与非诉讼机制的有效结合，并最终形成一种多元平衡的民间纠纷解决机制结构。当国家公权力从社会公权力中分离后，司法权便作为国家公权力的一个重要组成部分而具有了国家色彩，诉讼是司法权运行的基本方式之一，国家也借由诉讼机制来实现了对社会纠纷调处的最终决定权。虽然诉讼在任何一个国家的任何时期都是占主导地位的纠纷解决机制，但是诉讼机制无法独立承担民间纠纷解决的任务，需要与其他纠纷解决机制——和解、调解和仲裁等进行合作，共同实现人类社会定分止争的基本需求。因此，如何使各纠纷解决机制在合理分工基础上实现有效合作，是摆在理论界和实务界面前非常重要的一项课题。为了形成一种多元平衡的纠纷解决机制，需要对基层纠纷解决实践中存在的一些不合理现象、制度或导向予以纠正。其中之一便是为基层法院设定调解结案率的指标要求。当前，调解结案率已经成为法院和法官考核的一个重要指标。虽然我们主张调解应在民间纠纷解决中发挥更大的作用，但是这种刻意追求调解结案率的要求无论对于司法权威还是纠纷解决来讲都有着很大的负面影响。它不仅限制了法官裁判案件的自主性以及法律的严格适用，也会在很多案件中给当事人留下不好的印象，甚至出现法官出力不讨好的现象以及加剧当事人对法律和司法的不信任。

二是给予基层法院的法官以更大的能动空间，允许其可以不拘泥于法律规定的严格的程序和形式而拥有较大的自主空间。或许这种基于后果主义考量的建议会招致批评，因为它确实有违严格法治精神。但是，转型时期我们需要重塑和增强民众对法律和司法的信心。对于民众而言，既能解决他们的纠纷又尽可能地维护其利益，是他们评判法律及司法以及对法律产生信任的基本标准。有鉴于此，我们应该本着实用主义的立场，以化解矛盾和提升对法律的信任为导向，允许基层法官尤其是从事民事审判的法官基于后果主义考量来行使审判权。如有学者在分析陈燕萍经验时指出的那样，基层法院所受理的许多案件在审理过程中，"法官只要有一定的法律知识，就可以在程序上完成整个案件的审理，但要使双方当事人化干戈为玉帛，胜败皆服，就需要法官积极主动地想办法，能够主动提出各种解决问题的方案"。该学者由此主张："就纠纷解决方式而言，基层法官要积极主动地灵活适用法律，使案件裁判和调解符合当地群众的正义观，避免法律与当地群众感情的直接和剧烈冲突。"① 或许我国社会实现成功转型后，在纠纷解决方面会像那些严格法治主义信守者所认为或期待的那样，所有提交到法院的民间纠纷都在一位严谨而中立的法官经过审理后获得公正的解决。但是，至少在当前传统影响力依然很大，民众的法律意识或观念依然有待改变，以及司法权威和公信力有待增强等综合环境中，法官保持适度的能动对于推动民间纠纷更好地解决依然是一种正确的或现实的选择。

三是加大并合理配置基层司法资源的投入，放宽各类社会团体或民间组织的社会准入条件，并允许和鼓励它们积极承担民间纠纷的解决职能。在承担民间纠纷解决的基层国家机关中，除了基层法院之外，基层司法机关及其派出机构同样扮演重要角色。但是我们调研发现，当前基层司法行政机关承担了大量的民间纠纷调解和解决任务，但是与国家对基层法院的投入相比，基层司法行政机关及其派出机关在人员和办公设施的配置、经费保障以及工作人员的待遇等方面的投入都存在严重不足。当前在基层司法所中发挥骨干作用的工作人员几乎都在50岁左右，人员断层和人手不足时常困扰着基层司

---

① 田瑶："基层司法的路径探索——论'陈燕萍工作法'中的'法官能动'"，载《社会科学家》2011年第4期。

法所的日常工作。但是，"根据司法部新近出台的一些文件，2010年以后，基层法律服务所的标准提高了，其中增设了两个硬性条件：（1）必须拥有本科以上学历；（2）必须交养老保险。司法部做这样的规定似乎意在解决一直被人们诟病的准入门槛过低的问题。但是，这样的规定又会带来另一种后果，即本科毕业生不愿意到条件差的基层法律服务所工作，而本科以下学历又进不了"[①]。所以至少根据我们此次调研可以认为，虽然司法部的这一规定出发点值得肯定即为了提升基层法律服务的质量，但是如果缺乏足够的资源投入，不仅难以实现该规定的初衷，反而会对基层法律服务工作包括基层司法所的有关纠纷解决工作产生负面影响。事实也确实如此，在沈北新区的各乡镇司法所中，近两年陆续聘用了一些高校毕业生，他们在民间纠纷解决及社区矫正等基层法律工作中日益发挥重要的作用，然而据了解他们的待遇却非常得低，每月工资只有1000元左右，这也使得他们中的部分人产生了改换工作的想法，显然这会影响他们的日常工作效果。

基层司法资源投入不足及配置不合理势必影响有关机构民间纠纷功能的发挥，而与此同时，由于受制度和观念等因素影响，我国基层社会组织无论从数量、规模还是成熟度来看，都有着很大的发展空间，这也使得至少在目前我们无法指望各类社会团体或民间组织在民间纠纷解决中发挥更大的作用。但是，随着社会转型的不断推进，我国的社会结构会越来越趋向合理，其中作为连接国家和民众的社会团体或民间组织也会逐渐成长和发展起来，而对于他们在民间纠纷解决中的重要功能也是值得期待的。因此，我们建议通过制定相关社会团体或民间组织法，或者对现行不利于社会团体或民间组织发展的有关法律、法规予以修订，使我们的社会结构更为完整，也使许多民间纠纷的解决可以借助于这些团体或组织获得解决，从而减轻国家司法机关的工作与财政压力。

三、英租威海卫时期的民间治理及现实启示

19世纪末20世纪初，中华民族面临空前危机，中国社会也经历着千百

[①] 汪火良："社会管理创新视野中的ADR与基层法律服务所改革——以湖北省H市基层法律服务所建设为参照"，载《西部法学评论》2011年第6期。

年来未有之大变局。此时山东半岛和辽东半岛这两处战略要地在甲午海战后完全为列强所控制,其中沙俄占旅大(日俄战争后被日本接管)、德国占青岛,一时间中国东大门敞露无防。在这一背景下,英国殖民当局又于1898年7月迫使清政府同意与其签订《租威海卫专条》,将威海卫划归为英国的"租借地",由此开始了英国对威海卫长达32年(刘公岛又续租10年)的殖民统治。为了维护基本的社会秩序以实现英国殖民者的利益,英威殖民当局在租借威海卫期间施行了一套相对有效的民间治理机制。尽管英国殖民者以维护其殖民统治利益为其一切政策或机制的根本出发点,但仅就其所建立的民间治理机制的实践而言,还是取得了一定的社会效果,相对有效地解决了各种民间纠纷,维护了社会的安定,而在历史变局、社会动荡的清季民初之际能够做到这一点实属不易,也有其合理和可供借鉴之处。

(一)民间治理的基本策略和基础性制度

1. 基本策略:"一地两制"

英国殖民者强行租借威海卫后所实施的民间治理机制主要包括治理策略和一系列相关制度。威海卫在英国殖民者占据之后,其管理权限几经周转。威海卫首先被交由英国海军部负责管辖,1899年后又划归陆军部管辖,并由陆军上校道华德(Col. A. Dorward)任行政长官,官衔为"政军专员"(Civil and Military Commissioner)。[1] 1900年,威海卫属地改为文官制,由殖民部统辖,设立威海卫行政长官(commissioner)一职,首任行政长官为斯图亚特·骆克哈特(Stewart Lockhart)。行政长官是地方政府的首脑人物,通过殖民部直接接受英王陛下的领导,其官衔相当于副总督。在英国殖民统治的32年间,威海卫前后共历7任行政长官,其中仅前两任为武职,而从武职向文职行政长官的转变也意味着威海卫的社会治理逐步走向常态,其中民间治理也正是在这种背景下展开的。

民间治理主要是相对于官方治理而言,它独立于官方却又不排斥官方治理的干预。可以说,任何社会群体的生活与交往都需要也会形成某种治理模

---

[1] Pamela Atwell, British Mandarins and Chinese Reformers: The British Administration of Weihaiwei (1898–1930) and the Territorys' Return to Chinese Rule, Oxfond University Press, 1985, p. 39.

式或治理机制，治理理念、治理主体、治理策略、治理制度和治理规则等是构成治理机制的基本要素，其中起决定作用的是治理理念的选择。一般而言，民间治理是立足于官民合作或主要发挥民间力量而进行的一种治理模式。这种模式的前提是为掌握国家政权的公权力即官方的认可。民间治理的独立是相对的，其治理策略、治理制度和具体治理规则的确定无不受官方治理理念的制约。这又很容易产生这样的逻辑困境，"现阶段法治秩序生长的艰难需要用民间组织的功能来改进，民间社会组织的生长艰难同样又需要一个更理想的法治环境"[1]。要走出这一困境首先要摒弃那种将民间完全独立于官方的思维，而应将二者视为相互交融的一个整体，这样民间治理所依据的规范既包括来自官方的、外加于民间交往生活的正式规范，也包括民众在长期的相互交往过程中自发形成的某些非正式规范，以及正式规范和非正式规范影响融合而形成的一些制度或机制。

民间治理机制是针对社会主体的民间交往行为及关系而形成的一系列策略、制度和规则的总和。机制主要是在官方治理理念、策略和制度等的直接或间接影响作用之下，并融合民间自发形成的非正式规范而成。英租威海卫时期英威殖民当局基于经验主义哲学，并从以最小成本维护最大的殖民利益的理念出发，最终确定了"一地两制"的统治策略，建立并完善了村董和总董制，而这正是英租威海卫时期民间治理机制的两项核心内容。

"一地两制"中的"一地"是指被英国强行租借（或称租占）的威海卫属地，"两制"则是指两种法律制度。苏亦工在其《中法西用——中国传统法律及习惯在香港》一书中提到，"许多研究香港法律及历史的权威人士都认为，香港存在着一种二元化的法律体系（a dual legal system），一元是在引进英国法基础上建立的普通法体系，这是主导的一元；另一元是保留香港割让给英国以前适用的中国清代的法律和习惯，这是次要的一元"[2]。其实不只是在香港，在英租威海卫时期，威海卫属地内同样存在着二元化的法律

---

[1] 蒋立山："法治理想主义与法治现实主义——读《法治进程中的'民间治理'》有感"，载《法制与社会发展》2007年第6期。

[2] 苏亦工：《中法西用——中国传统法律及习惯在香港》，社会科学文献出版社2002年版，第69页。

体系，即所谓的"一地两制"。只不过与香港地区不同的是，在威海卫占主导的一元是中国传统的法律和习惯，而英国殖民当局所颁行的法律则是次要的一元。特别是在民事领域，英租威海卫时期在当地真正起主导作用的是中国传统的法律和习惯。

就英租威海卫的法律渊源而言，它主要包括五种法律渊源，其中两个宪法性法律文件（指《租威海卫专条》和《1901年枢密院威海卫法令》）、英国的法律、变通后的香港的法律以及英租威海卫地方政府所颁行的条例都是建立在英国普通法基础之上的，与英国的法律有着直接的关联。后一种法律渊源即中国的法律与风俗习惯尽管在法律规定上被加以限制，即要求不违背公允和道德，但由于对公允和道德并没有一个明确的界定，而且既然已经是通行于威海卫本地中国人之间的中国既有的法律和习惯，那本身就包含着公允性和道德上的普遍接受。因此，这一看似不起眼的法律渊源在实践中却发挥着非常广泛的作用，从而也构成了"一地两制"中不可或缺甚至占主导的一元。

不仅从法律渊源上可以找出"一地两制"的法律依据，在许多英威殖民政府当局制定的重要的民事法律条例中也可以直接发现"一地两制"的影子。如《1903年威海卫婚姻条例》明确规定本条例不适用于结婚双方均为华人或华人后裔的婚姻，除非其中一方先前向婚姻登记处提出申请，申请按照本条例来举行婚礼。[①]《1904年遗嘱认证条例》中所指的遗产也只针对所有非中国人去世时留下的位于威海卫属地内的财产。

"一地两制"虽然主要体现在民商事领域，即对于生活在威海卫租借地内的中国本地人和外国人——主要是英国人，而且大都生活在刘公岛上和爱德华港码头附近——分别适用不同的法律制度，但由于民商事法律和习惯同民众的日常生活和交往最为密切，而且英租时期威海卫的刑事犯罪较少，殖民当局制定的刑事法律作用有限，所以"一地两制"可以看作是英威殖民者在民间治理方面所采取的基本策略，这也直接决定了英威殖民者在威海卫所颁行的一系列具体的民间治理制度和措施。

---

① 威海市档案馆档案：《威海卫婚姻条例及规定》，档案号：229-001-0473，第4页。

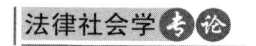

2. 基础性制度：村董制和总董制

据考证，威海卫的村董制最早产生于明代，清朝建立后对乡村原有的制度并未进行多大的干预，因此，直到清朝末年村董治理仍然是威海卫农村运转的主要社会机制。村董在中国传统社会中一直都不属于国家正式的官员，既不是由官方指定或委任，也不是由民众选举产生，大致是由村里较大的家族推举出一个有名望的人物来实行乡村自治的这么一种角色，所以村董大体上都是一些乡村士绅。[①] 英国租占威海卫后，立即对村董制度加以改造利用以维护社会秩序和殖民统治。根据规定，英租威海卫时期，村董身份的获取主要有两种方式：承袭和选举。所谓承袭，是指在英国租占威海卫之前就已经是村董，在农村的治理和运转中已经发挥着重要作用，这些村董只需经过英威殖民者的认可即可。而选举是英国殖民者租占威海卫以后所引入和施行的一种新型的而且具有现代民主色彩的村董产生方式。通过选举产生的村董必须经过选举人60%以上的票数方能当选，而且选举人在一定条件下有权要求更换村董，另行选举。但是无论通过哪种方式产生的村董，都需要经过英威殖民政府当局的认可，并由殖民政府当局颁发委任状。

村董是一个非官非民的角色，其职责范围非常广泛，涉及村里的治安、税收、土地交易和调解纠纷等各项事务。但大体来说，村董的职责主要包括对外和对内两个方面的内容。村董对外类似于本村的首领，并负责同殖民政府的沟通或交涉，而且在某些方面要听命于殖民政府的安排，其中一项典型的职责便是赋税的催缴。对内村董要负责维持本村的治安，尤其要调解好各种家庭矛盾和村民之间的纠纷，以维持本村良好的秩序。而且村董和殖民政府之间有着较为密切的联系和合作。大多数被委任的村董能够很好地履行自己的职责，维护所辖村域的稳定。但由于英威殖民者对农村治理奉行的是一种不干涉政策，这导致了政府与民众沟通不畅，行政管理效率低下，从而使得殖民当局对农村控制力减弱。这显然破坏了威海卫农村旧有的社会治理机制，引起了村董们的不满，为解决这一问题，殖民当局开始寻求新的治理措

---

① 梁月昌：《英舰驶进刘公岛——英租威海卫解读》，中国文史出版社2005年版，第254页。

施，于是总董制便也应时而生。

1905年在英威殖民政府中任要职的庄士敦根据农村现状提出一个总董改革计划：全区三百多个村庄被划分成26个小区，每个小区增设总董一名；同时还将26个小区分成南北两个行政区，各设行政长官管理。1906年总董制全面推行。同村董的职责相类似，总董也主要是负责传达政令、收缴捐税、发放契约状纸、维持各区治安并调整民事纠纷，同时就农村管理问题向殖民政府提供政策上的建议和咨询意见，从而辅助政府决策，执行行政事务，起到上情下达、下情上报的作用。

英威殖民政府非常重视对村董和总董的管理和相关制度的确立。如为规范和完善村董制度，当局专门颁行了相关的法律章程——《选举村董简明章程》，对村董的选举进行规范。该章程对村董的参选资格、程序、获选条件、主管部门以及委任状的颁发等许多事项都做了明确的规定，并且它还体现了殖民政府对农村治理的有限干预。

英威殖民当局非常重视对村董和总董的嘉奖，包括物质奖励和精神奖励等方面。为有效地吸引农村乡绅阶层成员参与社会管理事务，殖民政府还极力提高总董在农村中的社会地位。总董每月可以得到5美元的津贴和销售契纸的一部分收入，并享有政府学校免费奖学金的提名权。自1902年开始，英威殖民政府每年召开一次村董大会，1906年以后，又每季度开一次总董会议，谈论时情，激励村董和总董们的工作。与此同时，英威殖民政府还通过不断的精神奖励，增强其责任感、荣誉感和回报意识。1904年特别加冕仪式上，殖民政府在政府官邸召集全体村董大会，向"工作最勤奋"的村董授予匾额与奖章，并特准他们参观英国舰队。会后又为其举行盛大宴会，合影留念。以后类似的活动经常举行。1914年骆克哈特又设立一系列名目繁多的荣誉奖项。舍己救人的、捐资修路办学的、救济灾民的等都可获得匾额、奖章等不同奖励。对此，艾特威尔评论道，"英国人似乎了解中国善于维护社会秩序及鼓励良好道德的技巧。每当有发生在威海卫沿岸的营救船员、打捞沉船货物等事情时，英国人就把奖章或牌匾赠予村董。骆克哈特对每一件事都很细心，他认识到了这些奖赏的重要性，在社区内逐渐灌输关于村董个人地位的膨胀意识"①。

　　法国著名的政治思想家贡斯当曾指出，任何改良，任何改革，任何弊端的清除，只有在它们符合国民愿望的时候才有益处。如果他们超前于国民的愿望，它们就会变成邪恶。它们将不再是善举，而是暴政。平心而论，重要的不是如何迅速完成善举，而是制度是否合理。如果你忽视这一规则，你将永远不会明白应当在哪里止步。②英威殖民当局的这种治理策略符合当时威海卫农村的社会现状，尤其是当地民众的认知水平和交往习惯。它至少在短时间内保持了农村的稳定，从而有利于维护英国殖民者在威海卫的统治秩序。

　　这其中原因在于，总董制可以导致层层节制，而对其运用自如使英国殖民者的统治力量借助村董和总董直接抵达社会的最底层组织或单元。对于总董制度，曾任威海卫办事大臣和行政长官的庄士敦在其一篇离别演讲词中曾有过较为详细的自我评价。庄士敦说道："自从组织总董以来，众位及前任总董与英政府管理威海这种深切适宜的合作，本大臣极表感谢。此种组织的成功，本大臣个人十分满意。全租界有三百五十余村，占地三百方里，分为二十六区，每区有一总董，作为英政府与各村之媒介，此系本大臣所计划的，此种计划继续进行，并未修改，已有二十五年。在此计划实行以前，界内村庄形同孤立的公会，政府只得任其为公会，对于管理上自然发生困难障碍，除此之外，那时候交通的方法也很恶劣。自从分为二十六区，每区约有九村至十五村之数，在一位总董指导之下，代表其所辖之村，与政府接洽公事，管理上难办之事因之大容易解决。最重要的是各村居民因为得彼此合作，发生一种社会上的觉悟，知道与较大的团体结合起来，比较单独的公会是有利益的。在本界内政府与人民协商各种重要的事情，是自然的政策，即如社会上、生计上、财政上的各事，不但政府对于行政上之动机可得公论之指导，并且人民也可借以知道作公民的职分和权利。③"

---

① Atwell Pamela, British Mandarins and Chinese Reformers: The British Administration of Weihaiwei (1898–1930) and the Territorries Return to Chinese Rule, Oxford University Press, 1985, p. 53.
② [法] 邦雅曼·贡斯当：《古代人的自由与现代人的自由》，阎克文、刘满贵译，商务印书馆1999年版，第377页。
③ 威海市档案馆："Commissioner's Speech at the Government Office, Weihaiwei, September 29th, 1930"，见威海市档案馆档案：《威海卫办事大臣庄士顿临别演讲词》，档案号：229-001-0077。

英租威海卫时期村董制和总董制的推行，使殖民当局将农村中有影响的代表人物吸纳到殖民统治机制中，构成了由上到下、纵横结合的管理网络，从而实现了对威海卫农村的有效治理。而村董与总董的选任方式也体现了一定的现代民主色彩。尤其是总董的设立，是英国殖民者在中国原有的村董制基础上根据需要所创设出来的，这也反映出英国殖民者灵活的统治策略和对中国传统社会治理制度的积极借鉴和改进。但是，这种治理方式同样存在许多弊端，尤其是一旦选出的村董品行不端或者能力低下，这可能非但不会为村民们造福，反而会带来不幸。如根据梁月昌的介绍，有的村董为了讨好英国殖民者，通过催缴税费欺压村民。[①] 由此可见，庄士敦的评价就显得有些自负了。

（二）诉讼制度及现实思考

1. 诉讼制度的基本内容及改革情况

英国在其租借威海卫期间建立起了相对完善的诉讼制度，其内容主要规定在《1901年枢密院威海卫法令》（以下简称《法令》）之中。该法令可以视为英租威海卫时期的一部宪法性法律文件，它分为六大部分，共87条，其中有三部分共69条的内容都是关于司法和诉讼制度的规定，而关于刑事和民事诉讼制度的内容又占了60条。由此可见，英威殖民当局对诉讼制度及诉讼活动的重视。

法院的设置和法官的任免等问题与诉讼制度密不可分。根据《法令》的规定，威海卫设立一个高等法院并在租借地内的任何一个地区设立地区法院。威海卫高等法院的上诉法院为香港最高法院。在管辖上，所有在威海卫租借地的人民之间以及在威海卫租借地内发生的刑事、民事案件，均由高等法院管辖。在法官等人员的任免上，高等法院的法官由英国国王任命，该法官应为英格兰、苏格兰或爱尔兰律师公会的会员。在任命法官之前，高等法院应由行政长官掌理，此后，由行政长官或法官或行政长官与国王任命的法官共同掌理。地区法院的法官由殖民部大臣任命。至于法官之外的其他人员的任

---

① 梁月昌：《英舰驶进刘公岛——英租威海卫解读》，中国文史出版社2005年版，第170页。

免,《法令》第15条规定,行政长官可根据国务大臣的指令以及本法令的规定,随时任命其认为合适的人员担任登记员、书记员、法警、翻译及其他法院职务,确定其职责并可将该任命的人员解职。①

英租威海卫时期的诉讼制度主要由刑事诉讼制度和民事诉讼制度两部分组成。其制度内容具体而完备,但限于篇幅和写作重心,我们仅对刑事和民事诉讼制度的基本内容做简要的介绍。具体而言,英租威海卫时期诉讼制度主要包括以下几点。

(1) 法院的管辖。高等法院可作出当时在英格兰具有刑事管辖权的任何法院可以作出的任何刑罚。而地方法院不得作出入狱期限超过12个月的刑罚,也不得作出罚金超过400元的处罚,并且,叛国罪、强奸罪等犯罪地区法院无权审理,除非经过高等法院书面指示同意。当事人对高等法院的判决不服的,可以向最高法院上诉。民事案件的管辖除遵守前述的管辖原则外,《法令》还规定了几种特殊案件的管辖权及相应的规则,如对破产案件的管辖、对处于威海卫租借地内的船只及人员的海事管辖权等。

(2) 诉讼程序的启动。一项刑事诉讼可由检举人控告启动,也可由法院自行动议通过签发传票或者拘捕令启动。区别在于如果属于法院签发拘捕令的情形,除非法院提出要求,控告人无须宣誓。刑事案件中被拘捕的被告人应在拘捕之后48小时内提交法院审理,除非有例外的情况阻止将其提交法院。任何一项起诉申请可以通过口头方式向法院提出。法院应根据确定好的日期开庭审理案件,一般情况下,庭审应该公开进行。

(3) 审理程序和审判制度。审理程序分为简易程序和普通程序两种类型。"在英国,简易审判制度是指由治安法院依照简易程序所进行的审判。它们主要对轻微罪行使管辖权,其司法权力是有限的,且不能创制先例。然而它们审理了刑事案件的绝大部分(大约97%),是普通民众直接面对的法院。"② 简易审判的程序大体包括受理简易起诉书、被告人出庭答辩和判处刑罚等阶段。英租威海卫时期适用简易程序审理刑事案件的标准是犯罪可能判

---

① 张建国、张军勇主编:《英租威海卫史料汇编1:威海卫法令》,中国国际广播出版社2006年版,第8页。

② 齐树洁主编:《英国司法制度》,厦门大学出版社2007年版,第555页。

处的刑事处罚，即如果法院认为该犯罪将受到 6 个月以下的监禁或者 100 元以下的罚款的处罚，该案件应以简易程序进行审理。在威海卫的司法实践中，绝大部分案件都通过简易程序得到了处理，普通程序的适用情况则比较少见。但是，叛国、谋杀、强奸等犯罪不得以简易程序审理。所有的民事诉讼均应以简易程序审理并判决。

而《法令》规定的审判制度主要有四种：一是独任审判制和合议审判制，即最高行政长官和法官，或者各自独立审理案件，或者由二人共同审理案件；二是协助审判制，当案件当事人有一方为华人时应由至少两名陪审员组成的陪审团协助审判；三是会审制，即高等法院在每区应有会同审判权；四是巡回审判制，即"高等法院得视事实之需要，在该地任何地点开庭"①。

（4）关于上诉。当事人对所有判决都可以提起上诉。刑事诉讼中，被告人提起上诉后，地方法院应延缓已提起上诉的判决的执行，并将被告人送押，或者将其入狱看管、允许保释或者要求支付罚款的保证金。如果当事人对民事判决不服，在提供法官认为合适的担保及支付合理的费用后可以提起上诉。但在高等法院作出判决之日起 3 个月后不得再提起上诉，除非经过高等法院批准。

（5）诉讼费用的承担。刑事诉讼中，法院可判令罪犯支付全部或者部分诉讼费用，具体金额在判决中确定。如果法院认为该诉讼属于无理取闹或者微不足道，可判令控告人支付诉讼费用以及被告人的全部或者部分费用。

此外，法令还规定了刑事诉讼中的保释、搜查、刑罚的执行等相关制度。值得一提的是，英租威海卫时期，英威殖民当局还将陪审制度移植到威海卫的司法审判中，为此颁行了《1905 年陪审团条例》。在这一条例中，对陪审员的资格、选任以及在审判中的作用等都做了较为具体的规定。

在建立起较为完善的诉讼制度之后，英威殖民当局也非常重视在司法实践中根据现实的需要对诉讼制度进行调整或改进。这些调整主要表现为以下三个方面。

一是地区法庭的设置。英威殖民当局于 1906 年将威海卫划分成南北两大

---

① 王饶："英租威海卫司法体制初探"，载《环球法律评论》2005 年第 5 期。

行政区，并都设置了独立法庭，分别审理各自辖区内的民事和刑事案件。1916年又设置正、副华务司两职。诉讼案件分别由两个华务司审理，其中正华务司审理民事案件，副华务司审理刑事案件。不仅如此，为了方便诉讼，正华务司每年还要安排一定的时间在南区设立巡回法庭。

二是诉状的书写、收费和递交方面的调整。提交诉状是受理案件的必经程序，也是中国的传统做法。英国人延续了这一做法并通过发放执照的方式对诉状书写人进行规范，每份诉状可收2元的书写费。后来由于书写人借机向当事人索取财物或挑起诉讼，1907年取消了这一制度。但允许当事人当堂口头陈述案情的做法又加大了地方法官的工作量，为此英威殖民当局又恢复了诉状递送制度，并由政府确定的专人代写诉状，每份诉状收取1元（1913年后增加到3元）书写费。状纸也是政府规定的统一格式，由政府统一印制。

在诉状递交的方式或途径方面，最初诉状是交给地方法官的职员，后来发现职员中有受贿索贿现象便取消了这一做法。此后，不论是在地方法官住处还是在法庭，所有诉状都由被告亲自交给地方法官，并且为了鼓励那些不敢公开上诉或不敢控告本村某些颇有影响力的人或家族的冤屈者向法庭合理起诉，时任正华务司长官的庄士敦还在南区法庭附近路边上设置了上锁的诉状箱。

三是重视并提高民间调解在诉讼程序中的地位。英威殖民当局治理威海卫初期，为了体现"父母官"的关爱之情，对中国传统的案件审理方式进行了改革：地区法庭不仅每天都开门办案，而且不收取任何费用。尽管这受到了威海卫民众的欢迎，但它一方面严重增加了地方法庭和法官的负担，另一方面也损害了既有的乡村秩序维护机制的核心——村董的权威。对此，当局及时作出调整，将村董的调解作为民事诉讼的前置程序，即规定所有到法庭诉讼的民事案件，当事人必须持有村董出具的证明，证明该案已经过村董的调处。

2. 对诉讼制度的评价

英租威海卫时期所建立起来的诉讼制度在司法实践中充分地发挥了其功能，甚至在很大程度上鼓励了租借地民众的诉讼热情，出现了所谓的"健讼"现象。如在英威殖民政府一份报告中作者是这样描述威海卫民众对于诉讼的热衷:"此地的人们肯定乐于上法庭。他们把上法庭看作像去剧院或其他什么地方一样地轻松愉快。一个受到伤害的丈夫会步行20英里(1英里=1609.344米)去告诉法官他无力去控制他妻子,一位受委屈的庄稼人会不辞劳苦地走十多英里去告诉法官他的邻居偷了6把属于他的草并请求大人帮助他。"①

就刑事诉讼而言,法院审理的威海卫的当地居民的恶性刑事案件非常少,赌博、自杀等案件占了不小的比例。绝大多数刑事案件都由地区法院审理,高等法院审理的案件则相对较少。如1905年高等法院总共才审理了三起刑事案件,其中有两起属于过失杀人。② 1907年高等法院也仅审判了一起案例,即身为英船司炉的被告被控告为过失杀人,经审理宣告该被告无罪。③

法院审理的民事案件都是比较琐碎的,纠纷内容"主要涉及土地所有权、违背合同、收养、遗产、祭祀、宗族财产的管理和所有其他因中国人之间复杂的人际关系而导致的五花八门的问题"④。在诉讼方式上,殖民当局也进行过有益的探索和实践,如庄士敦经常独自在租借地的各个地区巡游,调查民情,努力掌握第一手的资料。他很快就融入威海卫的社会当中,受到了社会各界人士包括普通老百姓的认可和信任。甚至夫妻之间的争吵、婆媳不和、邻里纠纷等琐事都会找到他。在1904年他上任的当年,境内商绅就为其赠送卷轴,誉为"父母官"。⑤ 在处理威海卫的民事纠纷过程中,庄士敦曾别出心裁地在靠近村庄的野地里搭起一面帐篷,在帐篷中专门受理人们的纠纷和争讼,这种做法曾传为一时美谈。⑥ 庄士敦的努力也收到了相应的成效,以至于在庄士敦离职后的一年里,民事案件相比较于庄士敦在任的最后一年减少了许多。这在英威殖民政府的一份报告中有所记载,"1919年审理的民事诉讼案件总计才151件,1918年达187件,而1917年为215件"⑦。

---

① 威海市档案馆档案:《骆克哈特任职期间的工作报告》,档案号:229-001-0037。
② 威海市档案馆档案:《年度报告》,档案号:229-001-1421。
③ 威海市档案馆档案:《年度报告》,档案号:229-001-1422。
④ 同上。
⑤ 邓向阳主编:《米字旗下的威海卫》,山东画报出版社2003年版,第38页。
⑥ 梁月昌:《英舰驶进刘公岛——英租威海卫解读》,中国文史出版社2005年版,第160页。
⑦ 威海市档案馆档案:《1919年度部门工作报告》,档案号:229-001-0053。

诉讼与调解是中国古代社会纠纷解决的两种主要机制，二者关系用经济学的术语来讲就是互为替代品。但如果这两种机制都运作不畅，那么就会造成官府案件积压拖讼、民众纠纷解决成本高昂、社会矛盾激化等情形出现。如在英国租借威海卫之前，境内的大部分地区的案件由文登县审理，而文登县的管辖范围是租借地的近3倍，审理案件的法院只有一个，开庭时间也只有6天。法院工作效率很低，积压案件很多，一般的案件县衙是无暇顾及的。不仅如此，诉讼费用高昂，老百姓打官司要缴纳10种不同的昂贵费用。所以大量的案件通过亲戚、长辈或村董等"说和"解决，但一旦事情解决成功，当事人还要请调解人吃饭或送一些酒和食品进行答谢。[1] 就诉讼机制而言，便捷、公正、合算是民众对通过官方解决诉讼纠纷的最主要期待，但正如有学者在分析晚清积案成因时指出的那样，在政法合一的社会状况之下，兼管行政与司法事务的身兼数任的地方官的办案效率本来就是极为低下的。[2] 不仅如此，老百姓还要负担昂贵的诉讼成本（包括明示的和隐形的成本）以及对案件审理结果公正性的忧虑。总之，英国人来威海卫之前，中国的官府及诉讼机制的运作并没有更好地满足民众的这些最基本的期待。

英租威海卫期间不仅建立了相对完善合理的诉讼制度，并根据诉讼实践的需要对有关制度进行调整和完善，而且在诉讼活动中许多裁判者既维护制度的严肃性、保证诉讼的公正进行，又注重对中国传统诉讼方式和技巧的吸收，注重结合中国人的心理并引用中国传统经典文献中的语句。如庄士敦曾在其书中写道："无论作出民事还是刑事判决，我经常从儒家经典著作或者圣谕那儿摘抄一些恰当的文句，目的是针对眼下的案件所争论的问题给我的听众以一点道德训教。"[3]

不可否认，英租威海卫时期的诉讼制度带有浓厚的殖民色彩，一切制度的设计和实践最终都要服务于其在威海卫的"租借"目的和利益，并且也不排除殖民者在诉讼过程中对当地民众态度蛮横、无视其合法权益的现象存在。但总的来看，英租时期威海卫的诉讼制度同时又具有很强烈的现代性色彩，

---

[1] 邓向阳主编：《米字旗下的威海卫》，山东画报出版社2005年版，第47页。
[2] 赵晓华："晚清的积案问题"，载《清史研究》2000年第1期。
[3] Reginald F. Johnson, Lion and Dragon in Northern China, Oxford University Press, 1986, p. 123.

而且制度的设置与实践也在很大程度上满足了威海卫当地民众解决纠纷的机制需要,对调处民间纠纷、惩治犯罪和维护社会治安起到了相对积极的作用。尤其与当时存在的中国传统正式的官方诉讼制度相比,它更好地满足了民众对诉讼这种纠纷解决机制的两种最主要的价值需求——公正和便捷。

(三)调解机制的运作

在任何一个社会中,诉讼制度作为官方提供的正式机制无法垄断对所有民间纠纷的解决。因此,构建包括调解、仲裁等在内的多元纠纷解决机制就显得非常必要。英国租借威海卫时期,英威殖民当局深谙此道:既向威海卫租借地输出正式的诉讼制度,又非常重视沿承并改进传统的以调解为核心的非诉讼纠纷解决机制的适用。其实,诉讼与调解并非仅仅是两种纠纷解决机制那样简单,其背后还蕴含着官方与民间两种权威的较量与调谐问题。

非诉讼纠纷解决机制就是除诉讼之外的所有解决纠纷的机制,常见的如和解、调解和仲裁等。非诉讼纠纷解决机制在西方又被称为 ADR,即 Alternative Dispute Resolution,译为替代性纠纷解决机制。ADR 这一概念源于美国,"原来是指本世纪逐步发展起来的各种诉讼外纠纷解决方式,现已引申为对世界各国普遍存在着的、民事诉讼制度以外的非诉讼纠纷解决程序或机制的总称"[1]。当前中国的非诉讼纠纷解决机制的主要内容或表现是调解。

调解是一个较为现代的法律术语。在中国传统社会中,调处、说和或说事等这些称呼不同的民间纠纷解决机制,虽与调解在某些方面存在细微的差异,但都发挥着相似的社会功能。当前,在我国民间纠纷的解决过程中,调解的类型很多,如行政调解、司法调解和民间调解等。其中,民间调解是指通过亲友、邻居、长辈或某些具有特殊身份或资格的人的"说和"而使民间矛盾或纠纷得以解决的一种非诉机制,又被称为人民调解。

民间调解是我国最重要的传统调解类型。根据民间调解是否含有官方因素,我们又可以将其细分为两种略有区别的类型:一种是完全由亲友长辈等进行的调解,调解者的身份或角色是纠纷各方共同认可而形成的,无论是调解者、调解参与者,还是调解的形式和内容多是依习俗和情理而定,与官方

---

[1] 范愉:"当代中国非诉讼纠纷解决机制的完善与发展",载《学海》2003年第1期。

的法律少有瓜葛；另一种是由官方许可设立或认可的具有半官方色彩的民间调解机构或调解者所主持的调解，如我国《宪法》第 111 条第 2 款规定，居民委员会、村民委员会设人民调解、治安保卫、公共卫生等委员会，办理本居住地区的公共事务和公益事业，调解民间纠纷，协助维护社会治安，并且向人民政府反映群众意见、要求和提出建议。依此所进行的调解便属于半官方调解。

英租威海卫时期，民间纠纷的解决机制主要包括两种：诉讼和调解。其中，调解作为重要的非诉机制，它主要存在于这样三种场合中：一是纯粹的民间交往场合，即完全属于私人间的日常民商事交往活动的情形下；二是官方诉讼场合，即由英威殖民当局向社会提供的正式的诉讼活动场合；三是半官办民、官民相融的场合，其主要表现是村董和总董制的运作。

英租时期的民间纠纷"主要涉及土地所有权、违背合同、收养、遗产、祭祀祖宗、宗族财产管理和所有其他因中国人之间复杂的人际关系而导致的五花八门的问题"[1]。在英国租借威海卫之前，威海卫境内的民间纠纷也主要通过诉讼和调解的方式来解决。但由于诉讼效率和公正性广受质疑、费用较高以及传统的视公门为畏途的民族心理等原因，使得诉讼机制运转不畅，大部分民间纠纷都通过调解的方式来解决。担任调解者的主要是纠纷所涉及的某一方或共同的亲友、邻居或长辈等，他们具备能够让纠纷各方进行沟通和让步的某种能力。这种能力又可能基于不同原因而存在，例如，他们要么是与纠纷各方平时关系密切的并受到尊敬的长辈亲友，要么是属于在当地德高望重的长者或有识之士，要么是属于那种能说会道且能为各方认可的族人或村民等。但是，通过这种方式成功地解决了矛盾或纠纷后，当事人要请调解人吃饭或送一些酒和食品进行答谢。尽管英威殖民者针对中国旧有的诉讼制度进行了改革，如地方法庭每天都开门办案、免收或降低诉讼费用等，大大促进了民众通过诉讼解决纠纷的热情，并出现了所谓的"健讼"现象，但是威海卫本地的商人却仍然很少将商事交往过程中发生的纠纷提交到法庭，和解或调解仍然是他们解决纠纷的首要选择。对于其原因，英威殖民者曾分析

---

[1] 威海市档案馆档案：《年度报告》，档案号：229 - 001 - 1422。

第二章 民间治理：历史与现实

道，他们"不想因打官司而浪费时间，所以除了重大案件，他们通常私下解决争端"①。而且即使他们将商事纠纷提交到法庭，也希望速战速决，例如，1914年有一起围绕26000美金的诉讼案件，不过半天工夫，两造便达成妥协。②

在官方诉讼场合中，调解同样有着不小的作用空间。其表现主要可从这两个方面反映出来：一是在法律适用上，英国租借威海卫期间制定、颁布的法令达115部，此外还制定了二百多项法规，尽管数量很多，但是"能用来解决大多数民事纠纷的却很少"，"对于中国人之间的民事诉讼，只要不违背英国法律原则，也可适用中国法律或风俗习惯"③。二是英租时期主要的两任行政长官骆克哈特和庄士敦对中国传统文化颇为推崇，这其中也包括对中国传统的诉讼文化和调解方式的接受和运用。以庄士敦为例，其在威海卫先后担任正华务司和南区行政长官和行政长官等要职，庄士敦在施政过程中非常注重尊重威海卫本地的习俗，如他经常独来独往地到租借地巡游，调查当地的乡土民情，他甚至可以用流利的威海方言与当地百姓交流。他在审理案件或解决民间纠纷时也非常重视运用儒家的孔孟思想对纠纷各方进行道德说教，这受到了当地百姓的认可，"甚至连夫妻不和、婆媳不睦、邻里纠纷之类的琐事都要请'庄大人'去说道说道"④。诉讼过程中，庄士敦也注重对调解的运用。即使是通过诉讼解决的民间纠纷，他也常会在判决书中进行道德说教，以真正化解纠纷达到永世和睦。如他在个人著作《中国北方的龙与狮》一书中写道："有两个邻居为一些小事争吵，我就会给他们讲讲康熙引用过的箴言及其诠释者们有关同村邻里之间应和睦相处的大道理。或许我是在提醒他们如果乡邻之间争吵不休，各不相让，不仅会彼此终身成仇，且会殃及子孙后代，永难和解。"⑤

半官半民、官民相融的调解场合指的是在威海卫存在并发挥了不可替代的

---

① 威海市档案馆档案：《年度报告》，档案号：229-001-1422。
② 威海市档案馆档案：《年度报告》，档案号：229-001-1559。
③ 邓向阳主编：《米字旗下的威海卫》，山东画报出版社2003年版，第47页。
④ 同上书，第38页。
⑤ Reginald F. Johnson, Lion and Dragon in Northern China, Oxford University Press, 1986, p.123.

重要作用的村董和总董制的运作实践。总董制是在既有的村董制基础上由英威殖民当局创建的一项新制度，其目的是便于对威海卫乡村的治理。村董大多由村中某一大族的族长或其他德高望重的乡绅等担任，当地民众也历来有将纠纷交由村董和总董调处的习惯，因此，调解民间纠纷是村董和总董主要的职责之一。由于村董和总董非官非民、半官办民的角色，其不属于殖民政府的官员，但殖民当局通过颁发委任状等方式承认他们在村中的权力和地位，所以村董和总董的调解是英租威海卫时期具有官民相融特色的重要的非诉机制。

（四）民间治理的现实启示

1. 民间治理：谨慎变革与放权民间

回顾历史的一个重要目的是为现实的社会治理和发展提供某些有益的借鉴。我们虽不应否认英国殖民者在威海卫的殖民掠夺及对当地百姓的欺凌，但仅就英威殖民当局在威海卫所施行的民间治理机制而言在当时的确取得了较大的成功，于今天也有一定的启示和借鉴价值。从以"一地两制"的治理策略和村董与总董制为基本内容的民间治理机制中我们至少可以得出以下三个方面的启示，并可作为我国当前改进民间治理以促进社会和谐的有益参考。

首先，对社会变革秉持一种谨慎甚至保守的态度，这是英租威海卫民间治理自始至终所遵循的一条基本理念。英国殖民者在威海卫民间治理上尽量维持原有的民间秩序以及保障这种秩序的各种社会机制，只是根据现实需要对其进行修补改进，而不是推倒重来，重新构建和推行一种全新的治理机制。这对于我们当前的社会发展和民间治理是非常重要的启示，因为历史已多证实，在正常的社会发展过程中，一味地追求激烈的社会变革往往会造成社会治理的混乱，从而引发社会动荡和退步。

其次，尊重多样性，维护传统的承继性。民间生活与交往丰富多彩，只有尊重这种多样性才能真正地促进社会和谐。原因在于，"在社会发展中强调处于不同社会群体中和作为个体的人的个性以及各种不同的价值欲求，其共生互补的特点使得我们在这个世界上彼此依赖、差异共存与和谐共生"[①]。

[①] 刘天华："差异、对话和沟通：人类社会共生和谐的话语精神和实践保证"，载《求索》2008年第6期。

此外，不同地区和群体存在着不同的习俗，民间治理只有根基于多样性的传统和现实，对差异持理解甚或宽容的态度方能取得真正的实效。

最后，放权民间，充分相信民间自我治理的智慧。村董与总董制的成功足以证明民众有能力实现良好的自我治理。虽然村董制度源自中国传统社会，但实际上类似的制度同样存在于英国的历史和社会之中，那就是英国的治安法官制度。治安法官"是一种不领薪金、工作量很大、由地方绅士自愿担任的管理地方司法和治安工作的职务"①。尽管治安法官和村董属于不同社会，在制度设计和社会职权等方面也存在很多差异，但不可否认的是，这两种制度体现了相同的社会治理精神或智慧，那就是国家权力的适可而止和乡绅社会管理功能的充分挖掘。因此，掌握着公权力的官方治理者应该充分信任民间的自治能力，改变那种事无巨细都揽于手中的思维和做法，从而培育公民更强的自治能力。

总之，民间治理机制在很大程度上决定着一个社会的发展程度和发展方向。英租威海卫时期建立起了较为成功的民间治理，其又典型地体现在英租时期在威海所施行的诉讼和非诉制度两个方面。当然，我们今天所能借鉴的主要不在于那些具体的治理策略和基础制度，甚至也不在于那些具体的诉讼和非诉机制，而是指导这种治理机制的内在的深层理念。

2. 诉讼制度的现实思考及借鉴

英租威海卫时期的诉讼制度与当前我国的诉讼制度所存在的差异是全方位的，二者无论在制度性质、内容还是实践目的等方面都有着极大的甚至是根本的不同。从性质上看，英租时期的诉讼制度带有浓厚的殖民色彩，这也决定了其实践的主要目的在于维护英国殖民者在威海卫的殖民利益，而当前威海所实行的诉讼制度是我国社会主义诉讼制度的有机组成部分之一，其目的在于解决纠纷、惩治违法，通过对人们合法权益的维护构筑和谐社会。内容上，英租时期的诉讼制度主要移植于英国本土所实行的诉讼制度，只是根据威海卫的实际情况和需要稍作调整，尽管总体上属于现代诉讼制度的范畴，如设置了较为严格的诉讼程序、证据制度和陪审制度等，但是与当前威海卫

---

① 钱乘旦、许洁明：《英国通史》，上海社会科学院出版社2002年版，第112页。

的诉讼制度相比，前者显然不够详备精致，许多制度在运作中也存在很大差异。尽管存在极大的差别，但是英租时期和当前的诉讼制度并非完全没有可比性，毕竟那些区别主要是静态方面的，且诉讼制度的最大意义在于其运作所带来的社会效果。对诉讼社会效果的强调也正是英租时期和当前实行于威海的诉讼制度所共同的追求之一。

当前我国的司法制度和诉讼实践基本上满足了民众对正式纠纷解决机制的需要，大量的纠纷或案件都通过诉讼活动得以处理，在保障权利、维护社会稳定方面发挥了应有的作用。但是我们同样也意识到，当前的诉讼制度及其实践依然存在许多问题，无论是宏观体制还是微观制度层面的，都在很大程度上阻碍了诉讼制度功能的有效发挥。

一是诉讼费用或成本较高。这里指的诉讼费用或成本是从当事人的角度而言的，它主要包括案件受理费、律师代理费以及其他费用和支出等。当前，诉讼成本不仅种类名目繁多，而且几乎每一项的收费数额都不低。如据统计，超过85%的当事人会委托代理人参加诉讼，而相当一部分当事人不请律师也主要是因为经济原因。再如鉴定费，在诉讼中涉及专门问题需要鉴定的情况越来越多，而鉴定费用昂贵已成为一个不争的事实。一件最普通的文字鉴定收费都在千元以上，至于对产品质量、火灾原因、录音等较为疑难的鉴定，收费动辄都在万元以上，让许多当事人望而却步。除此之外，当事人为诉讼而牵涉耗费的时间与精力，因诉讼而扩大的损失或丧失的机会等都是无形的也是当事人必然要承担的诉讼成本。

二是案件庞杂致使法官和法院不堪讼累。如贺卫方指出的那样，在一个追求法治的社会中，以法院为中心的司法体系之所以重要，首先是因为法院位居纠纷解决体系的中心。[①] 显然，当前法院承担了大量的社会纠纷或案件的解决任务。仅2013年，最高人民法院受理案件11016件，审结9716件，比2012年分别上升3.2%和1.6%；地方各级人民法院受理案件1421.7万件，审结、执结1294.7万件，同比分别上升7.4%和4.4%。[②] 因此，在当事

[①] 贺卫方：《司法的理念与制度》，中国政法大学出版社1998年版，第104页。
[②] "2014年最高人民法院工作报告"，载"人民网"，http://lianghui.people.com.cn/2014npc/n/2014/0310/c382480-24592263.html，访问日期：2014年4月11日。

人抱怨诉讼成本高昂，法院门口难进的同时，我们的法院和法官却也在承受着繁重的诉讼审理压力，这种状况尤其值得我们重视和反思。

三是诉讼活动中的调解机制运作存在不少问题。在我国的民事诉讼的调解过程中，法官担任着调解人和裁决者的双重角色，由于目前法院仍存在以结案率、上诉率、调解率的高低论政绩的现象，且存在严格的错案追究责任等。法官基于多方面的考虑便会首当其冲地选择结案快、风险小、可规避法律问题又省时省力的调解诉讼模式，从而以手中的裁判权压制当事人，强迫其接受调解。[1] 这显然违背了自愿调解的基本原则。

四是诉讼的社会公信力或亲和力有待进一步提升。诉讼的社会公信力与亲和力是密切相关的，都是司法公信力的重要表现。"从受众心理角度，司法公信力是社会组织、民众对司法行为的一种主观评价或价值判断，它是司法行为所产生的信誉和形象在社会组织和民众中所形成的一种心理反应。"[2] 在当前我国社会转型过程中，先前供给司法权力及权威性的一些意识形态资源已经失去或部分失去了说服力，加之司法体制、程序设置等不尽合理，个别司法者人品不尽如人意，诉讼或司法不能充分满足社会对司法的需要，从而影响了社会公众对司法的认同，也导致诉讼的社会公信力或亲和力降低。

英租威海卫时期的诉讼制度对完善当前我国的诉讼制度具有重要的借鉴意义。

首先，降低诉讼费用或诉讼成本问题。诉讼成本的高低不仅体现为诉讼费用的数额大小，还与诉讼的便利程度和效率高低密切相关。所以英威殖民当局通过减少和规范诉讼收费、设置较为便利的诉讼途径，以及提高诉讼效率等措施的采取有效地改变了原来民众因诉讼成本高昂难以通过诉讼解决纠纷的局面。在一份年度报告中，英威殖民当局是这样描述其诉讼费用改革所带来的变化的："诉讼费用大多产生于没完没了的休庭，迫使当事人住宿的住宿费，证人住在衙门客栈的费用，法庭审理费，以及合法的与不合法的其他费用。当中国人意识到按英国的规定，从授权的法庭那里获得公正的和有

---

[1] 王效贤："我国民事诉讼调解制度存在的问题及其完善"，载《北大法律信息网》，http://article.chinalawinfo.com/Article_Detail.asp?ArticleID=41581，访问日期：2009年5月11日。

[2] 关玫：《司法公信力研究》，人民法院出版社2008年版，第41页。

效的判决是免费的,或只有极小的极微薄的一点固定收费时,他们就将好几年里积压的诉讼案都拿到这里来处理。"①

可见,诉讼成本在很大程度上关系到民众选择诉讼方式来解决纠纷的倾向性,换言之,诉讼成本是影响民众诉讼偏好的重要因素。但由于诉讼费用的变动容易引发诉讼实践形成"两难困境",即收费过高民众不愿或难以选择诉讼导致诉讼机制不畅,而一旦诉讼费用过低民众又会将大量的甚至是琐碎的纠纷都拿到法院来处理而导致司法负担过重。这已被英租威海卫时期的诉讼实践所证实。因此,如何进行诉讼费用制度改革,规范诉讼收费包括其他相关费用,提高诉讼效率,既能有效降低当事人的诉讼成本,又能避免法院诉累是我们必须予以重视和解决的问题。当然,诉讼费用制度并非解决这一问题的唯一途径,构建多元的社会纠纷解决机制尤其是非诉机制是走出上述"两难困境"的必然选择。

其次,诉讼中调解机制的定位及运作问题。诉讼与调解既是可以相互替代又是可以进行互补的两种纠纷解决机制。英租初期,英威殖民当局的司法者过于追求纠纷的诉讼解决,忽视了调解的功能,结果引发了案件的急剧膨胀,法院难以承受,而调整的结果是将调解作为诉讼的前置程序。对此,我们可从这样几个角度来反思和借鉴这一做法:①诉讼不是解决社会纠纷的唯一机制,并且也无力垄断社会纠纷的解决,调解等非诉机制不可或缺;②将调解作为诉讼的前置程序在英租时期是可行的,但当前却不能采用,这有违直接诉讼的原则,是对当事人诉讼权利的限制;③应提升社会调解的地位而不应对司法调解作出硬性要求,增强调解应用的社会性其实质是对某些社会权威的尊重,同时也是对作为公权力的司法的一种监督和制约,诉讼不能解决所有纠纷意味着司法并非解决社会纠纷的唯一权威来源。

最后,要增强司法诉讼的社会公信力和亲和力。如何才能让司法诉讼活动具有更大的社会公信力和亲和力呢?英租威海卫时期的诉讼活动至少给我们提供了两点借鉴:一是诉讼应该便捷高效,易于民众参与并裁决及时;二是司法诉讼要公正,包括程序和结果两方面的公正。具体而言,一方面要畅

---

① 威海市档案馆档案:《1913年年度报告》,档案号:229-001-0026。

通民众进行诉讼的途径，充分赋予民众诉讼权利的同时更要保障这些权利能够便捷有效地实现，完善诉讼审理的简易程度并加大其运用力度，及时对案件作出裁决。法官审理案件过程中既要依法定程序进行，也要注意根据案件实情灵活把握审理方式和审判技巧；在法律的适用上，既要考虑国家法律的规定，也不能忽视当地的风俗习惯。另一方面，保证司法诉讼的公正性，不枉法裁判，实现司法诉讼的社会控制功能的同时，满足人们对司法诉讼公正性的期待和要求。如有学者所言，"司法社会控制功能的实现过程一方面体现了社会正义，另一方面正是因为对司法公正的结果追求才使整个社会自觉接受司法的控制"①。总之，便捷和公正恰是提升或增强司法公信力和亲和力的内在价值要求。

3. 完善多元纠纷解决机制中非诉机制的必要性

英租威海卫时期的纠纷解决实践再一次证明：任何一个社会在民间纠纷的解决方面都无法通过单一的机制来实现，构建和完善多元纠纷解决机制是非常必要的。所谓"多元化纠纷解决机制是指在一个社会中，多种多样的纠纷解决方式以其特定的功能和运作方式相互协调地共同存在、所结成的一种互补的、满足社会主体的多样需求的程序体系和动态的调整系统"②。一般而言，多元纠纷解决机制主要可分为以诉讼为代表的正式机制和以调解为代表的非正式机制或非诉机制。毫无疑问，诉讼是当今社会中占主导地位的纠纷解决机制。但"实践证明，单一化的纠纷解决思路并不能有效化解日益增多的矛盾和纠纷。进入新世纪，虽然国家政策进行了相应调整，非诉讼纠纷解决方式重新受到重视，但这离形成一个合理有效的多元化纠纷解决机制还相距甚远"③。对于建立和完善非诉讼纠纷解决机制的必要性，我们可以结合英租威海卫时期的民间纠纷解决实践从以下三个方面来分析。

首先，诉讼机制具有无法克服的局限。一方面，诉讼作为官方提供的正式制度，需要有相应的国家资源投入以保障其正常运转。根据经济学理论，

---

① 关玫：《司法公信力研究》，人民法院出版社2008年版，第119页。
② 范愉："以多元化纠纷解决机制保证社会的可持续发展"，载《法律适用》2005年第2期。
③ 刘永红、王安平："构建多元纠纷解决机制的法律思考"，载《西华师范大学学报（哲学社会科学版）》2009年第1期。

诉讼制度的供给者同样要承担制度运行所必需的费用或成本。诉讼制度运作的费用来源主要有两个渠道：国家的财政投入和对诉讼制度使用者征收的诉讼费等。但是国家所拥有的资源以及财政投入的有限性决定了诉讼制度无法承担起解决所有社会纠纷的任务。而且，这一问题也无法通过增加诉讼制度使用者即纠纷当事人的诉讼费用来解决，那样会让更多的人在高昂的诉讼成本面前却步。英租威海卫时期的诉讼实践早已证明了这一事实，尽管英威殖民当局采取了行之有效的措施，但最终不得不又承认村董和总董在民间纠纷解决中的角色和权力。当前，有的法院试图无限地扩大诉讼机制的作用空间，企图以诉讼的方式解决一切社会问题或民间纠纷，而且有些法院受经济利益的驱动愿意主动扩大案源，结果适得其反，非但造成一些案件审判质量不高，而且也影响了司法的公正性和权威性。因此，将民间纠纷有针对性地向非诉机制进行分流，既有助于保障纠纷解决的有效性，也有利于更好地提升审判质量从而维护司法权威。

另一方面，诉讼代表着一种争斗的文化理念。杰罗德·思·奥尔巴克认为，"任何社会中，对因个人争端而引起的冲突存在着不同的解决途径。诉讼仅是由避免冲突到暴力等诸多可能性的其中一种选择。解决争端方法的多样性，以及任何文化中存在的对这些方法的社会性选择，宣示出有关社会中人们的理想、对自身的认识以及人际关系的特质。它们表明，人们是希望避免冲突抑或鼓励冲突，是压制问题或友好解决问题。在解决争端的过程中，该社会中最基本的社会价值便体现出来"①。诉讼是一种对抗性的纠纷解决机制，它严格依照法律区分纠纷各方的合法与否，最终处理的结果也往往是非此即彼的输或赢，而且经历过争讼的当事人之间很难再主动地进行合作，因此，诉讼代表着一种争斗而非合作的文化理念。而非诉机制中的调解（包括和解）以和合为价值理念，显然更注重纠纷当事人之间的沟通和交流，并为当事人各方在纠纷发生后再次达成妥协的一致或合作创设各种条件或以此为追求的目标。至于诉讼和调解这两种纠纷解决机制所代表的文化理念孰优孰

---

① 陈弘毅："调解、诉讼与公正——对现代自由社会和儒家传统的反思"，载《现代法学》2001年第3期。

劣,并非仅依据某一标准就可简单地予以判定。但对于解决发生于我们社会中的民间纠纷而言,调解所代表的文化理念更符合传统儒家思想的要求,也更加贴合我们的民族心理,有助于真正地化解矛盾。

其次,从民间纠纷产生和存在的特点来看,需要强化多元纠纷解决机制中的非诉机制的作用空间和法律地位。当前我国正处于社会转型时期,由于利益的多样化、纠纷主体关系的复杂化以及纠纷主体价值的多元化等原因,导致引发社会矛盾和纠纷的因素也是多方面的,而且纠纷的性质、形式和激烈程度也各不相同。所以,如何更好地应对多元化的利益冲突,并针对不同纠纷主体的价值观念或价值偏好采取相应的调处方式等值得研究。这需要我们在解决民间纠纷时兼顾不同主体的特殊利益,在纠纷各方进行充分沟通和协调的基础上提出相应的纠纷解决方案,而不是简单地作出非此即彼的判断。由此可见,民间纠纷的这些特点内在地要求一种更具包容性和灵活性的多元化纠纷解决机制,而相对讲求刚性裁决的诉讼机制在这一过程中则暴露出其柔性不足的弱点,故而完善非诉机制,让民间纠纷的当事人有更多的且更合乎需要的纠纷解决机制的选择极为必要。"比如一场商事交易的当事人就业已存在的合同所规定的义务的履行产生了争议,如果双方当事人均认为保持他们之间的和谐关系比确定是否一方未能履行其义务更为重要,那么双方自然愿意选择协商、调解等方式来处理争议,而诉讼与当事人几乎或完全没有关系。"[1]

最后,就以调解为代表的非诉机制本身而言,其存在的合理性至少包括这样三个方面。一是调解能够克服诉讼机制的弊端,如严格而烦琐的程式、较高的时间和金钱的投入以及经常出现的案结事未了的尴尬等,尤其是那种完全的民间自行调解机制既无固定程序,也无须考虑案件纠纷提交到法院后所要承担的诉讼费用或成本,以及可能因法官偏私等原因而造成的司法不公的现象等,英租威海卫时期商人们在解决民间商事纠纷时大多采用非诉机制的做法早已印证了这一点。二是调解更为注重纠纷当事人的意愿,与诉讼相比,它在很多情况下既能彻底地解决纠纷,又不妨碍纠纷主体之间今后的继

---

[1] 刘永红:"纠纷解决机制的多元化问题解析",载《社会科学家》2008年第7期。

续合作。以英租威海卫时期的村董调解为例，虽然调解过程中不排除村董利用自己的威望或所掌握的资源程度不同地强制纠纷当事人接受其调解方案，但是最终的结果依然不会是显失公正的，否则村董的声誉和权威会受到严重影响或质疑，这显然是绝大多数村董所极力避免的。三是调解过程中往往伴随着伦理道德的说教，有利于剔除或平抑当代社会转型给民众所带来的浮躁好争之气，从而维护社会的长治久安。对于传统纠纷调解机制的这种功能，清朝康熙皇帝的一段话颇为深刻。康熙九年（1670年），康熙皇帝谕礼部曰："朕惟至治之日，不以法令为亟，而以教化为先。其时人心淳良，风俗朴厚，刑措不用，比户可封，长治久安，茂登上理。盖法令禁于一时，而教化维于可久，若徒恃法令，而教化不先，是舍本而务末也。"[①] 英租时期庄士敦在审理或调解民间纠纷时，对纠纷当事人的道德说教显然吸收了中国传统经验。

4. 诉讼与调解：两种机制、两种权威的调谐

从社会学角度来看，诉讼与调解作为两种不同性质的纠纷解决机制，实质上代表着两种不同的权威类型。"权威"一词的英文表达为"authority"，其词根与"author"相同，原来指的就是"创造者"的意思，后来"权威"成为一个政治概念。德国社会哲学家马克思·韦伯根据西方"authority"的传统观念创造出一个关于权威的社会科学理论体系。他认为，权威形态的构建是制度建设的前提。根据马克思·韦伯的界定，"权威"可以分为三类：神异性权威（charisma）、传统权威（tradition）和科层式权威（bureaucracy）。其中，"神异性权威"指的是个人利用创造对众人的福利以获得声望，从而具有一定的支配力量和尊严。由于此种权威不经政府界定和干预，因此，马克思·韦伯又称其为"自然权威"。"传统权威"指的是某种制度在长期的存在中，逐步获得公众的承认，成为具有象征力、道德和行为约束力的存在。"科层式权威"的力量来自正式的官府以及工作单位上级的

[①] （清）章梫：《康熙政要》，中共中央党校出版社1994年版，第24页。

命令，以行政等级为其存在的基础。① 马克思·韦伯的关于权威的理论为我们研究多元纠纷解决机制提供了重要的理论工具，从英租威海卫时期的纠纷解决实践中我们也可以推知：构建和谐社会离不开这诉讼和调解这两种纠纷解决机制的分工合作，同时也意味着二者所代表的两种权威需要实现高度的调谐。

显然，任何社会都不是单一地存在某种权威类型，马克思·韦伯也曾明确地强调这一点，而根据不同的标准我们也可以将权威区分为不同的类型，但是任何社会的正常有序运转都离不开某种或某几种权威的存在和作用的发挥。诉讼作为一种正式制度，它的存在与运作以国家权力或官方强制力为支撑，所以它代表的是一种典型的官方权威。调解更多地依靠身份、德行和名望等非官方因素所形成的权威——民间权威或社会权威。官方权威和民间权威的最主要区别在于形成权威的基础是否与公权力有关，并且以国家公权力为依托的官方权威属于不以主体心理意愿为转移的压制型的权威，而以身份、德行和名望等因素为依托的民间权威则相对更重视主体的主观意愿，属于一种认可型的权威。梁治平曾就此类权威这样分析道："乡民以族邻、中人、村首领等为投诉对象，当然承认后者为排解纠纷的合法权威，而这种习惯上的认可和接受并不一定以国家的特别授权为前提。关键问题是，充任调处之人通常具有某种特殊资格，他们或者最了解情况（如地邻对于土地界址），或者与纠纷当事人双方都有某种关系（如亲族和中人），或者因为其身份、品德等具有较高声望。"②

官方权威和民间权威也并非截然分开或对立的，二者相互融合、共同作用的场合亦属常见。在纠纷解决实践中，英租威海卫时期的村董和总董的调解以及当前的法院调解等都属于这种融合的情形。建立和完善多元的纠纷解决机制，需要更好地协调好官方权威和民间权威的关系，并且二者关系的调谐也是最终构建和保障和谐社会的必要条件之一。而当前在我国民间纠纷的解决过程中，官方权威保持一定的克制，充分赋予民间权威的作用空间尤为

---

① 王铭铭："民间权威、生活史与群体动力——台湾省石碇村的信仰与人生"，见王铭铭、王斯福主编：《乡土社会的秩序、公正与权威》，中国政法大学出版社1997年版，第259-260页。
② 梁治平：《清代习惯法：社会与国家》，中国政法大学出版社1996年版，第161页。

必要。具体而言可从以下两个方面予以注意或改进。

一方面，要优化诉讼和非诉机制资源在民间纠纷解决中的配置，摒弃那种通过诉讼机制解决一切民间纠纷的企图和做法，提升非诉机制尤其是调解在解决民间纠纷中的地位。其目的在于实现官方权威和民间权威的明确分工和良好合作，以更好地解决民间纠纷维护社会秩序。对于官方权威应该保持适当的克制，英租时期的殖民当局和司法者就有着清醒而深刻的认识，在其一份年度报告中这样记载道，"中国有句俗语：'为政的艺术就是无所事事。'领地政府不是尽量按这种说法去办而是尽其最大努力避免卷入一些烦碎的事务。主要是避免因好事而与中国人产生摩擦。这样必然会滋生事非，制造摩擦，最后导致政府不得不增加职员人员，从而造成政府机构庞大，花费较高"①。当然，英威殖民当局的这种认识也是经历了一个过程的，最初英威殖民者在威海卫的司法改革虽然大大促进了诉讼解决民间纠纷的效率，民众也更乐于将大量的民间纠纷提交到法庭解决，但这一方面增加了殖民当局难以承受的司法讼累，另一方面也影响到了威海卫旧有的管理体制（包括旧有的纠纷解决机制）的运行。原因在于，"这些司法政策导致村民将大量争端带到法庭解决，使得乡绅阶层的世俗权威受到严重挑战，不仅破坏了威海卫农村旧有的社会管理结构，而且引起了村董和长老们的不满"②。后来，殖民当局采取了相应的调整措施，包括将村董的调解作为法庭诉讼的前置程序等，承认并尊重村董在民间纠纷解决中的权力和地位。

另一方面，要重视诉讼和调解这两种机制及所代表权威的相互融合和共同作用。这对于改进民间纠纷的解决效果，乃至优化一个国家的施政机制都是非常适用的治理策略。英租威海卫时期的殖民者就非常聪明地作出了这样的选择，他们非常巧妙地将诉讼和调解有机地结合到一起，发挥出了官方权威和民间权威更大的合力作用。如他们所言："许多提交法庭的案件只是些最琐屑的小事，但须花费大量时间来证明它们是琐屑小事，本不应提到公堂而应由乡绅长老就地解决。支付给村董的小额工资会给他们一种责任感，并

---

① 威海市档案馆档案：《1903年度报告》，档案号：229-001-0024。
② 邓向阳主编：《米字旗下的威海卫》，山东画报出版社2003年版，第59页。

会增强他们的声望,他们调处小案的效率也会更高。而且通过村董,政府就能更贴近人民的感受,了解舆论。"[1] 英威殖民当局用最小的代价实现了对威海卫属地内民间纠纷的有效解决,维护了他们在当地的殖民利益的同时,客观上也保障了民众相对安宁的社会秩序和生活环境。

本 章 小 结

本章从历史和现实两个维度介绍了民间治理的基本理论与知识。民间治理是与官方治理相对应的一个概念。从结构上看,民间治理由治理的主体、内容、依据和程序等几个要素构成。具有保障秩序、协调利益和增进福祉三种基本功能。作为治理依据的规范包括国家法律、民间法、软法和公共政策等多种形式,对此也应该进行结构性的分析。合理的规范结构应该是一种多元平衡的状态。民间治理中规范的适用并非仅有一般样态,有时不恰当的规范选择并不影响治理结果。社会转型过程中民间纠纷会呈现出一些转型特点。如何来解决转型过程中产生的各类民间纠纷,是当前从事法学理论和法律实务工作者必须面对的课题。当前,民间纠纷呈现出的特点有土地和房屋纠纷数量比例大、纠纷所涉及的关系较为复杂以及民族性矛盾不够明显等。适用于这些纠纷解决的机制则包括和解、人民调解、行政调解和诉讼等。其中,调解在民间纠纷解决中具有重要的意义。为改进和完善民间纠纷解决机制,可采取这样几项措施,即形成一种多元平衡的纠纷解决机制结构、赋予法官更大的司法能动权,以及合理配置基层司法资源并鼓励各类社会团体或民间组织承担更多的民间纠纷解决功能等。

英租威海卫时期的民间纠纷解决机制,是由英国在威海卫的殖民统治机构及主要职员所建立起来的一系列制度、策略或措施。对此,可从民间治理机制、诉讼制度和非诉机制三个方面进行论述。其中,民间治理机制主要由"一地两制"的治理策略和村董与总董制的基础治理制度构成,二者的实施较为成功,这可为我们今天完善民间治理机制以促进社会和谐提供重要启示,

---

[1] 威海市档案馆档案:《1906 年部门报告》,档案号:229-001-0045。

如谨慎变革与放权民间。英租时期，英威殖民者建立起了相对完备的诉讼制度，并在司法实践中根据现实的需要对诉讼制度进行调整或改进，如设置地区法庭、诉状递交和收费的调整等。尽管诉讼制度带有浓厚的殖民色彩，但它基本上满足了民众对诉讼纠纷解决机制的需求及价值期待。这些也可为我们提供许多有益的借鉴，如在诉讼费用、调解以及诉讼的公信力和亲和力等方面。英威殖民者在向威海卫输出正式诉讼制度同时，又重视沿袭并改进传统的以调解为核心的非诉讼纠纷解决机制的适用，并取得了良好的社会效果。完善以调解为核心的非诉机制是建立多元纠纷解决机制的关键，也是构建和谐社会的必要前提之一。从社会学角度来看，诉讼与调解代表着两种不同的权威类型。构建和谐社会离不开诉讼和调解这两种纠纷解决机制的分工合作，需要二者所代表的两种权威实现高度的调谐。

复习思考

1. 简述民间治理的结构与功能。
2. 论述民间治理规范的适用心理。
3. 论述民间纠纷的类型及其解决机制。
4. 试述国家法在民间治理中的功能及实践境遇。

第三章　民间法的社会心理学研究

学习目标

掌握民间法的基本含义，理解布迪厄的场域理论，理解民间法与社会心理机制的内在关联，能够结合现实生活阐述民间法在个体社会化过程中的作用表现，能够从规范的视角分析面子和名望的社会功能。

一、场域理论与民间法的含义

（一）释义民间法之前提：场域的界定

在理解民间法的含义之前，我们先来了解一下法国著名社会学家布迪厄的场域理论，以此作为我们重新界定民间法含义的理论参考。在布迪厄那里，"一个场域可以被定义为在各种位置之间存在的客观关系的一个网络（network），或一个构型（configuration）"①。布迪厄认为，现实世界中存在的都是各种各样的关系，场域就是社会个体根据其所占据的社会地位所形成的客观关系。整个社会可以看作一个大场域，里面由许多不同层次的小场域构成，例如，经济场域、政治场域、文化场域等。每个场域都有各自的规律和规则，它们是不能相互替换的。在这些关系中，惯习起着重要的作用。惯习是在长期实践经验总结的基础上形成的。每一场域中都存在并形塑着反映该

---

① ［法］皮埃尔·布迪厄、［美］华康德：《实践与反思——反思社会学导引》，李猛、李康译，中央编译出版社2004年版，第134页。

场域属性的特有的惯习。布迪厄认为，场域不是一个"冰凉凉"的"物质小世界"，每个场域都有属于自己的"性情倾向系统"，这种"性情倾向系统"就是惯习。布迪厄指出："'倾向'这个词看起来更适合表达惯习这个概念传达的东西——惯习被界定为倾向系统。它首先表达的含义是一种组织化行为的结果，与结构的意义相近。它也指一种存在方式，一种习惯性的状态（尤其是身体的状态），特别是一种嗜好、爱好、秉性倾向。"可以说，布迪厄的场域—惯习理论对我们研究民间法有很大的启发意义。

任何社会主体之间发生交往关系都包含着中心关系和关联关系两种基本关系类型。中心关系指的是对交往关系的性质和内容起决定或主导作用的那种关系，关联关系则是指围绕中心关系所产生的用以辅助中心关系或者作为中心关系衍生品的那些关系。关联关系对于中心关系的变动有着重要的影响。结合布迪厄对场域的理论阐述，所谓场域是指围绕特定主体之间的交往而产生的中心关系和关联关系所构成的关系网络。无论是中心关系还是关联关系，都由事实因素与行为因素两部分构成。所谓事实因素，指的是某种信念、权力、制度、社会现象或需求等的现实存在，以及社会主体同该现实存在所产生的客观联系。行为因素则是指基于事实因素的存在而实施的相关行为。事实因素和行为因素之间具有逻辑上的统一性，事实因素是行为因素的前提。中心关系决定场域的性质或类别，决定或引致了关联关系的产生和作用的方式与内容。

场域可能存在多种相互关联的关系，决定场域类别与内容的则是中心关系。根据中心关系事实因素的不同，可将场域划分为不同的类型，例如，宗教场域、官方场域、民间场域和混合场域。其中，宗教场域的事实因素是社会个体基于对某种信念或偶像的虔诚。基于这一事实因素而形成的中心关系及关联关系便构成宗教场域。官方场域是指官方的组织机构根据权力划分或制度规定从事相应活动而形成的关系网络。民间场域中社会主体间的交往是建立在表达某种意愿或满足某种需求的基础之上的，它排除了官方因素的直接规束，特别是官方的权力与制度等因素的限制而形成较为自主的各种关系。

宗教场域、官方场域和民间场域中的事实因素及所形成的中心和关联关系具有纯正性。由于现实社会关系的多样性与复杂性，尤其是官方权力向社会各领域不断扩张，压缩了其他场域的空间，使得各场域的中心关系变得不再纯正。在多数情形中，某场域可能同时包含了宗教场域、官方场域和民间场域中的因素，或者包含了这三种类型或其中任意两种类型的关系，故可称这种类型的场域为混合场域。无论何种场域类型，各关系主体都遵循着相应的行为规范，并且该规范的内容与作用方式取决于其所对应的关系的性质与内容。场域中关联关系主体同样受中心关系主体行为规范的影响与限定。反之，关联关系的存在本身又会对中心关系的发展变动及规范的选择产生影响。

总之，任何场域中的规范适用都不是任意的，而是存在其相应的逻辑关系。布迪厄的场域理论同样坚持这一观点，即"在一个社会世界中有许多场域（如艺术的、宗教的、经济的），所有的场域都有自己的逻辑，所有场域都在身处场域中的利益当事者、行动者中产生一种关于物事的信念"[①]。这种"信念"便是包括民间法在内的某种规范形式的心理反应。

（二）民间法的含义界定

对场域的含义界定及分类，目的是研究场域中各种规范及其作用方式。场域中调整各种关系的规范不是完全独立自为的，它对场域具有程度不同的依附性，即在具体的场域中，某一关系该适用怎样的规范来调整，会受到该关系在场域中所占据的位置尤其是它与中心关系的影响。

规范针对的是交往关系主体的行为，不同的主体根据其在场域中所扮演的角色受不同行为规范的调整或约束。个体行为根据行为的目的和内容可以分为不同的种类，如某人到商场购物时，他是以购物者的身份或角色出现的，对应的便是售货者的行为，二者的行为共同形成一种特定的交往关系。那么众多买与卖这两种行为构成的交往关系网络便是我们所称的民间场域。在这一场域中，售货者和购物者之间的交往目的是非官方的，仅为了满足或实现各自的需要，于是在这一过程中，讨价还价的方式和结果尽管会有很大的不同，但双方都会遵守各自的规范，比如购买者对于售货者的要价，可以根据自己的判断进行还价，售货者可以接受这种还价也可以不接受，但是如果因为购买者还价太低而对其辱骂或者大打出手，那显然是有违交往规范的，并

[①] 于海：《西方社会思想史》，复旦大学出版社2005年版，第578页。

且官方的正式法律也对此进行了干预和规定，而这也是民间场域中的民间法受官方规范影响或两种规范交叉发挥作用的表现。

由于场域中的规范种类是多样的，它们在调整各自关系的同时，相互之间也发生着作用，共同影响案件的最终处理结果。尽管在当今社会，国家机关创制的法律占据主导地位，但我们仍不能忽视民间法在调整社会交往关系及处理案件纠纷过程中的重要作用。国内较早研究民间法问题的是梁治平和苏力两位学者，他们为民间法的研究作出了开创性的贡献。

梁治平认为习惯法既是一套地方性规范也是一种知识传统，"它生于民间，出于习惯乃由乡民长期生活、劳作、交往和利益冲突中显现，因而具有自发性和丰富的地方色彩"①。"它被用来分配乡民之间的权利、义务，调整和解决了他们之间的利益冲突，并且主要在一套关系网络中被予以实施。"②

苏力从本土资源的视角考察了民间法，认为人们在他们的社会生活中，运用他们的理性，寻求能够实现其利益最大化的解决各种纠纷和冲突的办法，并在此基础上由人们互动中逐步形成一套与他们的发展变化的社会生活相适应的规则体系。③

此外，田成有认为，民间法是独立于国家法之外的，是人们在长期的共同的生活之中形成的，根据事实和经验，依据某种社会权威和组织确立的，在一定地域内实际调整人与人之间权利和义务关系的、规范具有一定社会强制性的人们共信共行的行为规范。④ 刘作翔则认为民间法是一个抽象的概念，作为在社会生活中起作用的一种社会规范形式，民间法又是非常具体的，而不是抽象的。⑤

学者们关于民间法的理解见仁见智，分别从不同的角度揭示了民间法的特征。但这些富有启发性的见解并未真正全面地揭示出民间法的本质含义。

在界定民间法的含义之前，需要先对"民"和"民间"这两个词的含义

---

① 梁治平：《清代习惯法：社会与国家》，中国政法大学出版社1996年版，第127页。
② 同上书，第1页。
③ 苏力：《法治及其本土资源》，中国政法大学出版社1996年版，第19–20页。
④ 田成有：《乡土社会中的民间法》，法律出版社2005年版，第19页。
⑤ 刘作翔："具体'民间法'——一个法律社会学视野的考察"，载《浙江社会科学》2003年第4期。

第三章　民间法的社会心理学研究

进行剖析。"民"与"民间"是我们传统语汇中两个非常重要的词语,二者与"官"和"官府"相对,如"民不与官斗""官民相得"等俗语或用语都非常典型地体现了民间与官府以及二者各自构成角色之间的关系。在梁治平看来,"官""民"的界分包含了某种"公"与"私"的分野。① 但他又指出,抽象的"民"的概念本身又具有强烈的"公"的意味。中国传统社会中将"天"视为政治合法性的基础,而"天意"在很大程度上要通过"民意"来表现,这样,与天下相联系的"民"(天下万民)可成为一个超越"私域"的道德范畴。于是"民"这一概念便具有了两重属性:既是握有统治权力即官方的统治和治理的对象,又是官方统治权力获得合法性的来源与基础。②

关于"民间"一词,梁治平接着分析道,"民间"并非一种人群的范畴,相反,它本身即包含了一种社会的观念,在这一意义上,它所指称的可以是一个有别于"国家"的"社会"。同时,从国家—社会关系的方面看,"民间"一词固然包含了一个由"民"的活动构成的相对自主的社会空间的观念,以及相应地,某种有限政府的观念,但它并不简单地排斥国家权威,相反,它不仅在许多场合期待着国家的介入,而且有时把这种介入构想为民间的一部分。换言之,中国社会自古以来,官方与民间就是一种相互协调、相互合作和相互依赖的共生关系。因此,如果从布迪厄的场域理论来分析,在中国民间场域与官方场域从来都是交织在一起的,尽管这并不意味着各自没有独立的空间。从整体上来看,民间场域与官方场域既相互独立又相互交融和相互影响。"民间"的另一层含义还包括处于民间社会中的行为主体相互之间有着明确的身份和社会地位的区分,并且在具体的场域中,行为主体还会根据交往关系的性质、情景以及既有的社会地位来确定双方的角色及相应的行为规范。

换言之,"民间"在一般意义上是同官方(或官府,现演变为国家)相对的一个具有政治学含义的概念,而从社会学或人类学的视角来看,生活于

---

① 梁治平:"'民间''民间社会'和 civil society——civil society 概念再检讨",载《云南大学学报(社会科学版)》2003 年第 1 期。

② 同上。

民间的普通民众每时每刻都在根据自己的需求和意愿进行着具体的交往，也正是这些众多看似毫无关联的交往关系或生活内容构成了民间的具体内容。在这些具体的交往中，每位交往主体都在具体的关系中扮演着相应的角色，遵循着相应的行为规范。这些行为规范或角色规范既可能包含着一般性的原则，也会根据具体的交往情景和主体角色等原因而呈现出差异。这也是为什么刘作翔教授认为在一般意义上民间法是抽象的，但在具体的交往关系中民间法就变成很具体的原因了。

明确"民间"的含义是研究民间法的前提，但在此之前有必要对"民间"和"乡土（民）社会"这两个概念做一下区分。"乡土社会"这个概念最早由费孝通先生提出，他认为，从基层上看去，中国社会是乡土性的。"乡土社会的生活是富于地方性的。地方性是指他们活动范围有地域上的限制，在区域间接触少，生活隔离，各自保持着孤立的社会圈子。"[1] 许多学者在研究民间法时，都将民间法其置于乡土社会的视野中，结合"地方性知识"或者"大、小传统"等人类学的有关理论来进行分析。如田成有直接将"乡土社会中的民间法"作为其研究民间规范专著的标题，认为民间规范具有乡土性和地域性，即"民间法就是这样一种根植于乡土上的地方性知识，是这个地域的人们通过无数次的摩擦、调试所发展起来的彼此都熟知的一种本土化知识"[2]。乡土社会是一个社会学色彩很浓的概念，它所指代的对象被限定在"基层""农村"等地域性很强范围内，不具有普遍性。"民间"则不然，它包含了政治学、社会学和人类学等意义在内，主要根据社会主体交往行为和关系的性质和内容来确定的。

基于上面分析，民间法是指民间场域中的行为主体根据其在具体交往情境中的角色认知与定位所选择适用的一套规范体系。对此可从三个方面进行阐释。

首先，民间法调整的是民间场域中的关系。民间可以看作是由诸多民间场域性质的关系构成的网络。民间场域中的关系根据其所包含关系的内容属

---

[1] 费孝通：《乡土中国 生育制度》，北京大学出版社1998年版，第9页。
[2] 田成有：《乡土社会中的民间法》，法律出版社2005年版，第27页。

第三章 民间法的社会心理学研究

性可分为纯正的和非纯正的民间交往关系。这种划分同民间这一概念的双重性相对应,即民间既包括纯粹而独立的民间交往关系形成的空间又包括同官方(或宗教)相互交融但以民间交往内容为主的空间。民间交往关系的确定要看社会主体之间交往行为的性质与内容,即使该行为受宗教或官方因素的影响,但只要不属于纯粹宗教行为或官方权力行为,由此所形成的关系就可以认为是民间场域中的关系。尤其是在混合场域中,民间场域中的关系会因宗教因素或官方因素的作用而变得不够纯正,但仍不影响民间场域的成立和民间法作用的发挥。

其次,民间法作用的发挥同具体的场域情景密切相关。情景是指相关主体在特定的时间与空间作出行为时,所有可利用的或形成限制的条件的总和。这些条件有的是先前存在的,有的是在交往过程中形成的。情景对于个体的社会行为的作出有着非常重大的影响。关于情景,可以从两个相互关联的方面进行理解,一是指行为时个体所面对的具体的各类情形或条件,这是现实中存在并可为行为者察觉的;而情景的另一层含义则指的是美国社会学家托马斯(W. L. Thomas,1863—1947)意义上的"情景定义",即个体总是生活于社会群体之中,"在这个群体中,能够出现的一般种类的情景都已经得到定义,相应的行为规则也已发展出来。因此,在这样的情景中,他想不受影响地按照自己的愿望作出自己的定义,这种机会是微乎其微的"[1]。于是,"人们一旦被情景所限定,他们的行动也就随之而确定了"[2]。这里所称的情景主要指的是第一种意义上的,是具体的、可以察觉并产生直接作用的交往情景。由于任何交往关系都是在特定的情景中发生和变动的,所以场域只有同具体的情景相结合才具有现实的指导意义。

最后,民间法的内容及作用方式还取决于场域中各关系当事人所扮演的角色。换言之,民间法是场域中的关系主体在认知和定位自己在该关系中的角色基础上,综合考量各种因素后所选择的最适合自己角色的规范。在社会心理学中,角色是指"个人或人们在群体及社会中由于占据一定的地位而显

---

[1] 于海:《西方社会思想史》,复旦大学出版社2005年版,第364页。
[2] 同上书,第365页。

示的态度与行为模式的总和，或所应履行的职责"①。"它是一种对群体中个人作用的共同期待。通过接受某个特定的角色，人们就认可了按照某种方式表现行为的做法。"② 个体在社会中的行为就像演员在戏剧中的表演。在戏剧中，剧本设定了舞台和故事发生的各种背景和情境，规定了每一个演员的角色，也决定了演员剧中的话语。所以，角色本身是与规范联系在一起的。同时，角色又是特定情境中具体交往关系中的角色，任何角色都离不开特定的社会情景。在具体的个案情境中，构成场域中心关系的各方扮演着不同的角色，关联关系的当事人同中心关系当事人一方或数方之间也同样存在某种角色关联关系，这就决定了各方应当践行的角色规范。

总之，民间法不是抽象的规范体系，它同地方习惯、民族风俗和乡规民约等有相同之处，在具体的场域中也发挥着相同或类似的作用。风俗、习惯等可以视为民间法的现实表现形式。将民间法视为场域和情境中的产物，并同行为者的角色相联系，有助于我们深入了解和分析民间法在现实生活中发挥着无可替代作用的原因所在。

二、民间法研究的社会心理学进路

社会生活中存在这样一类规范：其遵循或奉行者虽然可能没有专业上的认知或理解，却活生生地体现于行动者的思维与言行之中，有效地影响甚至决定着行动者的行为选择。不同学科的学者会从不同的角度、运用不同的思维和理论来观察、描述以及论证这种规范。这些学科至少包括了人类学、社会学、法学、民族学、文化学和心理学等，以及上述学科所形成的交叉学科。然而，即使是在同一学科领域内，对该类规范的称呼也会存在差异，细微的抑或显著的，而这些差异主要反映了研究者所持的不同理论观点和研究思路。

在法学中，虽然存在"活的法律""行动中的法"、民间法、习惯法、民族习惯法以及非正式规范等不同的规范名称，但它们指向的却是基本相同的

---

① 章志光主编：《社会心理学》，人民教育出版社2006年版，第65页。
② [美]乔斯·B. 阿什福德、克雷格·温斯顿·雷克劳尔、凯西·L. 洛蒂：《人类行为与社会环境：生物学、心理学与社会学视角》，王宏亮、李艳红、林虹译，中国人民大学出版社2005年版，第141页。

规范范畴：①它是一类社会规范；②这类规范不同于国家制定颁行的并辅之以一套严格的机构和制度来保障其实施的正式法律；③但这种规范在调整社会主体间的交往关系等方面又发挥着无可替代的功能；④这类规范往往以不成文的形式存在，与特定的文化传统、民族或地域相关联。我们称此类规范为民间法。

当前，对民间法的研究早已不限于法学领域，许多人文学科都在关注和研究这个问题。因此，适当地借鉴法学学科之外的分析方法或理论工具，而不局限于传统的法学分析方法有助于我们更好地认识和理解民间规范。维特根斯坦曾说过，洞见或透视隐藏于深处的棘手问题是很艰难的，因为如果只是把握这一棘手问题的表层，它就会维持原状，仍然得不到解决。因此，必须把它"连根拔起"，使它彻底地暴露出来；这就要求我们开始以一种新的方式来思考。① 那么，我们该如何将民间法及相关问题"连根拔起"，又该采用怎样新的方式来思考它们呢？

社会中的个体行为除了受个体心理影响外，个体的社会心理在个体间的交往过程中同样起着非常重要的作用。若想预见个体的社会行为，或解决由社会行为所引起的社会问题，就必须去探索在外部社会情境（包括他人行为）和主体社会行为的中间环节——主体的社会心理活动的过程及其规律。主体的社会行为同其社会心理是必然相连的，行为不过是心理外在化的结果。因此，把握住了社会交往中个体的社会心理就是抓住了民间法的"根"，而运用社会心理学的有关理论和知识来分析和解读民间法则是我们所采取的一种新的思考方法。

（一）民间法研究的现状及问题简析

在法理学界，民间法的研究早已经形成了较大规模，这是一个不争的现象或事实，其中专门研究机构的设立、部分重点学术期刊专栏的开设、学术会议的召开以及研究专辑的出版和大量论文的涌现等都可作为支持这一判断正确性的参数依据。至于民间法在法学研究领域兴起的主要原因，李学兰曾给出过解释，"可以说现实国家法神话的破灭是民间法研究热兴起的外部因

---

① 徐昕：《论私力救济》，中国政法大学出版社2005年版，第1页。

素,而学者们冲破价值法学、注释法学的束缚,大力引进法社会学、法律多元论等理论资源对法制建设现状展开理性反思则是推动民间法研究进一步开展的内部动力"①。这既是研究民间法的动因,也是民间法研究兴起的背景,并且,随着法律社会学研究的兴起,民间法必然成为学者们关注的重要话题,因为"从历史上看,许多社会中都没有现代意义上的成文法律,也没有与这些法律相关的、正式的、集中的和专门化的机构。然而,这并不妨碍这些社会的生活是有序的,有规则的;并且由于这种秩序大致满足了人们的需要,受到了人们的尊重,从这个意义上讲,这种秩序具有合法性,甚至可以说是正义的"②。同时,学者们也发现:仅仅对国家法进行价值上的宣传甚至"鼓吹",仅仅对正式的法律条文进行注释,在许多情况下非但不能解决现实的社会问题,反而会将人们包括学者自身引入歧途,使得法律愈加远离人们的生活。

当然,研究的"繁华"并不能掩盖其存在的不足。日本学者寺田浩明就曾指出,"从现状来说,民间法理论还没有成功地确立与国家法理论一较短长的理论基础,甚至让人觉得有时民间法理论反倒成为妨碍深入讨论问题的障碍"③。其原因首先跟学者们对民间法在本体论上缺乏深入的理论建构和剖析有关。目前民间法仍是一个诸多概念(如习惯法、民族法、宗族法和地方风俗等)的简单集合,而非具有自己实质内涵并可以统摄其所辖概念之共性的理论概念。梁治平就认为,"(民间法的)源流尤其杂多,不但有民族的、家族的和宗教的,而且有各种社会的和地方的习惯"④,这种观点已为大多数研究民间法的学者所接受,但它瓦解或掩盖了民间法本身应有的含义,而这恰恰是进一步构建民间法理论的根基或前提。

民间法研究存在的另一个问题是缺乏目的性,对司法活动、日常交往等

---

① 李学兰:"中国民间法研究学术报告:2002—2005",载《山东大学学报(哲学社会科学版)》2006年第1期。
② 苏力:《道路通向城市——转型中国的法治》,法律出版社2004年版,第9页。
③ [日]寺田浩明:"超越民间法论",见谢晖、陈金钊主持:《民间法:第三卷》,山东人民出版社2004年版,第4页。
④ 梁治平:"乡土社会中的法律与秩序",见王铭铭、王斯福主编:《乡土社会的秩序、公正与权威》,中国政法大学出版社1997年版,第415页。

实践缺乏具体的指导。法学作为一门实践性的学科,研究的最终目的在于指导和服务于法律实践,否则法学理论知识就可能会沦为"屠龙之术"。学者们对于民间法研究的注意力主要放在观察、发现民间法的存在形态和作用方式等,仍然以描述、介绍为主,缺乏吉尔兹所讲的"深度描写",更缺少系统深刻的理论构建。民间法研究存在问题的一个重要的原因是理论工具或分析方法的缺乏或运用上的不足。无论是哲学或价值分析,还是规范或实证分析,尽管这些理论工具都被引入民间法的研究中来,但至今学者尚未能择其一二分析工具并将其运用至娴熟处,对民间法进行系统而深入的研究。

(二) 民间法与社会心理机制的内在关联

法国民族学家马赛尔·毛斯认为,人是一种心理学的存在。[①] 任何社会主体的行为都受着某种意识或心理的指导或影响。作为健全的自然人,他的行为至少要受到个体心理或社会心理的影响,其中,个体心理指的是人的头脑的机能,是外部世界在主观上的映象,而社会心理或称群体心理则是普遍存在于全体或大部分成员头脑中,反映群体特点和特定社会关系的共同心态或占优势的心理倾向。[②] 个体心理的研究需要结合生理学和神经学等来进行考察,研究社会心理则应更多的结合社会环境、交往情景和社会角色等来探讨。由于民间法是对社会交往关系和交往行为的限定,这与社会心理形成了内外相互呼应的两种影响因素,共同作用于社会主体的交往行为。个体的社会心理只是存在于个体内的一种心理现象,这种心理现象的成因是什么以及它如何作用于个体则需要研究个体的社会心理机制。

"机制"是系统论思想中的一个重要概念,系统论主张从整体上认识事物,处于一定环境中的事物本身就是一个系统,系统内又包括许多子系统或组成要素,而各要素之间又是相互关联和作用的。所谓机制,就是系统内各要素相互联系、相互制约和影响的运作方式或机理。个体的社会心理可以被视为一个复杂的心理系统,它也包含着许多相互作用的要素,个体的社会心理之所以能够在整体意义上发挥作用,根本还在于各心理构成要素之间的相

[①] [法] 马赛尔·毛斯:《社会学与人类学》,余碧平译,上海译文出版社2003年版,第328页。
[②] 章志光主编:《社会心理学》,人民教育出版社1996年版,第18页。

互影响和共同作用。如爱德华·罗斯（Edward Ross）就把社会心理学界定为个体与其社会环境之间的心理的相互作用。他把这种相互作用分为两个部分：一部分称作"社会优势"，涉及社会对个体的支配。而且社会优势还可以进一步分为"社会影响"和"社会控制"，两者的区别在于是否有计划、有目的地支配社会生活中的某些功能。另一部分称作"个体优势"，涉及个体对社会的支配。①

在社会心理的构成要素中，最重要的应该是社会作用和自我调适两个子系统。其中社会作用指的是个体的认知与思维必然受到所处环境、行为时的具体情景及个体的社会角色的影响，同时还包括那些在个体社会化过程中对个体产生过重要影响的社会事件或个人经历等特定因素。自我调适是指个体在面对某一事物或即将作出某一行为时会根据自己的思维模式、兴趣爱好、目的需求以及既有的知识构成与经验来作出判断或预测，尽量保证自己的言行符合理性原则。正是这两个子系统或构成要素的各自作用及相互作用形成了个体独特的社会心理，从而指导或影响个体的社会行为。因此，可将社会心理机制定义为由社会作用和自我调适两个基本要素构成并相互作用，共同影响和制约个体社会行为作出的深层的心理结构或成因。

个体的社会心理机制并不是天然形成的，而是在长期的社会生活和交往中逐渐发展起来的，它包含在个体的社会化过程中，随着个体交往范围的扩大和生活阅历的丰富而不断地完善。这里所要研究的民间法作用的社会心理机制也可以被视为一种个体法律心理或规范心理，而个体的规范心理同个体的政治、经济和道德等心理一样，其形成都需要一个社会化的过程，因为"任何一种法律心理，都是相对于特定的社会条件而存在的，都是人们自出生之日起，经过从婴儿期到老年期的生命全程，在父母、教师、同伴或同事、广播、电视、报纸、杂志等社会化主要媒介的作用下，生活在某种法律文化环境下并受其影响和塑造——亦即不断接受法律社会化——而孕育和发展"②。

---

① 李维：《社会心理学新发展》，上海教育出版社2006年版，第29页。
② 戴健林：《法律社会心理学》，广西高等教育出版社2002年版，第56页。

第三章 民间法的社会心理学研究

民间法与社会心理具有内在的逻辑关联，民间法在许多情况下都已经与个体的社会心理融为一体，成为个体社会心理机制中的一个重要因素。此时民间法一方面作为个体的一种心理意识结构指导着个体的行为选择，同时它也是一种行为模式和行为规范。在具体的社会交往场域中，民间法提供给了个体可以相对确定的选择区间，在这一区间中的任何一种选项都可以被认作是合理的或至少是可以接受的，这也为个体的心理的活动提供了可能。但同时，这一区间又是有一定限制的，这些限定因素包括具体的交往情景、各方的心理感受以及多数人的看法等，只有在具体的场域关系中这些限定因素才会得以确定。

个体行为的选择区间在相对确定的同时也会结合其他具体的因素为个体提供一种或为数不多的几种最为合理的选项。乔治·勃瑞博士（C. George Boeree）就认为，"规范"（norm）同"正常的"（normal）两个词语具有同一词根，了解某一社会或群体中何为规范最简单的方式，就是看生活其中的人们将什么（行为或现象）视为正常的。如果你学过基础统计学，你就会明白"正常的"意味着那些最大的可能性。[①] 例如，一个人当众辱骂了另一个人，而骂人者最后被认为是理亏者时，进行公开地道歉，表示悔意在多数人看来是最佳的行为选择，当然他也可以保持默不作声，只不过这一选项会在一定程度上影响他潜在的个人声誉。这便是民间法：它在告知个体存在哪些行为选项时，也在很大程度上限定了个体的行为。这里的告知当然不是民间法作为长者的主动言及，而是它作为个体心理机制的一部分自然地为个体的行为提供着指导。

布迪厄对我们所称的民间法同样有着深刻地理解和阐述，只不过他使用的是 habitus 一词，在许多学者那里——无论是翻译者抑或是使用者——这个词语是以"惯习"的名称出现的，可能是为了区别于我们常用的习惯，高宣扬教授将之译为"生存心态"。对此他解释道，在布迪厄那里，habitus 一方面是指在特定历史条件下，在个人意识中内化了的社会行为的影响的总结果，

[①] C. George Boeree: Social Expectations Norms, Roles, and Status, http://webspace.ship.edu/cgboer/socpsy.html，访问日期：2008 年 3 月 18 日。

但另一方面，这种来自长期实践的经验因素，一旦经历一定的历史时期的沉淀，并内在化于特定历史阶段的人群和个人的意识内部之后，habitus 便自然地去指挥和调动个人和群体的行为方向，赋予各种社会行为以特定的意义。因此，生存心态成为了人的社会行为、生存方式、生活风尚、行为规则、策略等实际表现及其精神方面的总根源。① 显然，这一阐释和理解更为深刻，而且我们从中也可以得到这样的启发：社会主体的言行同其内在的心理机制密切相关，研究规范尤其是民间法不能无视行动者的社会心理。

（三）法律心理学与民间法研究的社会心理学进路

用心理学的方法和观点来分析社会现象或问题是心理学产生后必然的发展趋势。Dennis R. Fox 指出，心理学法学的研究者应该能够更为深刻地验证加利·米尔顿（Gary Melton，美国著名的心理学家）所提出的那个命题，即"法律是个好东西"，但相比较于人类所经历的更长时期的无法律的社会状态，法律被创制出后的几千年来，人类社会真的有了更大的进步吗？② 这显然在某种程度上也是一个心理学的问题。由此可见，法律或规范问题同样也是心理学家们的重要研究对象。运用心理学的理论来研究法律的学科被称为心理学法学或法律心理学。

法律心理学在国外的研究已经形成了较为系统和完善的理论体系，就欧洲大陆各国法律心理学的研究领域来看，已经涉及了包括犯罪心理学、监狱心理学、审判心理学和证人证言心理学等在内的许多方面。在这些国家中，德国的法律心理学研究和教育工作发展最快，研究成果也最多，如 1990 年，在德国的纽伦堡举行了第二届欧洲法律与心理学研讨会，在这届研讨会上，成立了欧洲心理学与法律协会（the European Association of Psychology and Law）。③ 英美法系国家中，法律心理学的研究范围也基本上跟欧洲大陆相同，只不过英美法中更注重实验调查和实证分析。在这些研究中，学者们将人格心理学、学习心理学、发展心理学和社会心理学等有关理论和方法引入法学

---

① 高宣扬：《布迪厄的社会学理论》，同济大学出版社 2004 年版，第 115－116 页。
② Dennis R. Fox, Where's the Proof that Law is a Good Thing, Law and Human Behavior, 1993, Vol. 17, pp. 257－258.
③ 吴宗宪："欧洲国家法律心理学领域"，载《心理学动态》1998 年第 2 期。

第三章　民间法的社会心理学研究

研究中，针对具体的法律问题（如监狱、审判等）或具体的法律主体（如犯罪者、证人等）进行研究。如美国现实主义法学派认为，如果一位法官早餐吃得不好或跟妻子吵架了，都会影响到当天他所审理的案件，当事人因此可能遭受"合法的不利后果"。尽管这看起来有点荒唐，但这一研究说明了个体在社会交往过程中，可能会因某些潜意识的或偶然性的因素而不自觉地影响到他的判断或行为。

就国内法律心理学的研究来看，用心理学的方法来研究犯罪行为和犯罪主体而形成的犯罪心理学，是国内法学研究同心理学研究结合得最好、研究较为系统和深入的学科。除此之外，就是一些法理学者在研究法律文化和法律社会学的过程中，涉及对行为主体法律心理的论述。如果具体到运用社会心理学的有关理论和知识来研究法学问题的则不多。

社会心理学是心理学的重要组成部分或分支之一，它是研究人们如何认识他人、影响他人以及与他人关系的一门科学。社会心理学方法不同于那些研究大型社会过程的原则，也不同于那些着眼于研究个体的学科的原则。它关注的是个体所处的社会情景，该情景包括个体环境中的其他人，他们的态度和行为以及他们与该个体的关系。社会心理学作为一门学问又包括许多派别和理论，如行为主义学派、认知学派、精神分析学派和符号互动学派等，它们都创设了自己的理论主张和体系。社会心理学研究的主要内容包括个体社会化、社会认知、社会学习和人际关系的沟通与改善等。质言之，社会心理学主要是研究人际交往中主体（包括个体和群体）的社会行为背后受着怎样的社会心理影响的学科。

美国的社会学家霍曼斯（George H. Homans）指出，在社会学的水平上是永远无法对人类行为作出全面解释的，必须从心理学的高度着手才行。[①]法学研究者们在研究某种规范形式时，往往无视主体内在的心理或意志差异——无论这种差异是怎样造成的——而将社会个体看作是确定一致的、机械的规范执行者。在这样的理论预设下得出的结论，要么是研究者自己的主观臆断，要么纠缠于几本法学著作所拟制的几个核心概念的逻辑关系之中，

[①] 张敦福主编：《现代社会学教程》，高等教育出版社2001年版，第58页。

这也必然会使创设出的理论或得出的结论在实践中大打折扣。这就警示我们在研究民间法乃至整个法学研究过程中都应该重视主体的社会心理现象或心理要素。

其实，将社会现象与社会行为归结为心理现象的思想自古有之，对此，早期的思想家最主要的观点或做法是将"人性"与行为联结起来讨论。到了19世纪90年代，随着心理主义在许多领域大行其道，"是社会的事物没有不同时是心理的事物"则成为一种流行的观点。① 当然，任何类似的判断都伴随着复杂的理论体系进行论证，但同时任何带有绝对性味道的观点最后又总会被证明只是诸多理论流派中的一种而非"唯一正确"的观点。

人类学家摩尔根（Lewis H. Morgan）说过，人类的经验所遵循的途径大体上是一致的；在类似的情况下，人类的需要基本上是相同的；由于人类所有各族的大脑无不相同，因而心理法则的作用也是一致的。② 尽管这一观点受到了批判，但它至少揭示了人们心理法则的存在以及基于一致的经验在类似情景下心理法则跟其他形式的规范一样具有普遍性。因此，我们通过研究民间法的社会心理机制能更好地了解我们社会中存在的切实有效的规范形式和内容，而且这对于国家法律的施行也是有重要参考价值的。不仅如此，研究民间法作用的社会心理机制或者以社会心理学的进路来研究民间法对于推动我国法律心理学的研究不断走向深入有着重要意义。

为了避免对民间法的泛泛而论，我们可以将民间法引入具体的场合或社会实践之中，比如司法活动中。而且民间法与社会心理可以在司法活动中实现有机的契合。原因在于，司法裁决不仅仅是一份纸面的法律文书，它上面或背后记载着非常复杂的社会关系，这些关系的存在与调整远非国家正式法律可以独堪其任的，民间法同样扮演着不可或缺的角色。民间法作用的发挥不同于国家法律，在裁决作出的过程中，因与个体的社会心理密不可分，所以它具有更强的内在主动性。它可以作用于包括法官在内的每一位司法参与者、关系人或其他不相关但对案件感兴趣的社会主体。由于民间法同个体的

---

① 于海：《西方社会思想史》，复旦大学出版社2005年版，第219页。
② [美] 路易斯·亨利·摩尔根：《古代社会：上册》，杨东莼等译，商务印书馆1997年版，第8页。

社会心理具有内在的关联性或一致性,所以民间法对司法作用的背后存在着复杂的个体社会心理机制。认识并深入剖析司法活动中民间法作用的社会心理机制,对于我们更好地理解民间法,把握司法规律有着非常重要的意义。

最后,民间法的研究同国家法律的研究一样,都不能离开我们的文化背景,图恩瓦尔德(Thurnwald,1934)在描述法律时说:"法律并不是社会力量的直接反映,而是对政治与社会关系的组织的需求与努力,在特定人群的脑海里呈现出来的;因而,法律是受到思考方式与心灵状态以及祖先们的规则习惯所限定的。我们必须从根本上认定:整个文化是法律的背景。"[①] 由于民间法跟人们的生活实践和心理意识密切相连,因此,如果将文化看作是法律的背景,那么民间法就是社会文化的组成部分,而与之相关的社会心理机制便是民间法作为具体文化形态的内容与结构。

三、个体社会化中民间法的作用

个体社会化是一个过程,从幼年时期到成年时期,年龄与身体的成长只是类似于"机械式的"成长,心智的成长才是"有机的"成长。这一过程中,个体要随时随地地"扮演"不同的角色,进行不同的交往活动,接受着不同环境的熏陶,直到可以较为自主、自如地应对自己所身处的每一交往关系,社会化的过程才可以说告一段落。之后,个体的社会化便进入一个平稳的发展过程,在各自的社会生活中充实着自己的阅历,增长着自己的经验,调整着自己的行为,所谓的"活到老,学到老"便是这个意思。在本节中我们将分别从动态和静态两个角度展示和分析个体社会化过程中民间法作用的表现。

(一)研究个体社会化中的民间法原因

真正意义上的人应该是具有社会性的人。任何社会个体的生存与发展都需要跟其他个体和群体发生各种交往关系,在交往中便产生了相应的规范。在这里,个体指的是具有人的普遍自然属性与社会属性,能以单独的形式活动而具有个性的实体。而每一个体都需要经历社会化的过程。个体社会化则

---

① 戴健林:《法律社会心理学》,广西高等教育出版社2002年版,第56页。

是指个体在社会影响下,通过社会知识的学习和社会经验的获得,形成一定社会认可的心理—行为模式,成为合格社会成员的过程。

第一,个体社会化包含许多方面的内容,而其中一项最为核心的内容是掌握并遵守社会生活中既有的一套规范体系。这套规范体系的确立又跟个体的社会角色直接相关。角色通常指戏剧脚本中所规定的人物及相应的言行规范。在社会心理学中,角色指的是个体在群体及社会中所处的地位以及据此而显示的态度与行为模式的总和。角色与情景是密切相关的一对概念,角色是特定情境下具体关系中的角色,因为只有在特定的情境和具体的社会关系中,角色才真正具有社会意义和规范作用。角色是个体在社会情景关系中所采取的态度及行动的一种模式,个体社会化就是个体不断形成一个个角色的过程。对应于个体的角色,存在着相应的角色规范。这些角色规范不是个体自主创造的,也不是某个人规定的,而是一定历史时期和经济条件、文化环境下产生的。个体必须按照已有的角色规范行事,背道而驰则会招致不同程度或不同形式的惩罚。

第二,个体角色的确认的过程也即角色认知的过程。认知是个体作出行为选择之前的必经阶段。个体在面对社会及各种事物或关系时,并不是简单地被动应对,相反,他会尽力把自己的知觉、思想和已有的信念、经验组织成有意义的形式来进行应对和处理。社会认知是个体在社会生活实践中对他人、对社会以及对自己的感触和认知。社会认知包括个体对社会关系、自身所处角色及角色规范的认知。这种认知其认知的结论又与个体的知识、经验和信念等有密切关系。在社会关系中,不同角色的个体会有着不同的社会认知,而这种认知同时又反作用于甚至决定个体角色规范的选择。

第三,在具体的社会关系中,参与个体的角色是基本确定的,而个体如何对此有所认知,即认知的程度、内容以及对应其认知而选择怎样的角色规范则因人而异。原因在于人的社会化不只是实践的过程,还与个体的知识构成和学习能力有很大的关系。这里的学习是指个体在社会化中,通过主动地观察、总结或接受教育等,对个体自身、社会生活、人际关系及各种社会事物或现象进行认知并自我作用的过程。学习理论主要包括个体的自我评价和自我强化两方面内容。正是个体不断地学习，使得个体能够不断地认知自己的社会角色，从而判断自己在具体的交往关系中所应选择的行为规范。所以，学习是个体社会化的根本动力。

第四，个体社会化不同于个体现代化，前者是一个必然的成长过程和对社会的接受过程，它包括生理和心理上的共同成长与成熟，而后者是个体生存方式、价值观和发展状态等的一种转型。当然，个体社会化的过程中难免会受现代化的影响。

古代中国社会讲究"君君、臣臣、父父、子子"，不同的身份对应不同的行为规范。当时人们所遵守的规范可以看作是身份规范和行为规范的二元一体的规范类型。同样的行为规范对不同身份的人是有不同要求的。在我们当今的社会生活中，国家正式的法律制度只是从关系——规则的框架来对人们的行为进行规定和调整，忽视了在具体的交往关系中，个体的差异，包括身份、角色、内心思想和目的要求等方面的差异。国家以法律的形式欲将其权力触角伸入生活的每一个角落，这必然会导致失败。

原因在于，社会生活中的行为性质是不同的。某一个体参加某级人民代表大会的选举和他到书店买一本书是两个性质完全不同的行为种类。体现在我们正式的法律中，前者受选举法调整，后者受合同法调整，似乎国家把社会个体的一切行为，所有的交往关系都纳入他管辖的领域了。实际上并非如此。因为国家的法律只是从知识和理论的层面对现实生活进行归纳、分类，然后抽象成不同的法律关系，制定出相应的规范制度。这在宏观上是可以做到覆盖整个社会生活的，但在微观上，许多情况下国家正式法律是无能为力的。民间法便不可避免地会存在并发挥着不可替代的作用。

民间法和国家法又存在一种怎样的关系呢？这两种规范有着各自发挥作用的场域，二者也都会向对方的作用场域渗透以施加影响。场域的概念并非是一种空间意义上的概念，因为生活在不同空间里的个体交往时，尽管可能有着不同的规范意识，但是在具体的交往关系中，他们总会找到共同的，双方都可以接受的交往规范。这种规范不同于双方各自的民族习惯、地方风俗，而是在民间场域下根据特定的交往情景所选择的民间交往规范，尽管双方可能难免会受到原有规范或观念的影响。当然，民间场域在一定程度上也具有空间性，只不过这一概念的提出为的是更好地完善民间法理论，使其克服仅被视为一种地域性规范的局限。

避免法律仅仅成为精英者们的话语的有效途径之一就是回到真实的生活，将法律视为社会规范的一种。研究中国社会的规范，需要用心去观察、去思考现实中那些对人们的思维及行为真正产生影响和制约作用的"民间法"，去分析这些规范背后的逻辑。生活与交往空间固然会影响个体间的交往行为以及交往规范的选择，但是，真正决定个体交往规范的因素却并非是因地域而造成，而是因交往行为的性质和类型所决定。在现实生活中，规范以不同的形式存在，以不同的方式发生着作用。规范的多元已成为一个共识。国家制定法无法也从来不曾一手遮天，完整的法学研究必须突破单一的国家制定法的视野局限，扩展至其他所谓非正式的规范。这是研究民间法的学术必然性。

规范的形式可以是多样的，但其作用表现是具体的。民间法更是因其与社会主体生活和交往行为的密切相关而复杂多变，难以进行完全的抽象归纳研究。综观当前学界对民间法的研究，大都离不开乡土社会、国家社会二分以及少数民族习俗惯例等语境。民间法还只是一个包含了乡规民约、民族习俗和习惯伦理等在内的集合性概念。缺少一种可以统合各方，从而进行深入研究的理论。我们拟从社会心理学的角度，对个体社会化中的民间法的研究，可以视为弥补这种缺陷的一次尝试。关键还在于，民间法本身具有情景合理性的特点，即同一条民间法规则在不同的社会情景、不同的社会关系中会起着不同的作用。民间法同个体的社会角色和行为时的情景有着根本的联系。社会中的个体都不是抽象的、毫无差别的，他们会基于不同的因素，如年龄、身份、权利和目的等对同一交往关系在不同时期选择不同的交往规范。换言之，社会个体是一个变动着的活生生的个体，对于每一交往关系，每一社会实践，他们都有着自己的考量，而且正常的个体都会试图根据特定的情景和特定的角色选择最适合或有利于自己的规范。通过对个体社会化这一动态发展过程中个体对规范的选择适用来研究和探讨民间法，会更有助于我们认清规范的具体存在和作用方式，特别是对民间法何以可能这一问题作出较为深刻的解释。

不仅如此，个体具有学习能力和社会认知能力，这意味着个体具有不断适应社会生活，不断调整自己的行为选择和行为规范的能力。因此，作为正式规范的国家制定法无法更为深入和有效地规范个体的行为和相互间的交往关系，民间法的作用便不可或缺。总之，研究个体社会化中的民间法有助于我们全面地认识官方制定法的优劣，更好地揭示社会中所存在的各种"活法"的价值所在。

（二）动态分析：民间法在个体社会化不同时期的作用

个体社会化被不同学者划分为不同的阶段，如根据人的发展周期以及各个发展阶段的特点，可以把社会化分为儿童期、青春期、青年期、成年期等几个阶段，还包括继续社会化和再社会化等阶段。根据社会个体的成长过程，我们将其分为家庭期、学校期和社会期三个阶段。民间法伴随着个体的成长过程，在个体社会化的每一个阶段呈现不同的内容和特点。

1. 家庭时期

一般的来说，个体一生要有两个家庭时期，分别是出生时的家庭和结婚后的家庭。这两时期的家庭有着不同的社会含义。后者具有更多的社会意义，是个体社会化的一个里程碑式的时期。前者则是个体成长必经的时期，也是个体学习社会规范的初级阶段。此时，个体接受启蒙教育，学习和掌握基本的交往规范。因不同的家庭环境，个体会受到不同内容、不同程度或层次的民间法的熏陶。如生活在城市里的家长会告诫自己的孩子，外出不要随便跟陌生人讲话。在农村则可能完全相反，家长会教导自己的孩子，外出要主动跟人打招呼。因为在农村很少有陌生人的存在。

对于个体而言，家庭时期对民间法的了解多是一些基本的交往礼节、生活习惯等。民间法对个体的作用主要通过家长的教导和个体模糊性的、非自觉地遵守来发挥的。此外，家庭是否健全，对个体认知规范及成长心理的形成有着重要的影响。这种影响甚至会左右着个体今后的社会认知和学习，决定着个体在今后交往活动中的规范选择。

2. 学校时期

随着经济和社会的发展，接受学校教育已经变得非常普遍。如我国的九年义务教育，是国家强制力保障推行的学校教育时期。此时个体接受正规而系统的文化、科学等方面知识的教育，当然还包括一系列正式和非正式的规范。此时，个体所要面对的关系变得复杂起来，除了家庭时期的父母等长辈外，更是增加了老师、同学和朋友等。个体已经逐渐懂得在同这些对象交往时采用怎样的方式和行为，而不再像前一时期那样表现出更多的任性。

个体在未成年之前，其行为很少会与官方正式的制定法发生交集，但这并不意味着个体的行为不受规范的约束。从家庭时期到学校时期，这是个体社会化的一个快速发展时期，每一个体从一开始都具有很大的可塑性，而在这两个时期，国家制定法显然不会占据主导地位，民间法在这两个时期的意义是重大的。特别是当个体接受了正式的学校教育后，逐渐具备了较强的社会认知能力和学习能力，他可以通过自己主动地思考和观察，来认知社会事物，认知自我，不断的改进自己，主动地、有意识地进行着自我规范，这些规范大都属于民间法的范畴。总之，学校时期是个体主动地进行社会化的起始时期和关键时期，个体已经可以通过自己的认知和意识，主动地接受和选择自己的行为规范。民间法在这一时期为个体行为规范的选择提供主要的规则来源。

3. 社会时期

从学校里毕业后，走上工作岗位或自己创业或以其他方式生存，那也就意味着个体开始了真正的社会生活。这一时期，个体主要有两大人生任务，那便是成家和立业。围绕着这两大任务，个体社会化便进入了实质性阶段。当然，在这一时期，随着个体社会交往活动的增多，交往关系的复杂，个体会有意识地在作出行为之前、之中和之后进行思考比较、选择调整和总结改进。

在现实社会生活中，有的个体在自己的家庭中威风八面、好吃懒做，而当他见到自己的单位领导时却又点头哈腰、殷勤左右。这种能够随着社会情景和交往关系的不同而进行不同行为选择的能力便视为个体"成熟"或很好的社会化的重要表现。因为，此时个体已经可以根据社会的要求和自己的认知，自主、自觉地选择在特定情境和具体的关系中自己的角色规范了，并且这种选择又得到社会的认可。

个体社会时期也是个体社会化的基本完成阶段。进入这一时期后，个体的社会化便进入了平稳的发展过程中。由于职业的不同、生活经历的差异等，个体要针对自己的境遇和需要，在具体的交往关系中选择自己的角色规范。这一时期，个体大多可以主动接受社会规范，包括来自官方的和民间的，而且个体可以通过比较，选择有利于自己的规范形式和内容。尽管有些情形下要是无法选择的，但个体可以根据自己的认知，对规范的选择适用进行"自由裁量"，最终确定最适宜的规范。

根据我们对民间法的界定可以得知，民间法并非仅存在于学者们所讲的"乡土社会"之中，它是根据个体行为的性质种类而得出的概念。例如，不论是市长还是普通百姓，在去超市或集市上购物时，都可以平等地进行讨价还价、公平买卖，这便是民间法作用的表现。

（三）静态分析：个体社会化中名望与面子的规范意义

名望与面子在中国传统社会中具有特殊的文化内涵，同时在许多情况下还有着重要的规范意义，二者都是中国人社会心理结构的重要组成部分。名望与面子对个体的社会行为可能会产生内在影响和外在制约，是影响个体选择交往规范的重要因素，本身就可以作为一种规范而存在，可以将其纳入民间法的范畴。个体在社会化过程中，必然会对此有着切身的感受，并逐渐适应这种规范对其行为的影响。

1. 名望和面子的基本含义

名望一般指的是个体在某一群体中所获得的或享有的好名声或声望。任何正常的社会个体都希望自己在所生活的群体中享有一定的名望。名望更多的是与品德的高尚与否联系在一起。一个人的道德品质越高尚，得到他人及社会的认可度和赞誉度越高，一个人的名望也越重，所谓的德高望重就是这个意思。个体要获得一定的名望必须具有良好的品德修养，践行一系列相应的社会规范，尤其是伦理、道德规范。

如果把名望看作是社会群体对个体的人格或道德水准的认可或积极评价的话，那么面子则具有人身专有性和依附性。在我们的话语中，面子这个词语有多种意思，因使用的场合不同理解也不同。大体说来，"面子"主要有以下三种含义：一是指尊严或名誉。此时"面子"的另一种表达是"脸"，比如到了国外不能给中国人丢脸，就是不能失了中国人的面子，要维护我们的尊严。二是指虚荣感或者类似的内心感受，此时的要面子往往只追求外在形式上对心理的一种满足感，可能是仅仅为了获得外界的赞许。如某人在大庭广众之下被另一人责骂，他就会感到很没面子，感到很羞愧。相反如果受到了公开表扬，他就会感到很高兴，很有面子。三是指基于个体的社会地位、身份而形成的一种可令人敬畏的社会资源，个体凭借这种资源可以在社会交往关系中自我定位并产生相应的期待性效果。

无论如何理解面子的含义，它总是包含着一种规范意义，而这种规范可能是个体内加的，也可能是外在赋予的。其中，名望与面子之间就可能发生某种联系，因为通常个体如果享有很高的名望，那么他便同时会获得相应大的面子。孟子说过"天下有达尊者三：爵一，齿一，德一"。易中天对此的解释是"爵位高的，年纪大的，德行好的，这三种人是天底下面子最大的"[①]。这里主要考察的是面子在社会生活中的规范作用，并且重点分析面子对于解决纠纷的意义。在现实的社会生活中，建立在名望之上的面子是最具信服力的调解矛盾的因素。换言之，由名望所获得的面子具有最真实的权威性，因为名望本身就代表着社会公众对某一个体的内心认可和自愿接受，由此面子便也有更大的合理性和公信力。

2. 名望、面子的规范意义

在中国传统社会中，民间纠纷解决的关键往往不在于解决的场合和方式，而在于调解人自身所具备的影响纠纷发生各方的能力。产生这种能力的一个重要来源便是个体在其所生活的领域中的名望或面子的大小。因此，名望与面子所代表的那层社会含义在民间社会中是具有规范意义的，它们可以对人们的行为形成某种程度上的制约作用，可以在纠纷的解决中发挥非常重要的甚至是主导性的规范作用。

首先，仅就个体而言，他可能出于对自己的名望或面子的考虑，不得不进行自我约束，要求自己遵守社会公认的道德或其他规范。个体的自我规范

[①] 易中天：《闲话中国人》，上海文艺出版社2006年版，第94页。

可能会出于多种目的，比如为了主要的或更大的目标而压制自己的冲动，所谓的小不忍则乱大谋、忍辱负重等都属于这种情形。有时个体仅仅为了获得别人的赞许与口碑，为了维护或获得更大的面子，而不得不在某些场合中克制自己，要求自己的言行举止符合基本的、为社会所要求的个人修养等。

其次，个体间的交往常常也受到面子因素的影响。厌讼被许多学者认为是中国社会的一种文化现象。为什么会有这种现象或民族心理呢？其中一个重要原因是多数人把对簿公堂看作是丢人的事，是非常伤和气的事，并且一旦打起了官司，就会在双方所生活的群体中引起议论，这被认为是很失面子的，至少不是一件光荣的事情。产生纠纷的双方或多方之间更多的情况下要进行重复多次交往，而且这种交往已经超出了纯粹的利益交换，更有一种人情和心理上的依赖存于其中。因为一点小事撕破脸皮是不值得的，所以大家在交往中尽量遵守规定的或约定俗成的规范。

有时，个体为了维护或保全自己的面子，会作出许多不可思议的事情来。例如，丈夫发现自己的妻子跟别人通奸，这在我们的社会中不仅是非常丢面子的事，而且是很耻辱的事情。在这种情况下，许多丈夫会做出十分过激的举动，如杀死通奸的一方或双方。因此，面子有时决定个体的行为及行为规范的选择，它既是一种规范形式，也是一种决定规范的规范。

再次，面子在有些情况下是解决纠纷的主导性因素。这主要指的是纠纷之外的第三方作为调解人介入时，该调解人经常会动用他的面子来对纠纷各方施加压力，使纠纷各方做出让步，从而自行和解或达成调解协议。作为一种纠纷解决的介入因素，面子是介入主体所享有的一种特殊的社会资源。这种资源与主体自身的道德、知识水平等有很大的关系，也跟与之生活在同一空间内的其他主体对他的认可程度有关。规范从外部看就是主体对某种权威的认可或接受，而不论这种权威以何为支撑。规范所具有的合理权威来自广泛的认可。

最后，面子有时还是"找关系"这一交往现象或规范中"关系"的诱生原因之一。"关系"的建立可能会基于多种原因和方式。费孝通先生认为中国传统社会结构是一种具有伸缩能力的差序格局，在这种格局中，"社会关系是逐渐从一个一个人推出去的，是私人关系的增加，社会范围是一根根私人联系所构成的网络"①。社会个体要基于血缘或地缘关系的亲疏来选择不同的交往方式,这同样适用于我们现在社会中的人。只不过当今社会中形成"差序"的标准已不限于血缘和地缘关系了,同学、同事、战友等都可以作为建立"差序"的联结点,并且之所以诸如此类的关系一旦建立后,就有可能为人们所利用来解决问题或实现某种利益,其中一个重要原因便是"碍于情面"的社会心理。因此,当一位相交不错的朋友找到我们,需要通过非正常的途径或方式达到某一目的时,也即是我们俗称的"找关系"时,我们往往会根据自己的情况给予帮助,即所谓的"给他个面子"。

我们说,权威的存在是任何秩序形成的必要条件,也是任何规范的内在要素。权威的形成可能基于不同的原因,如暴力的、自愿的或者无意识的,但是权威发挥作用的领域或范围也是不同的。当官方掌握了合法的暴力之后,那么官方的权威就是建立在暴力的基础之上,它所制定颁行的规范则有暴力作最终的支撑。民间权威则不同,它可以有很多支撑权威的根由。名望与面子就是其中的一种。作为产生规范的机制及本身的规范意义,名望与面子的作用范围是有限制的,那就是当名望与面子以民间权威的形式出现时,它们也仅在民间场域中发生作用,所代表的规范也只有在民间场域中才有意义。

本 章 小 结

民间法是相对于国家法而言的一种独立的规范形式。借助于布迪厄的场域理论,我们可将民间法的含义界定为民间场域中的行为主体根据其在具体交往情境中的角色认知与定位所选择适用的一套规范体系。风俗、习惯等可以视为民间法的现实表现形式。社会心理学主要是研究人际交往中主体(包括个体和群体)的社会行为背后受着怎样的社会心理影响的学科。我们通过研究民间法的社会心理机制能更好地了解我们社会中存在的切实有效的规范形式和内容,而且这对于国家法律的施行也是有重要参考价值的。不仅如此,研究民间法作用的社会心理机制或者以社会心理学的进路来研究民间法对于

---

① 费孝通:《乡土中国 生育制度》,北京大学出版社1998年版,第30页。

推动我国法律心理学的研究不断走向深入有着重要意义。个体社会化则是指个体在社会影响下，通过社会知识的学习和社会经验的获得，形成一定社会认可的心理—行为模式，成为合格社会成员的过程。民间法在个体社会化过程中发挥着重要作用，无论是从动态还是静态视角看，都是如此。

复习思考

1. 试用布迪厄的场域理论阐述民间法的含义。
2. 评述我国民间法研究的现状。
3. 论述民间法研究的社会心理学进路。
4. 如何认识民间法在个体社会化中的作用？
5. 试述名望和面子的规范功能。

第四章　司法过程中民间法作用的社会心理机制

学习目标

掌握民间法在司法过程中作用的具体表现；能够掌握司法调解中民间法作用的社会心理机制；能够对"找关系"的规范属性进行分析；能够分析司法民意的规范属性及其社会心理成因；能够运用社会心理学知识分析判决的正当性；能够结合个案对法官认知及民间法的作用机理进行解析。

一、作为法官知识构成的民间法

在法官的知识构成当中，除了法律专业知识之外，还包括大量其他领域的社会知识，也即法律外知识。固然，法官的法律思维与司法裁判主要建立在法律知识基础之上，但法律外的知识对于法官裁判案件同样有着不可忽视的影响。在这些法律外的知识中，也不乏诸如道德伦理、风俗习惯和民间法等具有规范属性的知识类型。

（一）作为社会个体的法官与民间法

法官是一种社会职业，是任何社会有序发展所不可或缺的角色，而无论其着装、称呼抑或工作场所有何区别。法官需要具有专门的且运用娴熟的法律知识、思维和技能，这是实现司法公正的基本条件。法官执业的方式一直被认为或规定为"被动的"，这与司法权的特点相关，托克维尔的观点很具

第四章 司法过程中民间法作用的社会心理机制

有代表性,"(司法权)是只有在请求它的时候,或用法律的术语来讲,只有在它审理案件的时候,它才采取行动"①。法官同样也是社会个体之一,除去从事司法工作,他/她们同样有着毫不逊色于任何其他社会个体的丰富的社会生活。尽管法官在作出司法裁判时仍然会以专业思维和知识作为判断的最基本的和最主要的依据,但也必定会受民间法的影响。

民间法是法官知识构成必不可少的部分,也是帮助法官认识和分析案件事实以及指导法官选择正式法的依据之一。尤其在处理以民间场域关系为主产生的争议、纠纷时,法官对民间法识掌握的多寡与理解程度直接影响法官如何作出裁决或采取怎样的方式解决纠纷。民间法并非像国家法律那样由特定机关制定并保障实施,而更多的是长期反映在人们民间交往过程中,并以自觉遵守或道德谴责等方式作为其实施的保障机制。与国家法律的普遍性和抽象性不同的是,民间法更多地体现在具体的交往关系和交往行为中,视具体的交往对象或交往情形而定。如果法官对具体情境中的民间法不了解,就无法理解案件中交往关系的内容和纠纷发生的原因。例如,谩骂的恰当与否就取决于个体所属特定群体的规范;在某些群体中,这是友好的表示或者是被期待的行为,然而,在其他群体中,这样做会被认为是不当的或者粗鲁的。②

这里所讲的民间法知识并不等同于苏力话语中的"地方性知识"。苏力认为,"司法的知识本身就是一种地方性知识,这种知识是在司法活动中,特别是在近代司法职业化的进程中逐步产生并再生产出来的"③。苏力所称的"地方性知识"是吉尔兹意义上的,强调的是知识的地域性和多样性。民间法尽管在某些层面上涵盖了"地方性知识"的意义,但民间法兼具地域性和普遍性,它既包含多元的地方性规范、习惯,也包括任何社会个体进行民间交往时所应共同遵守的交往规范以及特定场域中特定的规范。

---

① [法]托克维尔:《论美国的民主:上卷》,董果良译,商务印书馆1988年版,第110页。
② [美]乔斯·B.阿什福德、克雷格·温斯顿·雷克劳尔、凯西·L.洛蒂:《人类行为与社会环境:生物学、心理学与社会学视角》,王宏亮、李艳红、林虹译,中国人民大学出版社2005年版,第140页。
③ 苏力:《送法下乡——中国基层司法制度研究》,中国政法大学出版社2000年版,第153页。

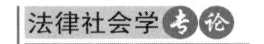

（二）民间法作为法官知识构成的表现——以影像中的法官为例

影像中的司法尽管加入了许多文学和表演因素，但它所描述的故事和反映的司法问题，是可以在现实中找到原型并作为"案例模型"加以解读的。苏力那篇著名的《秋菊打官司》就是对影像中的司法成功分析的典例。2003年由高峰导演的影片《法官老张轶事之审牛记》向我们讲述了这样一个故事。

老栓对自己家的牛犊视为"闺女"，异常疼爱。一天，小牛犊不慎走失，被同样丢失了牛犊的来顺家误牵了回去。从此老栓整日失魂落魄地到处寻找，后来老栓在来顺家的牛栏里发现了自己的"闺女"并将其牵了回家。来顺妈在村主任的陪同下找老栓要牛未果，官司打到了镇法庭。主审法官是老张，他平时看老栓对牛的心疼劲就明白老栓是不会认错小牛的，可老栓却拿不出证据证明小牛是自己的。在村主任的号召下，邻村倒是来了不少人证明牛是老栓从来顺家牵走的。一边是把牛当成闺女的老栓，一边是穷得揭不开锅，就靠这头牛种地的来顺家，面对这样的局面，老张主张调解，可双方谁都不让步，老张不得不判老栓败诉。这样的判决老栓自然不服，明明是自己的"闺女"怎么就变成别人家的了呢？在律师的"唆使"下，老栓找到了省里的科学院，不惜拼凑了7000块钱为自己的小牛作了亲子鉴定。老张听到这个消息后非常着急，因为无论官司结果如何，7000块钱落到谁身上都是个天文数字。尽管他使出了浑身解数在两边周旋、调解，可还是没能阻止老栓卖了盖房子的木材去做亲子鉴定。

根据亲子鉴定的结果让老栓要回了自己的闺女。但当他看到因败诉无法承担7000块钱亲子鉴定费的来顺妈欲寻短见，来顺也被迫辍学的情景后，老栓后悔的同时也感到非常的困惑。用他自己的话讲，"我只想找回自己的闺女"。后来派出所抓获了一个偷牛团伙，其中就有一头小牛就是来顺家的。尽管最终来顺家领回了自己的牛，但那巨额的债务仍是他们，也是老张心口永远的疙瘩。[①]

[①] "法官老张轶事之审牛记"，http://book.qq.com/s/book/0/4/4844/43.shtml，访问日期：2007年12月15日。

第四章　司法过程中民间法作用的社会心理机制

影片中的老张决不应仅仅看作是一个虚构的角色，他长期身处基层，对辖区内乡民的生活方式、家庭收入以及地方的风俗或交往习惯都有着切身的感受和深刻的理解。这是任何外来的法官、法学专家等用外部眼光所无法理解到的，也许后者的法律专业知识掌握得更多、法律思维更为严谨。但具体到处理类似故事中的纠纷时，若非对当地的民间法有着深刻的理解和认知，是无法找出真正切实有效的解决办法来的。

影片中有两处反映了老张对当地风土人情的熟悉以及对民间规范的深刻理解。一处是当判决老栓败诉时，老张的助手小孙，一位受过专业的法学系统教育的年轻法官，提醒老张要防止在上诉期间老栓对小牛犊"下毒手"，老张当即斥责了小孙。因为在法庭上，老栓尽管没有举出有力的、符合法律规定形式的证据，但他当庭唤"闺女"，小牛犊立即亲昵地凑上前去，并享受着老栓的抚摸，老栓坚持认为这一举动就是他证明小牛犊是他家的证据，并且老栓说出的小牛犊许多体貌特征也都符合事实。然而，我们的正式法律提供的那套标准否认了老栓证据的有效性。此时，老张心里却对案件事实即牛的归属有了自己的判断，即这头小牛犊的确是老栓家的。当原告来顺妈的代理人村主任提醒老张同一个问题时，老张当即反驳道，"不要再有那些花花想法，那头小牛在你眼里只是个'标的物'，在老栓眼里可是个'闺女'"。另一处是当老张得知老栓在城里律师的鼓动下，非要做亲子鉴定时，急切地奔波于两家调解，尤其极力劝阻老栓的行为。老张的想法很简单，就是那天文数字一般的鉴定费落到谁家都将是灾难。如果按照现代法治理论，老张的行为严重背离了法官中立原则，在司法克制主义者那里这是不可容忍的，是与司法公正的要求背道而驰的。尽管老张最终失败了，他没能按照自己的想法有效地解决好这一纠纷，致使悲剧的发生。笔者无意指责正式法律的入侵给当地乡民酿成了如此的悲剧，而是试图对老张及老张所代表的那些工作在一线的法官类似的行为以情感上的支持和理论上的理解。

法官生活在社会现实中，他们同样要过"普通人"的生活，跟那些"普通人"交往，而且当不再面对裁判工作而是进行一般的社会交往时，他们运用更多的不再是专业的法律知识和法律思维，而是一种日常的、被社会普遍认可的思维模式和行为方式。否则，除了坐在法庭上，法官将别无去处。影片中老张的判断没有错,因为老张有着小孙和律师所没有掌握的知识,这其中就包括我们所讨论的民间法。在关于牛犊所有权归属的争论中,老张在心中认可了老栓的"举证方式",只是他无法找到正式法的支持,而这并不能否认老张对这一争议事实在客观上的认定是准确的。老张是一位非常合格的中国乡土式的法官,他对自己生活于其中的那个社会的各个方面尤其是人与人之间的交往规范有着全面的认识和深刻的理解,同时他对国家颁行的正式法也有着较深的理解和职业上的尊重。

尽管老张根据自己的经验包括民间法作出了与根据国家正式法作出的不同的结论,但老张仍然选择了维护国家正式法的权威,依法律判决,丝毫没有枉法。但最终的结果让老张心中有了难解的疙瘩,老栓心中也产生了秋菊式的困惑。这正如曹志民指出的那样,"我们照搬西方那一套纠纷解决套路,能否有效解决纠纷?当事人购买到的法律服务并非是其初始所想要的,甚至这些服务还给其生活带来灾难"①。由此可见,法官在办理与民间场域中的关系相关的各类案件时,对民间法掌握和理解是非常重要的。

(三)民间法作为法官知识构成的必然性及意义

由于法官除专职工作外还会进行其他性质的社会交往、情感和思维,因此,在无形中各类民间法早已成为其知识构成的重要组成部分,从而在不同程度上影响法官的司法审判和裁决的作出。这是民间法对于司法最隐蔽的同时也是不可避免的作用,其原因可以总结为二:一是民间法必然作用于法官;二是争议的内容也必然牵涉到民间场域关系。

民间法在指导法官进行社会交往同时,也必然会影响法官的职业思维和认知。俗语讲,"十里不同风,百里不同俗"。法官并非超脱民间风俗的存在,而风俗又恰恰是各种民间法发生之源,并且作为法官解读案情的"前见"。如果法官能够做到在某些情形下有意识地运用民间规范来进行司法裁判,那在绝大多数情况下对司法工作是有益的。它有助于法官更好地认清案件实情及纠纷产生的内在原因,也有助于避免因依国家正式法裁决与民间法

---

① 曹志民:"评《法官老张轶事之审牛记》",http://book.ce.cn/read/social/yxzdsf,访问日期:2007年12月15日。

相冲突时，导致的案结事未了的尴尬局面出现。

对此，即使是英国人在一个世纪前租借威海卫时期也明白这个道理。曾任威海卫行政长官的庄士敦就曾经在辖区法庭附近路边上设置上了锁的诉状箱，尽管投诉的内容非常杂乱并常出现为泄私愤而诬告现象，但庄士敦仍坚持认为诉状箱非常有用："本箱内存物由我亲自检查，几乎每天都有各类诉状投进去……从行政管理的角度看，大量信件具有重要价值，有些诉状便于法庭在审理中甄别真假……即便诉状箱不能发挥任何别的作用，在明了当地人的个性、特点方面也是很有用的。"[①]

总之，民间法如同法官的影子，从其进行司法活动那一刻起便注定会在不同程度上影响到法官的司法行为，而正视民间法在司法活动中存在的机理及意义则有利于保证司法机制更好地运转。

二、司法调解中民间法的作用及其心理机制

调解是一种重要的纠纷解决机制，而且由于民间法在这一过程中发挥着特殊而重要的作用，使得这一机制具有更为灵活有效的适用空间。调解离不开对纠纷主体心理的把握，尽管根据主持调解的主体和场合不同而将调解分为不同的种类，但是民间法影响调解的社会心理机制是相同的。

（一）司法调解的优势及民间法存在的空间

相较于判决，司法调解至少具有以下三个优势：一是司法调解形式灵活，常识化的运作在很大程度上降低了当事人理解法律和诉讼的门槛，对调解依旧保持一种开放性的姿态并允许对国家正式法的合理规避，这就有效地避免了依正式法进行判决可能遇到的所谓法律漏洞的问题；二是司法调解建立在争议当事人自愿的基础上，调解的内容不限于诉讼请求，调解协议的达成与履行出于内心真实的意愿，这样解决纠纷而言，基本上做到了一劳永逸；三是司法调解的迅捷节约了有限的司法资源，降低了包括争议当事人在内的诉讼成本，更为接近司法的最终目的，即有效解决纠纷，维护和谐的社会秩序。当然，司法调解制度在实践中也存在许多问题，但这并非该制度形成并运作

[①] 邓向阳主编：《米字旗下的威海卫》，山东画报出版社2005年版，第49页。

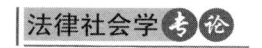

的最初目的。

从对司法调解优势的分析可以看出，民间法在司法调解过程中有着很大的作用空间，甚至可以将其视为司法调解的基本凭据之一。可以说，民间法自身的属性与特点同司法调解的品质有着天然的契合。具体表现为，司法调解主要出现在民事诉讼的过程中且适用广泛，《最高人民法院关于人民法院民事调解工作若干问题的规定》第2条明确规定：对于有可能通过调解解决的民事案件，人民法院应当调解。可见，司法调解的在处理民事争议过程中的普遍适用为民间法作用的发挥提供了充足空间，因为司法调解只是一种纠纷解决机制，而具体纠纷的解决仍需要依靠实体性的规范，相比较于国家正式法的抽象性，民间法则具有更强地针对性和有效性。

民间法可以为调解协议的达成提供几套更为系统、开放的解决方案，调解协议的达成从根本上讲是利益的重新分配或调整，这是一个充满着争吵和妥协的博弈过程，只要是在争议各方可能达成妥协的利益区间范围内，民间法都可以提供该协议选项并附带其相应的论证理由，最终使各方都较为体面的结束这场纠纷。进一步讲，这也是符合中国人传统的处事思维和方式的。

（二）司法调解中民间法作用的具体表现

首先，民间法的存在为在法官、争议当事人或相关人之间搭建平等有效的对话机制，提供了知识结构上的可能。民间法是法官知识构成的必要部分，尤其随着法官社会生活阅历的丰富，对于许多争议案件所反映的基本关系属性和内容，法官可能也曾有过类似的经历。这对于法官认识案件事实、想象案件发生的具体情景会有着感性上的直观认知，这也是法官进行理性思考，提出调解方案的重要基础。民间场域中争议当事人在交往过程中更多的是遵守着民间法，并且这种遵守是约定俗成的，几乎不会有人在开始交往之前就在相互之间全面约定好适用的规范内容。换言之，许多规范是"行动而非设计的结果"，在纠纷未发生之前，未将争议提交到法院之前，可能当事人之间并没有意识到或特意去考虑什么是民间法以及在交往中适用或不用哪些民间法，一切都是在"自然"中发生。

当产生了纠纷并将纠纷摆到法官面前时，法官与当事人之间就案件中存

第四章 司法过程中民间法作用的社会心理机制

在的交往关系应该遵循怎样的民间法是很容易达成一致观点的，这就为各方进行下一步的讨论提供了可供交流的前提和平台。在这种情况下，处理案件纠纷的关键不是哪些规范是否存在或者真实，而是在具体的情景中各方适用怎样的规范作出怎样的行为才是合理的。将问题从一个事实判断试图转化为价值判断时，民间法就会在法官与当事人之间发挥其独特的联结作用。

其次，民间法为法官把握案件事实、确定争议焦点，进而为调解方案的提出提供便利和参考标准。司法调解的过程主要是一个在弄清事实的基础上，如何衡平争议各方的诉讼请求或利益之争的过程，而非如何运用法律的过程。这里的利益不限于经济上的，而是包括自尊、名誉和面子等精神利益在内的所有可能为当事人带来客观或主观上效用的利益形式。如果法官对民间法没有准确的认知，就可能无法理解在特定的情景中为什么会发生那样的纠纷，以及该如何有效地解决这些纠纷。

试看一例：魏、陈两家比邻而居，2013年魏、陈两家准备在双方相邻的地方同时建房，经双方协商一致，都约定拟建三层楼房一幢。然而建房时事情的发展却出乎两家的意料，陈家在建房时将原本协商同修三层的房屋建了三层半，而此时的魏家认为对方的房屋比自己家要建的房屋高，影响了自家"风水"，便在自己建房时将地基抬高了两米，这样一来魏家的房屋反而比陈家的房屋高了。对此，双方互不相让，争吵、打架经常发生。当地的司法所在了解到此纠纷后主动介入，在调查了解了纠纷产生、发展后，通过做"思想工作"，先后说服了双方老人和子女，指出认为建房高，影响自己的风水，是封建迷信思想，是毫无科学根据的，劝说双方对已存在的事实不要再争执。最后双方在司法所工作人员的努力劝说和调解下都表示了悔意，这一纠纷宣告结束。

"风水"纠纷，这在国家正式法中是找不到相关的解决依据的。当然，法官运用法律解释，可以结合该案的具体情形，将两家的争议定义为相邻关系的纠纷，并根据《民法通则》的有关规定作出裁决，这是两种不同规范体系间的转化。但在司法调解这样一个以民间关系为主的混合场域中，显然尊重民间场域中的话语更有助于问题的解决。

上面的案例中，司法所主要是根据民间法来把握住纠纷双方具体的争议

99

原因和事实,即魏、陈两家都认为其中任何一家建房时应遵守相互间的约定,不能建高于三层的房子,否则会对对方的"风水"不利。"民间有约如令",这是自古以来中国传统社会人们交往时都认可的基本原则。既然两家有了约定任何一家就应遵守,否则就违反了"约"这一民间法规则。把握住这样的一条民间法和规范的社会心理后,司法所进行了有针对性的调解,最终化解了干戈。同样,在其他情形的民间交往中,交往各方往往在交往之前便有具体的约定,或者根据交往情景可以推定各方都认可并应遵守的交往规范,一旦发生了争议,法官进行司法调解时,必须对约定的或可以推定的民间法有所认识,这样才能指导司法调解的顺利进行。

再次,民间法为法官拟订调解协议方案提供必要的参考,同时也为争议各方"讨价还价"提供了必要的尺度。在找到共同的话语平台并对案件的具体情况有了掌握后,最重要的是要有具体的、可供参考的调解方案。调解方案的拟定不同于判决书的制作,后者有着更为严格的形式和内容上的要求,而调解方案更像是一份契约,只不过这份契约是在法官的主持下,在充分了解、征求和尊重各方的意见、要求的情况下制定的协议,如果协议满足了各方的诉求,那么争议各方就会在协议书上签字,便使调解协议具有了正式法上的约束力和执行力。那么如何能让争议各方在司法调解协议上签字,从而顺利的解决纠纷呢?这就要求调解协议在最大限度内充分照顾到各方的利益,包括物质的和精神上的。

司法调解协议达成的过程是一个各方讨价还价的过程,无论是在调解协议拟定还是在为最终达成合意而讨价还价的过程中,民间法都起着非常重要的作用。其一,民间法是拟定调解协议重要的参考依据,协议的内容如何确定,涉及的利益如分配或调适,这些都需要根据争议的具体场域的关系、角色以及涉及具体行为规范来考察和判断。如果调解协议的内容同民间法相冲突,非但达不成协议,还会损害司法的社会公信力。如前面提到的因建房而引发的"风水"纠纷,尽管调解协议中不会出现这样的词句,但解决纠纷的出发点,包括寻找解决方案的依据都不能无视这样的民间法。其二,民间规范也是对争议各方进行博弈的一种限制。在调解过程中,各方不会无休止地争吵下去,而且调解过程也应该遵循相应的规范,包括国家法和民间法,其

第四章　司法过程中民间法作用的社会心理机制

中国家法提供的仅仅是原则性的规定，而民间法则具有针对性，对调解行为会形成具体的限制。

当然，调解不成功的结果是进入诉讼审理，那时将适用一套系统的严格的程序规则，而不像调解那样的开放，争议各方有充分的机会表达自己的看法和要求。在调解过程中，争议各方如果超出了民间法允许的合理范畴，其要求和做法自然得不到其他方及法院的认可。既然调解的目的是达成协议，解决纠纷，那么每一个参与者都应学会倾听其他人的意见和要求，应学会适当的妥协，这些同样也是司法调解场域中的民间法的具体要求。

最后，民间法在某种程度上还有助于促进调解协议的履行。既然调解协议是在自愿、协商一致的前提下达成的，当事人在上面签上了自己的名字就意味着接受了协议所确定的内容，表示愿意履行该协议。这在民间交往中同样被视为一条民间法规则，而"在一个特定的社会群体中，对它的违反将导致一种相对普遍的而且具有实际影响力的谴责性反应"[1]。因此，如果有其中一方在协议签收生效后又拒绝履行根据协议所应承担的义务或责任，那么悔约者将处于民间舆论不利的地位，用民间的话语讲就是"理亏"。考虑到这一点，国家法在制定关于司法调解的规则时，规定调解协议达成后签收前，当事人是可以后悔的，调解协议不发生法律效力，但此时除非有正当理由，否则反悔者在道德上将受到批评。基于此，民间法有助于促进当事人各方履行生效的调解协议。

总之，从司法实践中不难看出，司法调解运转并可成功达成协议以解决纠纷的案件主要涉及婚姻、赡养扶助、相邻关系以及一般的人身损害赔偿等日常生活中较为典型的民间场域关系。在这些因争议所形成的民间场域中，各关系参与人的角色是相对固定的并较为复杂的，许多国家正式法律所难以涵盖的关系或者争议内容唯有借助民间法才能妥善地加以处理。因此，在调解过程中，合理运用民间法可以拓宽调解途径，有效提高调解结果的接受程度，以利于纠纷的彻底解决，做到案结事息。

---

[1] [德]马克斯·韦伯：《论经济与社会中的法律》，张乃根译，中国大百科全书出版社1998年版，第231页。

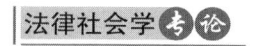

（三）司法调解中民间法作用的社会心理机制

1. 司法调解中的民间法与个体决策

个体决策是民间法作用于司法调解的社会心理机制之一。在经济学中，人被认为是理性的，以追求利益的最大化为行为的基本准则。社会心理学中的决策理论（decision-making theories）同经济学中的理性人假设有着相通之处，所谓决策，是指人们在对某些行动方案的知觉和具有正面的或负面的后果和成功的可能性等考虑的基础上作出抉择的过程。① 该理论认为个体会对不同行为的成本和收益进行评价，并选择其中最符合逻辑、最合理的一个。人们通常会选择那些成本最小而获益最大的行为。具体来讲，个体的决策会按照期望—效价心理机制来作出。因为期望—效价理论认为个体决策应在综合下属两个因素的基础上进行：①每一种可能的结果或选择的价值；②由决策而导致的每一个可能结果真是发生的概率或称为"期望"。②

在司法调解中，由于民间法的存在为当事人各方提供了平等对话的机会，基本上不会像对国家正式法律那样对民间法在理论或知识上出现"信息不对称"的现象，因此当事人对自己和对方的行为的性质和可能的解决方案会有较为清楚的认识，同时对自己的要求在对方那里可能的接受程度也会有一定的认知。尽管对于其中一方来讲，能最大限度地满足自己的利益诉求自然最为理想，但他同时也会清楚对方会在多大程度上满足自己的要求，如果超出了对方的接受范围，调解协议就无法达成，想要通过调解的途径达到最初的目的就会成为不可能。因此，在调解中当事人的最初的诉讼请求基本上都不会是过于坚决，而是会具有一定的弹性，以为调解中的讨价还价提供可调整的空间或妥协的余地。这既是当事人参与调解的一种技巧，也为调解协议的达成提供了可能。

个体决策中的期望—效价心理机制可以通过这样一个案例模型来展示：在一起人身损害赔偿的案件中，当事人甲不慎致乙轻伤，乙的利益损失额

---

① 章志光主编：《社会心理学》，人民教育出版社1996年版，第170页。
② ［美］泰勒、佩普劳、西尔斯：《社会心理学》，谢晓非、谢冬梅等译，北京大学出版社2004年版，第7页。

第四章 司法过程中民间法作用的社会心理机制

为 D（D 应该为一个相对确定的约数），假设 D1＜D＜D2，其中 D1 为损失的最低值，D2 为损失的最高值。若甲所期望得到的赔偿额为 d，且 d1＜d＜d2，其中 d1 为甲所能接受赔偿的最低值，d2 为可能的最高值。再假设侵权人乙所能接受的赔偿额为 d′，且 d1′＜d′＜d2′，其中 d1′为可能赔偿的最低值，d2′为可接受的赔偿的最高限额。根据决策理论可得知，d 与 d′之间存在着这样的关系：d1′＜d1、d2′＜d2；双方要想最终达成协议以解决纠纷，还应该存在这样的关系，即 d1＜d2′，并且 d、d′的值都应该在实际损失 D 的区间范围之内。我们从中不难看出，甲、乙之间在心理上所能接受的赔偿额其实是存在交叉部分的，即最终赔偿额 D′应该在 d1 与 d2′之间，即 d1＜D′＜d2′。而 d1 与 d2′之间的出现正是民间法作用的结果，法官要做的就是发现 d1 与 d2′并在此基础上拟订调解方案，只要最终确定的赔偿额在这一区间范围内对于甲乙双方来讲都是可接受的。至于最后 D′偏向 d1，还是偏向 d2′，这就看在具体的调解场域中双方各自掌握的谈判资本、谈判技巧甚至谈判的耐性了。

由于民间场域中的关系不同于单纯的经济交往关系，个体除了要考虑自己的利害得失外，在许多情况下还应考虑行为在具体的情境中的合理性，是否能为场域中其他参与者所接受或至少不排斥。有些情境下，个体甚至不能计较个人利害得失。这就需要个体结合具体的场域情境来选择该适用怎样的民间法，以平衡或协调好场域中与自己有关的各种关系。

在现实生活中，"人们常会用一些快捷的手段作出决定、形成判断，快速而高效的解决问题，而不总是严格依照推理的过程。并且很多判断或决定会被动机因素所动摇，比如情绪反应和个人目标"[1]。反映在司法调解过程中，表现为当事人一方可能基于某种偶然的原因，如突然同情对方的不幸或理解对方行为的无奈等而从根本上调整或改变自己最初的判断或诉求。这些同民间法给行为者以较宽泛的选择空间有很大关系，只不过它们属于民间法非常态的社会心理机制形式。

---

[1] [美] 泰勒、佩普劳、西尔斯：《社会心理学》，谢晓非、谢冬梅等译，北京大学出版社 2004 年版，第 7 页。

2. 司法调解与"和为贵"的心理机制

司法调解在解决纠纷、维护社会秩序方面发挥着不可替代的作用。在我国的司法实践中，通过司法调解的结案率很高，这也表明社会个体对司法调解的认可度很高。原因在于，司法调解这种方式本身符合中国人"和为贵"的社会心理。"和为贵"出自《论语·学而》，其原文为"礼之用，和为贵；先王之道，斯为美，小大由之"。意思是礼的作用主要是调和关系，先王之道是无论大事还是小事的处理都以追求和谐为最终目的。

"和为贵"的思想蕴含着深厚的哲学原理，它同时也是中国传统社会的一种交往伦理，至今仍是我们社会的个体社会心理机制重要的构成部分之一。"和为贵"的心理反映到司法调解中，主要有以下几方面的表现。

首先，在调解与判决两种程序的设置与选择上，司法调解优先于判决。《最高人民法院关于人民法院民事调解工作若干问题的规定》第1条规定，人民法院对受理的第一审、第二审和再审民事案件，可以在答辩期满后裁判作出前进行调解。在征得当事人各方同意后，人民法院可以在答辩期满前进行调解。这一制度性的规定正是对中国人社会心理的准确把握的基础上作出的。

自古以来，"打官司"大多都会被看作是不光彩的事，尤其在熟识人之间，那是很伤感情的。司法调解虽然是诉讼程序之一，但它毕竟不同于法官作出的司法判决，而是在判决前给纠纷各方提供了最后的协议解决的机会。因为协议解决是建立在协商和相互妥协的基础上的，由此达成的协议至少在表面上都照顾到了各方的感受和利益，易于为各方接受。

其次，与"和为贵"相类似的俗语还有诸如"得饶人处且饶人""退一步海阔天空、让三分心平气和"等，这些俗语承载着中国人几千年来的交往规范及交往心理。调解失败意味着各方要对其纠纷按"公"裁断，而官方的介入也意味着矛盾的进一步激化，今后各方很难再有进一步的友好交往。有趣的是，中国古代的官员在处理案件纠纷时，多数情况下都是按照基本的伦理道德来教化各方，其目的仍是挽回各方因纠纷而损伤的"和气"，一旦教化成功，不但化解了眼下的纠纷，而且在许多情形下能让纠纷各方言归于好，真正实现息事宁人。

第四章　司法过程中民间法作用的社会心理机制

如果纠纷当事人中有一方坚持要求判决，不接受调解甚至对方一定的妥协，即使判决达到了其预想的结果，那这个人也会给社会中的其他个体留下一种苛刻的印象，从而影响他在今后的社会交往。因此，"和为贵"是一种基于长远考虑的行为策略，司法调解则为实施这一策略提供了制度上的平台。

最后，个体在社会交往过程中，总会根据场域中具体的情景及本人的角色在各种互为关联的关系之间进行平衡，最终使自己的行为可以为各方所接受，或者在不同自己的角色相违的情况下或获益最大，或损失最小。但由于社会个体之间又是相互依赖而存在，这就要求个体在遵守各自行为规范的同时，还要协调与他人行为的关系，从而选择或调整自己的行为规范，来平衡、协调与他人的关系，在综合平衡场域中所有与自己有关的因素后，依据决策心理和行为的合理性限制作出行为。"和为贵"的心理有助于这种平衡状态的更好实现。

司法调解中"和为贵"的心理可以引导个体在争议之处作出适当的妥协，而调解协议的达成正是建立在相互间的让步基础之上的。既然协议是在"和为贵"的心理指导下达成的，除非有特殊的情况发生，当事人就没有理由不履行自己已经认可的协议内容。

3. 调解与民间法中的权威—服从心理

调解协议的达成完成了解决纠纷的关键一步，在协议的履行阶段民间法同样发挥着监督和促进作用。而从调解协议的达成至履行过程中，民间法及相应的权威—服从的社会心理机制同样发挥着非常重要的作用。社会心理学研究中的"服从"，是指由于受到外界压力，而使个体发生符合外界要求的行为。外界压力主要来自两个方面，一是他人，二是规范。[1] 其中的外界压力又被称为"合法权力（或权威）"，指的是社会赋予了卷入社会角色关系的一方更多的影响力，从而使另一方认为自己有服从的义务。[2] 根据这一含义可知，合法权力的来源主要有两种，即基于相互间的角色关系，如父母对子女、教师对学生以及交警对司机等，或直接来源于某种规范。

---

[1] 申荷永主编：《社会心理学：原理与应用》，暨南大学出版社1999年版，第141页。
[2] 章志光主编：《社会心理学》，人民教育出版社1996年版，第435页。

角色关系之所以可以作为合法权力的来源，根本还在于角色本身就代表着某种或一整套相应的角色规范，它同样属于规范的范畴。根据角色关系是否稳定并长期存在，可将合法权力分为稳定性的和临时性的合法权力两种。前者如父母对子女，上级与下级等之间，这种角色同身份关系是紧密相连的，只要存在相应的身份关系，那么个体相互间的角色关系也变相对固定，在具体的交往中的角色规范也相对稳定。临时性的合法权力则是同特定的情景相联系的，离开了特定的情景条件，临时性的合法权力就不复存在。如教授在课堂上会受到学生们的普遍尊重，但当他走上社会进行跟其教授身份无关的交往活动时，人们就不会像他的学生那样特别看重他的意见。由于民间法本身就包含了稳定的和临时的这两种合法权力的来源，而且司法调解中民间法在适用上较国家正式法具有更大的优越性，因此，可以说司法调解中合法权力的主要来源就是民间法。

相关研究已经表明，服从权威是人们非常稳固的心理机制。人在社会化的过程中，已从社会中很好地学会了这些，并将它们当作适应社会的手段在日常生活中使用。[①] 在国家正式的法律中也对此作了认可，如我国的《公务员法》第54条规定，公务员执行公务时，认为上级的决定或者命令有错误的，可以向上级提出改正或者撤销该决定或者命令的意见；上级不改变该决定或者命令，或者要求立即执行的，公务员应当执行该决定或者命令，执行的后果由上级负责，公务员不承担责任；但是，公务员执行明显违法的决定或者命令的，应当依法承担相应的责任。

在司法调解中及调解协议达成后的履行过程中，当事人受到权威—服从这一社会心理机制作用的影响主要表现为两个方面。

一是法院、法庭和法官的符号权威。美国著名的社会心理学家乔治·H.米德认为，在社会和个人的互动过程中，社会既非一套现成的标准和模式而强使个人接纳，个人也非一切外部刺激的被动的接受者。唯一可以确定的是主体可以把一切变成符号，从而在自己的想象中加以选择、组合、排演。[②]

---

① 章志光主编：《社会心理学》，人民教育出版社1996年版，第436页。
② 于海：《西方社会思想史》，复旦大学出版社2005年版，第369页。

对于普通的社会个体来说,法院、法庭和法官不仅仅是一座自然的建筑、一间普通的屋室和一位穿着特制袍子的审判者,这些所有相关的物件和人物表征着某种权力,某种可以决定他们命运或利益的权力。

尽管司法调解的场面较为缓和,但法官依然居间调处,其作为一种权力符号并没有因其更多的耐心与劝说而失去应有的象征意义。因此,法官主持司法调解以及达成的调解协议在当事人那里本身就带有很强的权威,这种心理机制也在很大程度上促进了调解协议达成和履行的成功率。

二是民间的舆论压力。人而无信,不知其可。不管当事人在调解过程中是否为"有理"的一方,一旦协议达成并进入履行阶段,那么他就得履行这一已经过自己同意的行为方案,否则他将面临很大的舆论压力。如果一方无端撕毁调解协议,那他很有可能会从最初"有理"的境地变成"理亏"的一方,难以再从社会舆论那里获得支持,并使自己陷入孤立,这就是民间法作用的机理。马克斯·韦伯说过,习俗的稳定性基本上建立在这样的基础上,谁要是不以它为行为的取向,他的行为就"不相适应",也就是说,只要他周围多数人的行为预计这个习俗的存在并照此采取自己的态度,他必须忍受或大或小的不快和不利。①

有学者认为,中国传统文化培育的国民性,有显著的权威性格倾向。②服从是个体面对权威的倾向性选择。就司法调解而言,尽管这种制度赋予了当事人各方充分表达自己意见的机会,但在许多人看来主持调解的法官依然是国家权力的象征符号,依然是权威的载体,基于对这种权威的顺从甚至慑服,调解协议的达成及履行也就更加顺畅了许多。

总之,个体行为总是受其社会心理支配或制约的,司法调解在我国的司法实践中被广泛运用,这跟我们社会中的个体的社会心理机制有密切的关系。认识到这一点,才能更好地理解和完善我国的司法调解制度。

---

① [德]马克斯·韦伯:《经济与社会:上卷》,林荣远译,商务印书馆1997年版,第60页。
② 韦政通:《中国文化与现代生活伦理思想的突破》,广西师范大学出版社2005年版,第71页。

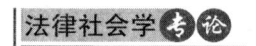

三、"找关系"的规范性及其社会心理学分析

（一）"找关系"：司法活动中不可忽视的民间法

"找关系"是中国社会极具特色的现象之一，也是影响个体行为的重要规范形式。在司法活动中，"找关系"表现得非常突出，其负面作用是不言而喻的。在这里，"关系"一词所具有的深层含义只有在中国社会中有过长期生活经验和人际交往经历的人才能领悟到的。梁治平在其随笔《沉重的"关系"》一文中为我们讲述了坐出租车也存在讲"关系"的亲身经历。他在该文中尖锐地指出，"如今谁不知道'关系'的重要性？升学、考试、就医、升迁、打官司，小到衣食住行，大到生老病死，哪里不看'有没有人'？而且不仅个人的生活需要'关系'，组织和机构的发展也不能没有'关系'。'关系'是这个社会的润滑剂，是这个社会的律则"[①]。可见"关系"在中国社会人际交往中发挥着特殊而重要的作用，这已经成为人们共同认可的一种社会心理和行为规范。的确如此，在许多人那里，不管他的社会身份或者知识构成等如何，当他遇到事情需要办理、问题需要解决时，他的第一念头可能就是这其间有无"熟人"可帮，有无"关系"可找。这已经不单纯是一种心理现象了，而是实实在在地影响着人们的交往行为和交往关系。在具体场域包括在司法过程中，"找关系"也是对交往主体的行为选择起着重要作用的规范心理与规范形式。

所谓"找关系"是指当人们处理某事特别是要获得某种利益，但仅仅依靠自己现有的条件与资源或者通过一般的渠道和方式难以实现时，人们会试图在现有的关系网络中寻找可以提供帮助的人，或者通过该关系网络再行建立新的关系以协助自己实现自己的利益追求。此时，"关系"对于人们来说就是一种重要的、可以利用的社会资源。"找关系"也成为一种实际指引和影响人们思维观念和行为方式的重要而特殊的民间法规则。

在现实生活中，"关系"的类型主要有两种，一是长期的或情感性的"关系"，如基于血缘、婚姻等而形成的，或认识很久的朋友、同事或战友

---

① 梁治平："沉重的'关系'"，载《教师博览》2005年第8期。

等，这种类型"关系"的建立是个体生存和进行社会交往的必要内容，其中包含着某种情感性的因素。二是临时的或工具性的"关系"，这种类型的"关系"多是基于某种功利目的，个体为获取某种利益而需要借助他人所掌握的某种资源时，临时通过某种渠道或方式在自己和求助对象之间建立起来的"关系"。

"关系"的建立可能会基于多种原因和方式。费孝通认为中国传统社会结构是一种具有伸缩能力的差序格局，在这种格局中，"社会关系是逐渐从一个一个人推出去的，是私人关系的增加，社会范围是一根根私人联系所构成的网络"[①]。社会个体要基于血缘或地缘关系的亲疏来选择不同的交往方式，这同样适用于我们现在社会中的人。只不过当今社会中形成"差序"的标准已不限于血缘和地缘关系了，同学、同事、战友等都可以作为建立"差序"的联结点，并且，无论事实上多么疏远，只要个体需要，他都会尽量地去寻到合适的联结点加以联结、产生关系。

建立"关系"的重要（也许不是唯一的）目的就是要"找关系"，以此达到自己的某种目标或获取某种利益。而一旦关系得以建立，便意味着他拥有了一种潜在的社会资源，为今后利用这种资源获得利益提供了可能。由此可见，"关系"在这里主要是作为一种可以用来实现某种目的的手段或工具。

一般来讲，当行为主体需要从他人或社会获得某种利益，满足某种需求时，社会本身大都已经为他提供了相应的途径和机制。但或许由于某些原因，如客观上社会提供的那些途径和机制不顺畅或主观上有着特殊的想法和需求使得他难以实现预期的目标，那么"找关系"便成为可供选择的行为方式。尽管主体通过"找关系"试图实现的目的或利益可能本身是正当的、应得的，但毕竟"找关系"不是也不应当作为一种主体实现其目的或利益需求的正常机制。这将给社会主体之间的交往以及整个社会机制地有效运转带来许多负面的影响。

司法是解决纠纷、协调利益关系的重要的社会机制。司法过程中，当事人"找关系"的目的主要是希望通过这种方式来让法官支持自己的诉讼请

---

① 费孝通：《乡土中国 生育制度》，北京大学出版社1998年版，第30页。

求,保护或增加自己的利益,并且一般来讲,试图通过"找关系"来达到自己在司法活动中目的的行为主体其利益要求多数是不正当的,或者超出了其应当受保护的范围。虽然不排除当事人仅仅是为了保护或实现的确属于自己正当利益而"找关系",但这种行为方式本身对于司法的影响也是负面的。因此,"找关系"这种特殊的民间法规则在很大程度上会对司法造成很多不利的影响。主要体现在以下几个方面。

首先,"找关系"极大地损害了司法的形象和权威。司法作为国家治理社会的一种重要机制,维护其良好的形象和充分的权威是非常必要的。"以事实为依据、以法律为准绳"一直都是司法审判的基本准则,这也符合法律面前人人平等的基本原则,它要求法官在审理案件时要严格的根据法律规定来对个案进行公正的裁决,最终维护当事人的合法权益,有效化解社会纠纷和矛盾。"找关系"本身是对司法形象的玷污和对司法权威的蔑视。

其次,"找关系"严重影响了司法公正的实现以及民众对司法公正的认识。司法公正要求司法审判的一切能够公开的程序都必须公开进行,给了当事人各方陈述意见和进行辩论的权利,以大家都"看的见"的方式来实现司法公正。"找关系"在绝大多数情况下都是暗中进行的,如果关系运作成功,那么它对司法的影响也是秘密的,这也是所谓的"暗箱操作"。当这种现象发展到一定程度就会影响到人们对司法公正的认识,甚至可能导致当事人各方都通过关系运作来干扰司法的"恶性循环"。有学者指出:"现实社会一定意义上,司法不公已经成为一种社会的心理认知,'吃了原告吃被告'的司法机关在某种程度上已'定格'在人们心目中,有了这种心理认知的人们自然不会"坐以待毙",而更愿意积极投身于'找关系''拉关系''托人情'的轻车熟路上来谋求自己心目中的'理'和'利'。"[①]

最后,"找关系"是造成司法腐败的重要原因之一,侵蚀了法官的职业道德和社会形象,从而败坏了社会风气。"找关系"大多伴随着请托送礼等不正当的交往方式,尤其在一些关系当事人巨大利益的案件中,通过向法官

---

① 吴春娅、陈香酥、张秋艳:"转型中国的关系运作和司法权威",载《邢台职业技术学院学报》2006年第2期。

第四章　司法过程中民间法作用的社会心理机制

行贿来达到自己的不正当目的也很常见。如 2006 年案发的深圳市中级人民法院破产庭前后几任庭长腐败案，就是因为法官的裁决关涉破产案件当事人巨大的利益分配，所以通过向法官行贿利用法官手中的司法权力来牟取利益成为当事人首要的行为选择。

尽管《法官职业道德基本准则》中明确规定，法官不得接受当事人及其代理人、辩护人的款待、财物和其他利益，但如前面指出的那样，法官同样也是众多社会个体中的一员，有着普通人一样的欲求和社会交往，因此，受到利益的诱惑而放弃对法律的忠诚，抛却职业道德规范的约束也就不难理解了。这显然会导致司法腐败案件不断出现，同时也在很大程度上败坏了社会风气。

贺卫方曾指出，法官当然也是生活在社会之中的一群人，他们也是衣食男女，有着与常人相同的生活需要。但是，考虑到他们负担的特殊使命，为了保证司法的公正，他们应当与一般的社会尤其是所在社区保持适度的分离，以避免千丝万缕的人情网、关系网影响到司法天平的平衡。[①] 这一建议过于理想化，因为在我们的社会中，让法官同社会（区）保持适度的分离，无论从制度上还是在现实中都是很难甚至无法做到的。

（二）司法过程中"找关系"之社会心理

"找关系"会给司法活动带来许多负面影响，但在我们的社会生活中却无法彻底消除这一现象的存在。一位法官曾告诉我，在审判案件的过程中，与案件相关的事实不难查清，适用法律也不存在多大的问题，麻烦主要来自于案件之外的人情与关系。有时审理一个案件，当事人为赢得官司，可能会通过多种渠道寻找到"关系"来向法官施加压力。这往往会让法官感到非常的头疼，而这在中国的司法实践中多有发生。原因之一在于"找关系"这一民间法规则有着完整而严密的社会心理机制来具体实施其作用。

1. 民间法与"爱有差等"

民间法存在与作用样态同社会结构的类型密不可分。费孝通认为，我们

[①] 贺卫方：《司法的理念与制度》，中国政法大学出版社 1998 年版，第 8 页。

的社会结构是一种差序格局,"是好像把一块石头丢在水面上所发生的一圈圈推出去的波纹。每个人都是他社会影响所推出去的圈子的中心。被圈子的波纹所推及的就发生联系。每个人在某一时间某一地点所动用的圈子是不一定相同的"①。在这样的社会中,每位个体都以自己为中心将周围的人划分为不同的圈子或类型并区分出"亲疏远近"加以对待。差序格局可以看作是儒家"爱有差等"思想的社会表现形态,而从社会心理学的角度来看,"爱有差等"就成为影响个体社会行为选择重要的社会心理机制之一。"找关系"之所以能够大行其道,这与"爱有差等"的心理机制不无关系。

第一,"爱有差等"是中国传统伦理道德的重要内容之一,是维系宗法关系的基本准则。而在现代社会中,"爱有差等"已经突破了原来较为狭窄的以血缘宗法为核心的关系范畴,而扩大至任何一类角色关系中。其划分"差等"的标准也更为灵活,多是个体根据自己的情感或需要来区别周围那些与自己存在不同角色关系的个体的亲疏远近,并以此来决定自己的行为选择。

基于此,各国诉讼法都规定了法官回避的情形。如我国最高人民法院在2011年颁行的《最高人民法院关于审判人员在诉讼活动中执行回避制度若干问题的规定》第1条规定,审判人员有下列情形之一的,应当自行回避,当事人及其法定代理人也有权以口头或书面形式申请他们回避:①是本案的当事人或者与当事人近亲属关系的;②本人或者其近亲属与本案有利害关系的;③担任过本案的证人、翻译人员鉴定人、勘验人、辩护人、诉讼代理人的;④与本案的诉讼代理人、辩护人有夫妻、父母、子女或者兄弟姐妹关系的;⑤与本案当事人之间存在其他利害关系,可能影响案件公正处理的。从这一规定中可以看出,国家法对各类可能存在"爱有差等"现象的关系及其对司法公正的影响已经有了足够的认识。

第二,"爱有差等"是个体在信息不对称情形下较为理性的选择,它同个体决策心理不谋而合。经济学中信息不对称理论认为,市场中交易双方所掌握的信息往往是不对称的,当一方拥有对方所不具备的信息时,这一信息

---

① 费孝通:《乡土中国 生育制度》,北京大学出版社1998年版,第26页。

第四章　司法过程中民间法作用的社会心理机制

不对称本身就会影响双方如何行动。一般而言，一方占有的有效信息越多，他在交易中就越占据有利地位并利于获取更多的利益。但信息的获取不是免费的，需要行为者付出相应的信息成本。个体在进行社会交往时也需要对交往对象和交往内容的相关信息有较为充分的了解，如何用更小的成本获得更多的信息是个体决策必须考虑的问题。此时"爱有差等"这一心理恰恰满足了个体的这一需求。

个体对不同交往主体"有差等"的"爱"意味着他对交往对象的了解程度或掌握的信息多寡不同。而信息的掌握往往是在个体长期的社会交往过程中实现的，无须再为了解交往对象的有关信息而支付额外的成本。根据"爱有差等"的心理去选择交往对象，个体也更易于对交往的结果作出更为准确的预测，这便同个体的决策心理不谋而合了。

司法过程中个体"找关系"的对象在许多情况下也是遵循"爱有差等"的心理。这时，对于"找关系"者（或称为请托人）来讲，除了要考虑"关系"的有效性即在多大程度上可以帮助自己实现某种目的外，他还要预测一下所找的关系对象同自己的亲疏程度或"可靠性"。与此同时，被找者（或称被请托人）也会根据"爱有差等"的心理来衡量一下自己同"找关系"者的亲疏以及在多大的程度上利用自己掌握的相关资源来满足其请托。一旦请托成功，对于"找关系"者来说就意味着在司法过程中占据了优势地位。而且相对于按照正常司法程序解决纠纷的方式，"找关系"在大多数情况下是"划算"的。

第三，"爱有差等"也是社会信任机制形成的心理基础。社会心理学家发现，信任是人们在社会生活中不可或缺的内容，无论是人际信任还是制度信任，它折射出人们对人类本性的基本信念，也影响到人际交往中的预期和决策。人际信任是个体对交往对方的合作性动机与行为、行为与角色规范之间出现因果连带的可靠性预期。[1] 然而，不同的社会存在不同的信任机制，就中国人而言，信任的基石更多的是建立在血缘、姻缘和地缘等基础之上。换

---

[1] 杨宜音："'自己人'：信任建构过程的个案研究"，见郑也夫、彭泗清等：《中国社会中的信任》，中国城市出版社2003年版，第45页。

言之,我们社会中的个体间的相互信任同"爱有差等"的心理有着千丝万缕的内在关联。

在社会交往过程中,个体会根据亲疏远近来划定自己信任的对象及圈子,并将那些"信得过"的交往主体视为可以在需要时获取帮助的"自己人"。个体会根据对交往对象的信任程度来选择自己的交往内容和行为规范,那些属于"自己人"范畴的对象往往也是自己较为亲近的人。司法过程中的"找关系"就是要通过某种渠道或方式来找寻可以"信任"并能够切实帮助自己的对象。这些对象在多数情况下是个体根据"爱有差等"的心理来确定的。

在现今的社会交往中,随着宗法关系的不断解体和淡化,"爱有差等"的心理以及与之相应的民间法已经不似古代社会中表现得那样强烈。尤其是随着功利主义的盛行,各种角色关系中情感性的因素也不断弱化,"爱有差等"的心理在许多场合中已无法单独实现"找关系"的目的。

2. "找关系"与个体间的社会交换

社会经济的发展必然影响到人际交往的内容和规范。社会交往所形成的关系中情感性的因素逐渐被淡化,功利性色彩却不断增强。因此,仅凭借"有差等"的"爱"很难达到"找关系"的目的,"找关系"的社会交易属性却愈加凸显。换言之,"找关系"已演变为个体间社会交换的重要方式之一。

社会交换以功利主义为原则,是个体为达到某种目的而付出一定的代价,以获取握有某种资源的个体的支持或帮助。至于个体付出的代价和对方所掌握的资源的内容已不限于物质方面的利益,而是需要根据交往的具体内容、情景和交易双方的实际情况来确定。如在司法过程中,当事人一方"找关系"的目的可能是让法官支持自己的诉讼理由和请求,以获取某种物质的或精神上的利益(也许是不应该获得的)。

司法活动中的"找关系"是社会交换的重要表现形式之一。黄光国认为,"在像中国这种关系取向的社会里,个人所拥有的社会关系也是一种十分重要的权力。资源支配者在考虑是否要'做人情'给对方时,除了考虑自己付出的代价和对方可能的回报之外,往往还会考虑:对方的关系网内到底有哪些人物?这些人物对自己有多大的影响力?如果对方'结交尽权贵,往来无白丁',而且这些权贵对自己又有直接的影响力,资源支配者在考虑他们的可能回应后,便可能'不看僧面看佛面',屈从对方的请求。反过来说,如果对方家世寒微,又没有良好的关系,资源支配者便很有可能推拒他的求情"[1]。也就是说,"关系"在我们的社会交往中可以作为一种联结社会交换的纽带,"找关系"的同时便在寻找者和被找者之间产生了相应的社会交换。

从社会心理学的角度来讲,任何的社会交换都是为了满足交换主体某种需求。个体为了满足生存和发展的需求必然要进行各种不同方式和内容的社会交换。霍曼斯认为刺激人们活动的方式不但包括货币和商品,还包括对人们的奖赏、尊重、爱戴以及其他一些非物质性的或象征性的标志。[2] 当个体参与到司法活动中时,金钱、名誉、良心甚至仅仅为了"争口气"等都可以作为其行为的出发点或追求,同时也可以作为"找关系"这样一种社会交换的内容。

既然是交换就必然存在相应的交换规则。但是国家法对于"找关系"这种社会交换不但没有加以规定和保护,而且因其与法律的公正原则相背离而加以禁止。因此,"找关系"遵循的主要是民间交换规范。即便如此,这类交换所遵循的规范原则在大多数情形下同市场交易的公平原则是一致的。虽然交换的内容非常广泛,有些是无法用金钱来衡量,但交换双方总能根据某一标准来确定交换的成交价格。如果价格过高或过低都会影响此次交换的成功和后面的交换是否进行。

3. "找关系"与个体对司法公正的偏见

司法作为一种公力救济,被认为是解决人们纠纷的最后救济机制。当人们之间的纠纷经过了司法处理之后,意味着纠纷处理的使命便最终完成。[3]司法也是一种专门的权力活动,它对当事人的切身利益会作出一种权威性的裁决,任何个体对此都会有所认知。因此,一旦个体的某种利益纠纷被交由司法来处理,那么如何让司法权的运作对自己有利便成为个体必然的追求。

---

[1] 黄光国:"人情与面子:中国人的权力游戏",见黄光国、胡先缙:《面子——中国人的权力游戏》,中国人民大学出版社2004年版,第127页。
[2] 张敦福主编:《现代社会学教程》,高等教育出版社2001年版,第58页。
[3] 谢晖、陈金钊:《法理学》,高等教育出版社2005年版,第280页。

司法制度的设立并没有排除或拒绝纠纷主体的参与，并为其在司法中充分表达自己意愿和维护自己的利益提供了足够的制度保障。司法公正也被视为司法的生命。因此，个体本应该对通过司法来保护或实现自己的利益充满信心。然而"找关系"的社会心理和现象的存在恰恰体现了个体对司法公正性的不信任或偏见。

在社会心理学中，偏见（prejudice）是对某一个人或团体所持有的一种不公平、不合理的消极否定的态度。① 偏见作为个体的一种心理机制，其对象还应包括某种事物或社会现象。个体会根据其对某一行为对象的偏见来决定自己的行为方式。偏见一旦形成，便会具有广泛的破坏力，同时也会影响人们对信息的加工。② 这样便可能会导致个体作出失当的行为。司法过程中的"找关系"心理或现象表明了个体对司法公正的偏见，而这种偏见的形成也绝非是毫无根由的。个体对司法公正的偏见主要包括以下几方面的因素。

一是社会群体间的利益纠纷通过司法解决时，在自认为是弱势一方的当事人那里，法院会被视为握有权力的"强者"，而"强者"多是会站在强势一方来维护其利益的。也就是说，个体认为利益冲突各方之间在社会地位上是不平等的，在司法中同样也难以获得公正的对待，从而会导致弱势一方对司法的敌视。在社会心理学家那里，"敌视导致对对方的否定性情感和心理"③。

二是个体社会化过程中，个体会因为某次不寻常的经历而对所经历的事物形成刻板印象。所谓刻板印象，是人们对某个特定群体或社会阶层的成员共有的特征所持的观点。④ 如果个体在某次同司法或法官打交道的经历中损失了利益，并且他有理由认为那是由司法过程中存在的不公平因素所致，那么他从此就会产生司法或法官是不公正的刻板印象。

三是个体的人格和独特的心理因素。在同一社会文化氛围中成长起来的

---

① 乐国安主编：《社会心理学》，南开大学出版社2003年版，第200页。
② [美]泰勒、佩普劳、西尔斯：《社会心理学》，谢晓非、谢冬梅等译，北京大学出版社2004年版，第186页。
③ 乐国安主编：《社会心理学》，南开大学出版社2003年版，第200页。
④ [美]泰勒、佩普劳、西尔斯：《社会心理学》，谢晓非、谢冬梅等译，北京大学出版社2004年版，第182页。

人们在偏见倾向上并非一致，而是存在很大的人际差异。偏见同个体某些独特的心理作用与心理感受有关。弗洛伊德认为，偏见是一种人类倾向于投射的功能。我们所有的人都有把自己不受社会赞许的欲望投射到他人身上的倾向，即想看到别人做我们最害怕被抓住的事情。① 个体也会将自己的某种想法投射到对方身上，以己之心揣测对方之心，这也是偏见形成的重要原因之一。

司法活动中的参与者都会对司法持有相应的认知，同时也会在不同程度上对司法形成某种偏见。"找关系"正是对司法不公正这一偏见的行为反应，其目的无非是要通过非正常的渠道来达到自己的目的。

4. 自私自利之心理与"找关系"

无论是"爱有差等"还是单纯为了某种社会交换，"找关系"的最终目的还是实现个体的某种目的。换言之，个体自私自利的心理最终决定了个体"找关系"的主动性和努力程度。在我们的社会中，自私自利向来是受到批判的，但它作为一种心理机制却对个体的行为发挥着实质的影响。俗语讲，人不为己，天诛地灭。对于个体的这一心理我们并不打算从伦理或价值层面作出判断，而是采取行为主义的研究方式，根据个体的社会行为来推测其背后的心理机制。

自私自利是一种普遍的心理和社会现象。费孝通早就指出，"说起私，我们就会想到'各人自扫门前雪，莫管他人瓦上霜'的俗语。谁也不敢否认这俗语多少是中国人的信条。其实保有这种态度的并不只是乡下人，就是所谓城里人，何尝不是如此"②。休谟在论证自私与正义的关系时，对人的自私本性也毫不隐讳地揭示出来，他认为"自私是建立正义的原始动机；而对于公益的同情是那种德所引起的道德赞许的来源"，"正义只是起源于人的自私和有限的慷慨，以及自然为满足人类需要所准备的稀少的供应"。③ 也就是说，自私自利的心理是普遍地存在于个体之中的，不因生活的地域和方式的

---

① 乐国安主编：《社会心理学》，南开大学出版社2003年版，第203页。
② 费孝通：《乡土中国 生育制度》，北京大学出版社1998年版，第24页。
③ [英]休谟：《人性论：下册》，关文运译，商务印书馆1980年版，第540、536页。

不同而有本质上的区别。但这并不能作为一种道德评判标准，因为任何的无私与自私都是相对的，都需要在具体的语境和情境中加以比较才能得出价值上的判断。民间法指导人们在具体的场域中选择最合适的行为，而最合适的便也是最有利于自己的，是个体在充分考量了各种因素和可能的影响之后所作出的选择。从这一角度上讲，自私自利是理性人必然具有的心理机制，它同个体决策心理也是一致的。

四、司法民意的规范属性及其社会心理成因

民意不单单是一种群体心理现象，它同样具有规范的属性。司法民意虽然与法律的适用有直接关系，可以看作是群体法律意识的体现，但是司法民意的形成不单独是法律因素的作用，它还包括了许多政治的、文化的乃至情感的等因素在内。就像伊·亚·伊林指出的那样，"绝不能简单化地把规范法律意识视为对制定法的某种正确认识。规范法律意识总的来讲就不能被简单化为一种'认识'，但它包含了心理生活的全部功能：首先是意志，而且是经过精神熏陶的一致；其次是情感、想象力以及人的一切文化的和经济的心理机能"①。总之，司法民意是一种非常复杂的社会心理现象，同时它还具有民间法的属性。

（一）民意的民间法属性

民间法中的"民间"一词既包含具有民间场域属性的现实关系网络之义，也包含对占据着政治统治权力合法性或正当性的评判，对官方场域形成其特有的影响力之义。换言之，我们经常所说的民间与国家（或官方）之间是一种相互影响的动态关系。民间法在某些情况下要受到国家法律的规制，同样，官方场域关系中的权力行为不能无视民间场域中普通民众的意愿及其为之切实遵循的各种规范。孟子讲，"民为重，社稷次之，君为轻"。不管在政治实践中这一带有标语性质的理念是否真正为掌权者所尊重，民间的力量、意愿和规范对于官方场域中的行为者来说都是不可忽视的。

那些源于民间普通民众对官方行为及官方同民众之间关系的要求或看法，

---

① ［俄］伊·亚·伊林：《法律意识的实质》，徐晓晴译，清华大学出版社2005年版，第10页。

而表现在民众同官方发生具体交互关系过程中的那些规范同样是民间法的存在形式之一。普通民众可能会基于其所认可的民间法,对官方行为表达自己的看法或意愿。当这种表达在一定的社会范围内形成一定的规模,成为一种舆论性的力量时,便形成了我们常说的民意。

其实民意只是一种民众意愿有规模地表达,导致民意产生的真正原因是存在于民众心中并为广大民众所普遍认可的民间法。因此,民意在很大程度上已经超出了舆论或群体意思表示的范畴而具有了规范性的意义,此即民意的民间法属性。民意的规范性主要体现为:一是民意是一定群体就某一社会事件向统治者所发出的一种吁请,而这种吁请又会在不同程度上影响到民众对政权统治合法性的认可度,一份无形的"政治契约"要求当政者不能无视民众的这种意愿表达,从而对有关政治机构的行为选择形成某种压力,要求它们给出合理的回应。这是从政治哲学的角度体现民意的规范性。二是民意同社会群体关于公平、正义等价值取向密切相关,而这些价值理念往往又是绝大多数民间法规则存在的价值基础,一旦某种社会现象或事件有违这些价值诉求,便意味着也同时违背了民众所认可并践行的民间法。所以从这个意义上讲,民意是对价值与规范的维护,同样可以视为一种约束人们行为的规范形式。

因此,民意实质上是一种源自民间的规范形式。无论是政治权力机构还是民众的行为都不能拂民意过甚,否则都将受到方式与程度不同的惩罚或制裁。司法作为裁判纠纷的权力机构,其运行过程中同样不能忽视民意这样一种特殊的民间法的作用。近年来发生的诸多具有社会影响的案件及其审判都非常明显地体现了民间法的这一作用。

(二)司法民意的社会心理成因分析

1. 心理契约对司法民意的影响

民意是一定社会范围内的民众对某一社会事件或社会问题倾向性的评价或态度。根据社会心理学的理论,司法民意反映的是群体对某一案件审判的某种期待或要求,而这又与社会个体间的心理契约有很大的关系。谢恩(E. H. Schein)认为,在正式群体中,每个成员相互之间存在的没有明文规定的一整套期望就是契约。这些期望可能是人们对物质利益的要求，而对精神上、心理上的期望就构成群体内部的心理契约。[①] 心理契约的内容是群体中的个体相互间必须为对方付出什么，应该遵循怎样的行为规范等的一种主观信念。

心理契约同民意都属于意识的范畴，差别在于民意是针对具体的社会事件或现象而产生，它存在的期限较短，但会对其所指向的对象形成一种规模性的舆论压力，从而可能会左右该事件或现象的进展方向和最终结果。但是，民意产生的前提是心理契约的存在。在现实生活中，个体不仅要应对涉及自身利益的事件，还会对一些虽与己无关但感兴趣的社会事件或现象表达自己的看法。心理契约作为一种规范的主观存在，是个体在此类场合中表达看法的原始动力和基本依据。因此，心理契约是司法民意产生的深层原因和重要心理机制。

心理契约的形成不像市场交易中合同之签订，也不以获得某种现实的利益为契约目的，它是个体在长期的社会交往中自觉建立起的对相互间行为选择的预期。因此，心理契约形成的依据主要是民众的生活经验、伦理道德、价值取向和风俗习惯等。心理契约可以看作是社会个体间相互"规训"（福柯语）的结果，违反这一契约同样也会伴随着某种形式的惩罚。因为个体的行为一旦违背了所生活于其中的社会规范（包括法律、习惯和伦理等），也就意味着在某种程度上它违反了社会个体之间业已达成的心理契约。违反合同时要承担违约责任的，个体违反了心理契约同样也会受到相应的惩罚。惩罚的表现则包括群体中的其他个体产生愤怒、排斥等心理反应，以及要求对违约者进行惩处的心理需求。违法犯罪行为更是对群体早已达成共识（包括心理和实践上）的某些行为和交往规范的违背，因此，要求司法机关对这种行为进行惩处便是一种自然的社会心理反应。

例如，在原国家食品药品监督管理局前局长郑筱萸贪腐案中，民众表达出了要求严惩郑筱萸的强烈意愿。而就在郑筱萸被执行死刑后的第二天（2007年7月11日），《人民日报》以"危害巨大，依法当诛"为题发表评

---

① 乐国安主编：《社会心理学》，南开大学出版社2003年版，第391页。

论员文章,认为郑筱萸伏法,是法有明文、刑当其罪、罚合其责,它充分体现了人民群众的意志和愿望,充分体现了法律公平正义的精神。由此可见,郑筱萸一案的判决既体现了国家对官员腐败问题的坚决态度,又顺应了社会中的普遍民意,其中前者主要属于政治上的考量,而后一因素才是我们所要讨论的问题。要求严惩郑筱萸的司法民意与其说是基于对民众用药安全的所形成威胁,不如说是因郑筱萸的行为严重挑战了民众对高级官员腐败堕落的容忍度,从而引起了社会民众的普遍愤怒。这从社会心理学的角度来看,可以视为对郑筱萸严重背离了人们对腐败和药品安全现状所形成的心理契约而给予的惩罚。

在人们的社会意识中,违反法律并不一定就等于违反了个体间的心理契约。在某些情形下,人们会根据心理契约的内容认可甚至同情某一个体的违法行为,并且如果该个体面临法律的惩罚时,人们会通过司法民意的作用方式来影响司法审判,要求国家正式法律对该个体的行为给予"宽大处理"。再如崔英杰案中,许多人(以网民为代表)认为在当时的情境之中,崔英杰的行为选择并没有背离心理契约的要求,法院不应按照一般的故意杀人罪等同处理。至于人们对父母杀死不肖子女等"大义灭亲"之举的理解并吁请法院从轻处理的报道也不断见诸报端和网络,它们同样都反映了心理契约对民意以及民意对司法的影响。

总之,心理契约是民意形成的心理前提。司法过程中,个体行为之于心理契约的反应情况或程度决定了司法民意的产生和内容,而惩罚(或严惩)、同情或吁请从轻判处则是司法民意经常包含的内容。

2. 社会影响与司法民意的形成

个体的行为无时不受着社会的影响,群体的背景、个人之间的交往、大社会的文化环境,乃至个人所处的人为物理条件,都会对个人的行为发生种种性质不同的影响。[1] 所谓社会影响是指在他人作用下,引起个体的信念、态度、情绪及行为发生变化的一种现象。[2] 在具体的交往过程中,个体行为

---

[1] 章志光主编:《社会心理学》,人民教育出版社1996年版,第419页。
[2] 申荷永主编:《社会心理学:原理与应用》,暨南大学出版社1999年版,第126页。

的选择在很大程度上会受到社会影响心理机制的作用。如一个大男子主义作风很强的男士在家庭中会对妻子颐指气使，而当他面对工作单位上的领导时，却表现得毕恭毕敬或者谨小慎微。同样，一贯文质彬彬的教授在足球场上观看比赛时，可能会跟周围的观众一样对裁判的某次判罚表达强烈的不满之意，甚至会参与制造球场骚乱。这些都是个体受到社会影响的结果。

从众是社会影响的重要表现形式之一，同时也可以用来解释司法民意形成的心理原因及作用方式。从众的心理和现象本身就是民间法作用于司法活动并形成司法民意的社会心理机制。从众是指个人的观念与行为由于群体的压力（真实的或想象的），而向与多数人相一致的方向变化的现象。[1] 社会心理学家认为，从众行为是由于在群体一致性的压力下，个体寻求的一种试图解除自身与群体之间的冲突、增强安全感的手段。实际存在的或头脑中想象到的压力会促使个人产生符合社会或群体要求的行为与态度。[2] 当然，从众也可以在人们没有意识到的情况下发生作用，使人不自觉地跟随多数人的行动。

迈尔斯（Myers）指出，同一种从众行为从心理上可以分析为两种不同的变式：一为表面的顺从，一为内心的接受。[3] 前者是指表面上的从众，此时个体可能会由于某种群体压力，如在正式的场合要穿西装、打领带，大家都这样做而"迫使"个体也勉强这样做。后者是指个体在信念上和行动上都认可大家的观点或行为而表现出的真实地从众。

司法过程中民意的形成要达到一定的规模方可，这就需要有相当数量的个体都在某段时间内，集中对某一案件表达较为一致的看法或意愿，从而对该案的审判施加压力。由于性格、爱好和行事方式的差异，所以并非每位个体都会主动地对处于司法审判中的案件表达自己的看法或意愿。也就是说，在民意的形成过程中就必然会存在部分个体的从众现象。从众的方式也包括顺从和接受两种。如在崔英杰案中，崔英杰所在家乡村民委员会向法院提交了该村村民联合签名的求情信，我们很难说其中每一位村民都是主动地在求

---

[1] 章志光主编：《社会心理学》，人民教育出版社1996年版，第420页。
[2] 时蓉华：《社会心理学》，浙江教育出版社1998年版，第377页。
[3] 同上。

情信上签下自己姓名的,因为很多村民可能对崔英杰案的详情根本就不知晓或者不愿参与这种行为,但碍于情面(毕竟是本村人)或迫于村民舆论的压力而选择同大家保持一致,在求情信上写上了自己的名字。

由此可见,司法民意在某些情况下同政治心理学所研究的民意和投票行为一样,其所表达出的意愿或结论的真实性是值得怀疑的。况且司法独立原则要求法官忠于法律规定,不应受到来自法律之外的影响,所以司法民意在司法审判中至少在制度上是不被认可的。如我国《法官职业道德基本准则》第2条规定,法官在履行职责时,应当忠实于宪法和法律,坚持和维护审判独立的原则,不受任何行政机关、社会团体和个人的干涉,不受来自法律规定之外的影响。

3. 归因偏差与司法民意的真实性

个体的社会认知会受到许多因素的影响,而人们对这些不同影响因素的解释又会直接影响到个体的社会认知,这是一个双向互动的过程。"某一个体的行为对于不同的人会具有不同的意义,人们往往根据行为所发生的情景,就行为者的动机和意图进行推理性的分析"①,以便进一步地作出有效的决定,采取必要的行动。这就是社会心理学上所讲的归因理论。所谓归因(attribution)是指人们对他人或自己行为原因的推论过程。具体地说,就是个体对某一事件或行为结果的原因的解释和推论。归因从总体上可以分为两种:一种为自我归因,即对自身行为结果的原因的知觉;另一种为人际归因,即对他人行为结果的原因的知觉。在这里我们主要在第二种意义上来使用归因理论。归因是个体社会认知活动的一个重要组成部分,其目的在于预测、评价交往对象的行为,以便对交往行为的内容和交往方式加以控制,使之符合自己的目的要求。因此,归因心理必然伴随着个体的行为,并为其提供指导。

归因理论假设,人们会以理性的方式来处理所得的信息,在此基础上得出客观的结论。然而事实并非完全如此,个体在某些情况下会出现归因偏差,即对行为或事件的原因的推测既不理性也不合逻辑,甚至会有些武断或荒谬。

---

① 章志光主编:《社会心理学》,人民教育出版社1996年版,第152页。

司法民意的形成以基于民间规范而存在的心理契约为前提，它同时也是个体归因的结果，正是因为个体将所认知的对象根据心理契约进行了归因，才有接下来个体表达自己某种看法或意愿的行为举动。如果由于个体对法律的认知不足或存在偏见，那就很容易导致归因偏差，在此基础上表达出的民意也便缺乏足够的可靠性。

就当前的社会和司法现状而言，司法民意频繁发生的案件具有以下两个特点：一是多发生于刑事案件中，且触犯的罪名和可能判处的刑罚较为严重。其中两类典型的罪是故意杀人罪和贪污贿赂罪。二是案件处理时，可能适用的法律同民众普遍接受的规范内容，如伦理道德、风俗习惯等发生了较为强烈的冲突。如根据正式的法律规定，某一犯罪行为应该被处以重刑，但民众却认为应从轻或不应处罚，抑或根据法律不应受到惩罚的行为，民众却认为应当给以法律制裁。这时民意往往会站在与司法对立的一面，通过各种渠道和方式向司法施加压力，意图迫使司法作出相应的调整或妥协。

需要指出的是，我们的司法审判经常会因为社会个体归因的偏差而受到不当的却又不容忽视的民意压力的影响。法官在面对这些影响时，都不免会受到程度不同的干扰，从而使得最终作出的司法判决结论在某种程度上违背了司法独立和司法公正的原则要求。纵观近年来发生的几起曾引起社会重大反响的案件，即民意影响较大的案件，我们从中可以总结出民意形成过程中的归因偏差。其中影响最大、表现最为突出的归因偏差有以下三个方面。

一是许多社会个体倾向于将某一案件的发生归因为社会中占据强势地位者对社会弱者的欺压。随着社会贫富差距的不断拉大，根据占有社会资源的多寡而将案件当事人划分为富人和穷人的做法成为越来越多的人的思维模式。一旦两者之间发生了冲突，就会被归因为富者的"为富不仁"，利用其所掌握的社会资源（包括权力、金钱等）来欺负穷人。

如在崔英杰案中，网络上许多人将崔英杰视为弱势群体的代表，城管李志强因其手中握有行政机关赋予的执法权力而成为强势群体的代表，这样一来，本来属于个案冲突的崔英杰和李志强被上升为弱势与强势群体的冲突的高度，二人也只不过是两个群体冲突的代表符号而已。再如2003年在哈尔滨发生的"宝马车撞人案"，社会舆论更是将矛头指向了那些握有权力和大量财富的群体。对此,蔡方华在其文中指出:"撞人事件的前半截是简单不过的车辆剐蹭,只不过碰撞双方有着比较悬殊的形象,一为拉大葱的农用四轮车,一为挂着'黑 AL6666'牌照的宝马。宝马意味着财富,而财富又意味着权力,当宝马与农用四轮车之间发生了如此尖锐的对立的时候,有多少人会相信'官办'的结果是公正的呢?"[1] 这段话深刻地揭示了当前社会中因弱势群体与强势群体的对立及发生冲突时人们心理反应的根源所在。

二是在一些包括司法工作人员在内的国家工作人员贪污腐败、违法乱纪的案件中,民众惯于将其归因于政治统治者或掌权者的堕落。在司法机关审判此类案件过程中,如果坚持这种观点的民意达到一定的规模,民意影响司法判决的目的就会在一定程度上得以实现。因为此时政府为表明反腐败的决心,也会对民众作出某种严惩腐败、清明吏治的政治承诺或者对民意进行不针对某一案件的原则性回应,而这些承诺抑或回应最终都会通过某种方式对具体案件的审判形成强度不同的影响。这已经在近年来的几起具有重大社会影响力的贪污腐败案件的司法审判中得到体现,如郑筱萸案。民众要求严惩郑筱萸的民意与其说是基于对民众用药安全所形成的威胁的担忧,不如说是因郑筱萸的行为严重挑战了民众对高级官员腐败堕落的容忍度,从而引起了社会民众的普遍愤怒。

三是因法律规定同民众的一般观念或民间法存在冲突而导致的归因偏差。此时社会个体会根据其所信奉的规范标准来衡量司法审判的结论。如果审判结论同其所预期的发生严重抵触时,个体会考虑通过某种途径或方式来表达自己对案件的看法或处理的建议。如经常发生的"大义灭亲"的案件。再如发生在 2000 年的刘涌案,当时的社会舆论或民意都认为案犯刘涌罪大恶极,应当判处死刑立即执行,但以陈兴良教授、田文昌律师等为代表的刑法学界和实务界人士则认为该案在程序上存在瑕疵,刘涌不应被判处死刑,此案几经波折最终由最高法院提审,决定判处刘涌死刑立即执行。

应该说,陈兴良、田文昌等提出的意见和理由是符合现行法律规定的,但

---

[1] 蔡方华:"解析宝马撞人事件的几个关键词",http://www.people.com.cn/GB/shehui/1061/2291582.html,访问日期:2006 年 12 月 5 日。

其观点一经提出，包括辽宁省高院终审判处刘涌死刑缓期两年执行的刑罚后，陈兴良教授和辽宁省高院遭受了社会舆论的强烈攻击。民意要求严惩刘涌的同时，也对陈兴良等刑法学家的立场提出了质疑和抨击。民众认为"（陈兴良）他们拿黑社会老大的钱去替人家说话，然后用法学家的架势非正常地影响司法"①。从最高人民法院提审的结果来看，显然民意获得了最终的胜利。

之所以在司法审判中会出现归因偏差，并通过作用于民意来影响司法，从根本上讲是由于在我们的社会中，绝大多数个体仅仅将司法视为一种官方权力的运作，缺乏对通过司法获取公正的信仰。而在这样的心理作用下，受伤的也将不仅仅是司法，最终将是社会中的每位成员。

总之，司法民意的形成有着其内在的社会心理成因，而民意的表达尤其当这种表达形成一定规模时，其对司法裁判的影响是不言而喻的。从社会心理学的角度讲，司法民意其实是一般的社会民众对某特定案件及其审判的态度，而且这种态度既可以是一种接受，也可以是一种不接受，还可以是一种漠不关心（网络用语称"打酱油"）。司法实践中，对司法裁判产生影响的往往是其中不接受的态度，并且，一旦这种不接受态度积聚到一定程度，并通过非正常的途径或方式外在表达时，其对司法活动乃至整个社会的影响是难以估计的。

不可否认，司法民意形成及其表达过程中存在着许多非理性的因素，我们同样不能忽视支撑这种民意产生的内在的东西。这些东西主要内容便是为社会民众所接受的各种民间法及其所承载的公平正义之观念。尽管影响社会民众对司法裁判态度形成或民意产生的原因有很多，但是总的来讲，公正的司法与民众接受裁判之间是呈正相关的。而这，也为法官正确处理司法与民意的关系指明了最基本的原则。

五、判决正当性的社会心理学分析

（一）判决正当性的含义及原因

司法判决的正当性是指法官用来裁决案件的判决何以具有为公众所认可

---

① 王怡："刘涌案中法学家错在了哪儿？"，http://news.sina.com.cn/c/2003-12-30/08572501359.shtml，访问日期：2018年6月11日。

的强制效力以及需要具备的形式和内容上的条件或限制。从社会心理学的视角来看，判决的正当性指的就是判决的社会可接受性。我们可从以下几个层面来认识判决正当性的含义：①判决的正当性来源于国家权力存在的合法性或正当性，司法权是国家权力体系的重要组成部分之一。判决是司法权运作的结果，因此，国家是司法判决获得正当性的权力基础。至于国家及国家权力正当性的来源则是一个政治哲学的问题了。②从形式上看，判决是运用统一的司法程序，根据公开的法律作出的一份规范性法律文书。它是法官在充分运用法律解释、法律推理和法律论证的法律方法的基础上对案件当事人间的权益纠纷所做的一种合法裁决。③从实质上讲，法官通过合法有效的证据充分地查明了案件的相关事实，正确地适用了法律，合理有效地解决了纠纷。

从社会心理学视角来看，判决的正当性指的是判决的可接受性。可接受性包括三个方面内容：一是法律职业共同体对该判决的接受，即该判决符合一个正常的法律人的思维判断与法律运作方式，是法官运用法律思维，遵守法定程序，准确适用法律所作出的判决；二是纠纷当事人各方的接受，毕竟判决直接关系到各方当事人的权益，对于判决结果，当事人在心理上的重视程度高于任何一个案外人。又因为司法的基本功能是解决纠纷，维持社会秩序，所以案件当事人各方接受了判决结果，就意味着纠纷解决了，司法的功能也得以实现，从而在某种程度上赋予了判决的正当性；三是社会民众对判决的接受，许多案件尤其是那些有重大社会影响的案件的判决，都可能要经受社会舆论的评判，而一般民众对案件本身及判决结果的看法同样也影响判决的正当性确认。民意是民众社会心理的一种集中表达，如果判决为民众普遍接受即得到了民意的认可与支持，那么判决便获得了社会学意义上的正当性。

尽管可接受性是衡量判决正当性与否的重要标准，但正如陈金钊教授指出的那样，"法官意见的合法性是令当事人心悦诚服的最主要的东西"[①]。所以判决首先要具有合法性，法官应在维护法治、忠于法律的前提下作出司法判决，这是确立法学意义上的正当性之根基所在。即使判决不为当事人或社

---

① 陈金钊："法官如何表达对法律的忠诚"，载《法学》2001年第12期。

会民众所接受,只要法官严格依法作出的判决,就具有法治意义上的正当性。当然,理想的状态仍然是判决能够为上述三方面的主体所接受,那样其正当性的基石就更为广泛和牢固,其所调整和维护的社会秩序也才会更为和谐。对于判决需要具备正当性的原因,可从以下三个方面来理解。

首先,判决作为非规范性的法律文件,是对当事人权利义务关系的一种确定,它对特定的纠纷当事人之间是有法律强制效力的,会直接影响到当事人的利益得失与分配。如果判决不具有正当性,那必然会损害当事人的合法权益从而受到当事人的反对,无助于纠纷的解决或矛盾的化解。这也与司法的社会职能和主要目的背道而驰。

其次,法官作出的判决代表的是国家司法行为,只有保证判决的合法性或正当性才能维护国家行为的权威性,更好地调整社会关系、解决社会矛盾,从而促进社会形成和谐的发展秩序。司法判决要具有正当性,这既是国家司法行为具有正当性权威的体现,也是对司法行为正当性的维护。否则就会影响民众对司法公正的信任,进而对整个国家的权力系统的运作产生怀疑。

再次,判决具有正当性意味着法官针对个案作出的判决应当具有社会可接受性。芬兰学者阿尔诺(Aulis Arnio)认为,"在现代社会,人们不仅要求权威性的判决而且要求作出判决的理由。这也适用于司法。法官的责任已经日益成为证明判决正当的责任。法官运用权力的基础在于其判决的可接受性,而不在于他可以具有的正式的权力位置。给出确证的责任在这个意义上特别是一个使公众控制判决最大化的责任"①。这既是法治的内在价值,也是司法判决能够为案件当事人乃至社会所接受的必然要求。根据社会契约理论,国家的成立是建立在公民共同认可的基础上的,这也可以视为国家存在正当性的根源,一旦作为国家权力体系中的司法权运作的结果(即判决)获得了较为一致的认可,那就意味着国家权力正当性基础得以加强,反过来也增强了司法的社会公信力。

(二)司法判决为何以及如何被社会所接受

法院作出的司法判决只有被接受和履行才有意义,否则便是一纸空文。

---

① 刘星:《语境中的法学与法律——民主的一个叙述立场》,法律出版社2001年版,第63页。

第四章　司法过程中民间法作用的社会心理机制

尽管现实中存在许多判决不被履行或称为"执行难"的现象和问题，但几乎没有谁会怀疑判决的法律效力。那么，司法判决为何会被接受以及如何才能更好的被社会所接受呢？

1. 个体对司法判决态度的形成

"态度"（attitude）是社会心理学中的一个非常重要的概念和研究领域，原因在于态度是人类社会生活中最为常见的心理现象。著名的社会心理学家奥尔波特（G. W. Allport）认为"态度是根据经验而系统化的一种心理和神经的准备状态，它对个人反应具有指导性或动力性的影响"①，态度被看作是个体对一定社会刺激所持有的，具有一定结构、相对稳定和内化了的心理反应倾向。②

态度具有重要的社会功能，它可以满足个体的多种需要。卡茨（D. Katz, 1960）和奥斯卡姆普（S. Oskamp, 1977）认为，态度有适应功能、自我防御功能、价值表现功能和认识或理解功能这样四种基本的功能。其中前两种功能能帮助个体调整或纠正自己的行为，以使我们将受到奖赏而不是惩罚，而后两种功能则和追求自我实现的高层次需要相连，因为我们要从表达自己赞同的观点中获得满足。③

由于个体对某一事物的接受表明个体对该事物的持认可或至少不反对的态度，所以个体接受判决就意味着个体对判决的态度是积极的或正面的评价。同时，根据态度理论可以得知，个体会根据其与司法判决的关联性而持有相应的态度，并且这种态度影响它对判决的执行或评价情况。当然，在许多情况下，个体可能会基于某种压力或考量而作出同其实际态度相反的行为来。如个体接受司法判决表明他至少在行动上会服从判决的要求，但其内心的想法却未必同表现出的行为相一致。因此，根据态度的真实与否，可将个体对司法判决之接受区分为真接受和伪接受两种情况。显然，理想的情形是法官作出的司法判决都能够得到社会个体的真接受，即通常所说的"口服心服"。

---

① 时蓉华：《社会心理学》，浙江教育出版社1998年版，第295页。
② 申荷永主编：《社会心理学：原理与应用》，暨南大学出版社1999年版，第94页。
③ 章志光主编：《社会心理学》，人民教育出版社1996年版，第192页。

前文中讲过，接受判决的主体主要包括三类：当事人、法律职业共同体和一般的社会民众。这三类主体接受判决所持有的标准是不同的。虽然司法判决可以要求当事人必须接受而不管其态度如何，但是对于法律职业共同体和一般的社会民众来讲，司法判决则不存在这样的权威性力量。具体来讲，社会个体接受司法判决主要包括以下几种情形。

首先，案件的当事人必须服从生效的判决结果，因为判决针对的就是当事人的某种行为或权益纠纷，其所作的结论是以国家强制力为支撑的，对当事人各方具有不容置疑的权威性和执行力。但这并不意味着当事人都是慑于国家权力的强大而自觉接受司法判决。毕竟判决切实地影响到他的权利或利益，在刑事案件中还可能会剥夺他的自由或生命。因此，当事人接受判决还需要判决的内容和结论在一定程度上符合当事人的某些心理机制。如判决救济了受害者的权益，做到了公正对待。或者协调了纠纷当事人的利益矛盾，使各方基本上都感到满意或能够接受等。

其次，法律职业共同体判决的接受有着专业知识和技术上的要求。司法判决是对特定的社会冲突所进行的法律解决，根据《牛津法律大辞典》的解释，判决是"法庭对由其审理的案件的双方当事人所作出的公布的有关争议问题的决定"[①]。这种决定是制度设计的结果，因此，它被作出之后还存在着正当性的问题，即能否被社会所接受。其中，除了判决所涉及的当事人之外，法律职业共同体的态度也是非常重要的。

尤其是法学研究者对于法官的判决会有着较为苛刻的评价，他们往往会专注于判决中法律的适用是否准确、所运用的法律方法是否恰当。因此，对于法官来说，只有谨慎地确定判决所应适用的法律并对此作出令人信服的推理和论证，才会让法学研究者对其所作出的判决表达认可的态度。

最后，一般的社会民众对判决的接受大多会基于已为社会公认的公平正义原则来确定。如在围绕2003年的刘涌案所引发的近乎狂热的舆论争议中，以田文昌、陈兴良为代表的刑事法律人几乎被推到了堪比刘涌本人的全民公

---

① [英]戴维·M.沃克：《牛津法律大辞典》，邓正来等译，光明日报出版社1988年版，第484页。

敌的境地。尽管他们说得无非还是无罪推定和正当程序这一套在任何有争议的案件出来后几乎都要重复的话语，但在其中，民众关心并感到愤怒的，其实仅仅是他们"为坏人辩护的立场"：谁会在乎你是如何引经据典地对无罪推定进行论述的？如果无罪推定会导致刘涌这样的人逍遥法外，那么它本身也就是错误的！[①] 因为民众关注的是规则适用的具体后果。

态度不是与生俱来的，是个体在后天的社会生活中习得的，它随着个体社会化的进展，个体不断积累各种经验和知识的基础上形成。因此，态度作为心理反应倾向，它是包含着不同的要素和内容的综合性的心理机制。个体对司法判决的态度还包含着具体的心理机制。

2. 接受判决与个体对法律的畏惧

提到法律这个概念，也许没有人不知道，如果再追问下去，就很少有人会说完整或说清楚。如尹伊君所讲，"'法律'是自明的概念，每个人都在使用它，每个人都在经历它，没有人在使用时觉得有什么不便，也没有人在打一场官司中会问'什么是法律'？一切都是不言自明的"[②]。虽然人们对法律的含义可以有着"不言自明"的认知，但是不同的社会个体对法律的认知内容和态度则会有着明显的差异，而这又会影响到个体对判决的接受心理。

个体对判决的接受是建立在对法律的认识基础之上的，它跟个体的法律意识密切相关。孙国华认为，法律意识一般由两部分构成：法律心理和法律思想体系。其中的法律思想体系是人们对于法和法律现象系统化和理论化的思想、观点和学说等，它是法律意识的理性认识阶段。[③] 因此，除了法律职业共同体中的部分成员外，影响一般的社会个体法律认识的为法律心理。所谓法律心理，它是"社会主体在一定的社会条件和文化传统氛围下，根据自己的社会法律生活的实践和感受而形成的法律的直观的、表面的、片面的、零散的认识、感情、情绪、体验等主观心理活动和反应"[④]。个体的法律心理

[①] 戴昕："冤案的人之维度和话语困境"，见苏力主编《法律和社会科学》，法律出版社2006年版，第122－123页。

[②] 尹伊君：《社会变迁的法律解释》，商务印书馆2003年版，第94页。

[③] 孙国华：《法学基础理论》，天津人民出版社1988年版，第204页。

[④] 刘旺洪：《法律意识论》，法律出版社2001年版，第49页。

属于个体社会心理的组成部分,它决定着个体对司法判决的态度。

笔者在一次走访山东省文登市的一个名为文登营的村子时,那里的村民告诉我,法律是保护强者的手段,而不会保护他们的利益,因为他们是弱者。不仅如此,政府还经常打着法律的旗号来损害他们的利益,如以前的征纳税款,现今的征占耕地等。可见,在许多百姓那里,法律并没有像书本上所讲的那样在切实地保护着每位公民的合法权益。由于对法律的不了解,加之现实生活中的违规用法等现象,造成了许多人对法律的畏惧心理。

畏惧法律同样是中国人传统的法律心理之一,而这也影响着他们对司法判决的态度。就像戴健林指出的,"在广大中国老百姓的心目中,法律就是刑律,权力高于法律。由于畏刑畏权,他们自然视公门为畏途"①。在许多人那里,法律代表着权力,意味着惩罚,是握有权力资源的人用来治理甚至欺压老百姓的工具。虽然国家不断地宣传法律面前一律平等、法律是用来保护公民权利的手段,但我们的正统理论依然将法律界定为阶级统治的工具,加之传统思维的影响,人们很难在短时间内改变对法律的畏惧心理。因此,一旦个体不得不去迈进"公门"解决纠纷时,他们对"公门"所作出的裁断同样也会怀着恭畏的心理。此时,司法判决同法律一样,都只不过是一种权力符号,而且这种符号的背后是强制和惩罚的力量。

高昂的诉讼成本也是导致人们对司法望而却步的重要原因之一。文登营的村民告诉我,现在一般的人家打不起官司,请律师、缴纳诉讼费等都是很大的一笔开支,而且很耗费时间。另外,深奥的法律专业知识也是阻碍人们选择司法的原因。"法律是一种特殊的语言。非法律人会被搞得糊里糊涂,完全弄不清律师在其诉讼摘要中和论证中说的是什么,并因此有可能为他的那些懂法律的同事左右。"② 老百姓不明白法律的意思,不知道法官会作出怎样的裁决等。这些都是造成人们对法律和司法望而生畏的重要原因。

既然人们怀有畏惧法律的心理,那么规避法律或者寻求法律之外的纠纷解决和权利救济机制就成为必然的选择。于是,忍声吞气、自行和解、第三

---

① 戴健林:《法律社会心理学》,广东高等教育出版社2002年版,第78页。
② [美]理查德·A. 波斯纳:《法理学问题》,苏力译,中国政法大学出版社2002年版,第171页。

人调解和借助私力等都成为了司法的替代性机制。可以说，个体对法律的畏惧有助于司法判决权威的确立，增进其社会接受和程度和履行力度。然而，在一个建设现代法治文明的社会里，主要依靠人们对法律和司法的畏惧来增强判决的可接受性显然是极其荒谬的。

（三）接受判决与通过司法之公正

司法的目的不同于司法的价值追求，前者在于解决社会纠纷，维护社会运转秩序，后者则以公正为目标。因此，判决被接受实质上包含两层含义：一是从司法的目的来讲，作出的判决最终之所以被接受，是因为它较为合理地解决了某种纠纷，协调或保护了某种利益；二是从司法的价值追求角度来看，根据判决所达致的利益分配或调整状态是公正的，即符合一般的社会公平正义理念。其中，司法目的是其价值追求的载体和实现途径，而价值追求又是目的的指导原则和评判标准。

判决作为法律在司法场域具体的适用结果，它同法律的目的和价值追求也应该是一致的。伊·亚·伊林认为，法的精神使命在于：要活在人们的心中，用自己的内容去"充实"他们的感受并以此在他们的意识中形成内心确信，影响他们的生活和外在行为方式。法的任务则在于：要在人的心中创造最佳行为动机。[①] 其中法的精神使命可以看作是法的价值追求，它作为一种影响人们行为的意识性存在。而法的任务就是规范人们的行为，即告诉人们"最佳的行为动机"。而司法正是继承和实现法律的精神使命和任务的实践机制。

因此，实现司法判决的社会可接受必须同时满足能够实现司法目的并体现司法的价值追求两个方面的要求。

首先，对于个体而言，通过司法程序来解决某种纠纷是其直接动机，而这意味着法官要对案件当事人各方的利益关系进行调整和重新分配，但这种调整和分配要以既有的案件场域情景为限制条件，法官需要设身处地去考察个体间具体的交往场域中的各种关系，在此基础上才能明确交往的内容及其中的利益分配关系，从而在正式法上找到相应的依据，作出恰当的判决结论。

---

① [俄] 伊·亚·伊林：《法律意识的实质》，徐晓晴译，清华大学出版社2005年版，第10页。

当事人可能会基于对利益协调结果的满意或者对司法权威的服从等心理原因而接受并履行这一判决，这样就在司法目的的意义上实现了判决的可接受。

其次，仅仅作出了能够解决纠纷的判决结论是不完整的，因为"采纳那些为人们的预期提供一定程度的安全保障的颇有条理且界定精确的规则，并不足以创造出一个令人满意的社会生活样式"，"消除人际关系中的随机性并不能够为人们在预防某个政权运用不合理的、不可行的或压制性的规则方面提供任何保障性措施"①。尽管解决纠纷的过程也会包含某些价值理念的指引，但是最终它只是为了恢复某种秩序这样一种事实状态的实现。因此，需要在这一过程中导入某种可以作为最高理念的价值原则，来限定和引导司法目的的实现过程和实现结果。这一价值原则就是司法公正原则。可以说，司法公正既是司法目的的规制原则，也是司法活动的灵魂所在。只有个体通过司法获得了公正的判决结论，才能从内心深处真正接受判决。

最后，司法作为个体纠纷解决和权益救济的最后的保障机制，它必须忠实地将法律的目的和价值追求有机地融合到一起。否则，法一旦脱离了自己的终极任务和脱离了正确法律意识的根基，自然就会变成无原则的、独立自在的工具。② 因此，必须将司法目的和价值追求同时作为司法的活动原则，才能充分的实现判决的可接受性。

那么，法官该如何在判决中将二者有机的结合到一起呢？首先要保证作出司法判决的程序正当，在此基础上由法官在当事人之间和判决可能带来的后果中进行利益衡量，使判决所确立的利益关系处于一种相对均衡并能为各方基本认可的状态。但在衡量各方利益并作出裁决的过程应该遵循的最高准则是公正，而不是让掌握着更多权力资源的一方获益更多。总之，判决的可接受度昭示的是作出判决的司法权力的正当性。通过司法实现社会的公平公正既是司法制度设计伊始的价值理念，也是体现人之主体性的重要标志。

---

① ［美］E.博登海默：《法理学：法律哲学与法律方法》，邓正来译，中国政法大学出版社1999年版，第251页。

② ［俄］伊·亚·伊林：《法律意识的实质》，徐晓晴译，清华大学出版社2005年版，第10页。

第四章　司法过程中民间法作用的社会心理机制

六、法官认知中民间法的影响及其规制

法官裁判案件的过程首先是一个认知的过程。任何案件实质上都属于一个具体的社会（冲突）事件，即都是在具体的社会环境中，由具体的社会个体或群体参与而发生的客观存在。因此，法官对案件的认知主要属于法官社会认知的范畴。民间法对于司法有着重要的意义，它虽然不能作为法官裁判案件的直接依据，但是它可以对国家法形成有效补充。

（一）法官认知的含义及其影响因素

司法过程中法官无论是进行事实认定，还是进行法律解释或法律推理，都是法官对案件进行认知的体现。这里的认知主要指的是社会心理学中个体的社会认知。20世纪80年代以来人们从认知心理学的角度来研究人对来自他人、自己以及周围环境的社会信息进行加工、推理的复杂过程，这一新近兴起的领域被称为社会认知（social cognition）。[1] 简言之，社会认知研究的是人们从社会环境获取信息，并如何形成推理的过程（Fiske & Taylor, 1991）。[2] 研究法官认知应以社会认知理论为基础，探析法官裁判个案时的认知心理及其相关影响因素。

对于法官认知的含义，笔者曾作过界定和分析，认为"所谓的法官认知，指的是法官通过依据某类或某些标准（包括法律规范），对案件中的各类信息进行初步的选择、判断与整合，形成社会推理（而非法律推理）以认知案件事实的过程"[3]。现在看来，这一界定是有问题的。法官认知贯穿于案件审理和裁决的全过程，而且是一个不断进行认知修正的、逐步深入的过程，认知的对象也不限于案件事实，而是包括所有可能对案件的裁决有影响的事实、可能适用的法律，以及案件事实同法律之间的关联等信息。总之，法官认知是司法过程中法官认知案件事实和法律并作出裁决的综合的逻辑思维

---

[1] 章志光主编：《社会心理学》，人民教育出版社2006年版，第131页。
[2] ［美］泰勒、佩普劳、西尔斯：《社会心理学》，谢晓非、谢冬梅等译，北京大学出版社2004年版，第30页。
[3] 陈光："司法判决中民间规范作用的社会心理学分析——以'红白事酒席案'为例"，见谢晖、陈金钊主编：《民间法：第七卷》，山东人民出版社2008年版，第103页。

过程。

首先，法官认知既包括法官对事实和法律的内容认知，也包括认知所借助的法律解释和法律推理等方法。换言之，法官认知兼具本体论和方法论双层意义。其中，本体论意义上的法官认知强调的是法官的主体性以及其认知内容本身的意义，它是作为认知主体的法官对与案件事实有关的各种信息进行收集、整理和确认，对案件所牵涉的法律的含义进行解释，以及对案件事实同法律之间的关系进行的解释和推理等，从而在对案件法律意义把握的基础上作出最终的裁判结论。方法论意义上的法官认知则指的是认知过程所借助的各种方法或技巧，如经验法则的运用，法律解释、法律推理和法律论证等法律方法的运用等。

其次，法官认知的基本逻辑结构是推理，即法律推理。社会认知理论研究的是人们如何根据周围环境中的社会信息进行推理，所以社会推理构成了社会认知基本的逻辑结构。换言之，社会认知的过程实质上是个体收集并利用信息进行推理的过程。法官认知不过是将认知的主体具体化为法官，认知的环境具体为由司法场景与法官根据当事人的叙述及提交的证据而虚拟的案件事实的发生场景所共同构成，其基本的逻辑结构同样是推理，即法律推理。法官在法律推理过程中，通过不断地收集、整合和选择与案件相关信息，然后作出判断或得出结论。法官认知的过程并不是单一推理的过程，由于法官所收集到的信息是针对不同的当事人、不同的行为或者不同的法律关系的，并且与事实信息相关的法律信息同样也是指向不同对象的，因此，法官认知的过程是若干事实推理和法律推理的过程，在这些推理的基础上法官又会构建出一个综合的法律推理，从而作出最终的判断即案件裁决。

再次，法官认知的过程主要停留在逻辑思维的层面，其外在表现包括法官对案件相关卷宗的查阅、分析，庭审中听取当事人的陈述和代理人的意见，以及对证据的提取、质证和认证等，这些同时也是推动法官认知不断深入的必要的辅助性条件。法官认知的最终的外在表现形式或载体是判决书或裁决书等司法文书。因此，判决书或裁决书等司法文书质量的优劣，除与法官的写作能力有关系外，最主要的是它能够反映法官对该案件的认知程度。

最后，法官认知还受到许多因素尤其是心理因素的影响，在这些影响因素中，有些是微不足道的，对法官认知的过程和裁决不会有太大的影响，有些则是举足轻重的，它们足以改变法官认知的过程和最终的裁决结论。不仅如此，有些因素与法官自身的性格、经历与偏好等直接相关，即同一种类型的影响因素对于不同的法官而言，可能会因法官自身的特性而产生不同的效果。例如，一起故意杀人案件中，犯罪嫌疑人的手段极其残忍，但这一情节在不同性别或者不同年龄段的法官那里往往会产生不同的影响效果，其中男性法官或年龄偏大的法官，往往比女性法官或较为年轻的法官更倾向于对该情节保持较为理性的判断或认知。因此，那种无视法官个体差异性而笼统地讨论法律方法是有问题的，更不存在一个能力超凡的"赫尔墨斯"法官。具体而言，能够对法官认知产生影响的因素主要有以下几点。

一是法官的学习情况。社会认知理论中的学习指的是个体通过对既有信息的观察吸收或者自身的体验而获得相关知识或能力的过程。社会心理学家班杜拉认为，个体的学习主要包括观察学习和亲历学习两种类型。其中，观察学习是指"通过观察他人，人们形成了自己的行为准则，而且在将来的某些时候，这些编码的信息会为行为提供指导"[1]。而亲历学习则是人们通过自身的行为，在特定环境中与他人发生特定的交往关系，在行为结果或交往过程中获得相应的信息，并以此作为今后的相同或类似交往行为的参照或准则。就法官而言，法官的观察学习主要表现为其对法律与其他领域知识的掌握和了解，日常生活经验或常识的积累等间接获取知识的过程。亲历学习则主要是法官通过亲自参与司法实践而直接获得知识的过程。不仅如此，法官学习过程中，除了获取知识或信息外，还会影响甚至塑造法官的思维模式。无论是法官学习所获得的知识，还是学习过程中所形成的特定性格，都会对法官认知产生影响。

二是认知的环境。不同的认知环境会对法官认知产生不同的影响。法官在审理具体案件时，其认知环境主要是由包括法官在内的各参与人组成的庭审环境，以及通过阅卷、庭审而可能在法官脑中形成的虚拟案件发生的环境，

---

[1] [美] A. 班杜拉：《思想和行动的社会基础——社会认知论：上册》，林颖等译，华东师范大学出版社2007年版，第63页。

这样的环境对于法官认知的影响是决定性的。因为无论是庭审环境还是法官对案件事实所虚拟的环境都是人造的或经过加工的环境，而非发生案件的真实环境。固然，司法审判的环境不同于案件事实发生的环境，法官只需要在前一环境中对案件事实及所适用的法律进行认知即可。但毕竟两个环境之间是有差别的，而且在有些情况下细微的差别都有可能导致认知的错误或裁决的失当。同样，审判大楼中的庭审环境同"炕头"或"马背上"的庭审环境，对于法官认知的影响也是不同的。

三是法官的情绪和动机。从心理学上讲，"情绪不仅影响我们的记忆，影响我们对世界的评判，还影响我们的决策过程"[①]。法官与其他社会个体一样，都有着喜怒爱憎等不同情绪反应。虽然法律与司法的属性要求法官审理案件时应尽量排除个人喜好等情绪的干预，以理性、客观的姿态来作出裁判，但实际上我们对此不应抱有太高的期望甚至幻想。要像理解我们自己一样，去理解法官的情绪。从而也就会理解法官的情绪为何会对法官认知不可避免的影响。在这一点上，美国现实主义法学所指出的法官个性或偏好会对判决的产生影响的基本观点是非常有道理的。司法过程中，心情愉快的法官可能会对正在审理的一起刑事案件的犯罪嫌疑人格外开恩，当然也有可能因为犯罪嫌疑人的犯罪行为破坏了其愉快的心情而心生厌恶，从而增加其有期徒刑的年限。

除了情绪外，在一些案件中，法官的动机也会直接影响到法官认知。如前所述，法官在审理案件过程中，并非是价值无涉或缺乏偏好的纯然中立者，可能会基于不同的动机而在认知案件过程中故意地剪裁甚至歪曲某些事实或信息，从而作出合乎其动机要求的认知和判断。回避制度的设立虽然能较为有效避免因法官出于偏袒与其有亲近关系或利害关系的当事人的动机，而故意对案件作出错误的或不公正的认知和裁判，但无法抑制法官基于升迁、贪贿或者同情弱者等动机而出现认知歪曲的现象。换言之，法官的动机是多样的，而我们却无力一一建立相应的约束机制。

---

① ［美］泰勒、佩普劳、西尔斯：《社会心理学》，谢晓非、谢冬梅等译，北京大学出版社2004年版，第37页。

四是法官的刻板印象、偏见与歧视。在社会心理学中，刻板印象、偏见与歧视属于群体敌视的子成分或具体表现。其中刻板印象（sterotypes）指人们对某个群体具有什么特征所持有的观点；偏见（prejudice）指圈内群体对圈外群体抱有的负性情感；歧视（discrimination）指人们对某个群体的成员表现出的不公正行为。[1] 可以说，群体敌视的心理存在于任何一位社会个体的身上，法官也不例外，只不过不同的个体群体敌视心理的程度强弱或表现类型不同而已。法官同其他社会个体一样，在其社会化过程中基于各种原因都会逐渐形成特定的群体敌视心理。比如，如果某位法官在某一阶段集中审理了多起进城务工人员入室盗窃的案件，那么他也有可能对整个进城务工人员群体形成负面的刻板印象：此类人员易实施盗窃行为。再如，如果某位法官因成长环境较为贫困且经常受到来自比他富有的人的嘲笑或欺凌，那么就可以在他的心理中对所谓的"有钱人"形成某种偏见。当然，同刻板印象和偏见一样，歧视心理也程度不同的存在于不同的法官身上，并都对法官认知产生重要影响。

总之，能够对法官认知产生影响的因素有很多，除上面提到的外，还包括基模（或图示，schema）、认知策略和移情等因素，由于这些因素原理较为复杂且不属于本章论述重点，在此就不再多论。其实，法官认知作为一种心理过程，它的最终指向的是适用法律裁判案件，因此，能够对其产生影响的除了内在心理因素外，国家法和民间法作为裁判案件的依据也会对法官认知产生必然的，且在更多情形下是决定性的影响。

（二）司法中民间法的意义及其对法官认知的影响

1. 民间法对于司法的意义

能够对人们交往行为产生调整或影响作用的规范形式有很多，国家法仅仅是其中一种。而对于交往规范的研究也不应将视角仅局限于国家法律之上，"因为与国家相关的法律诚属重要，然而现实的法律，在所有人类关系中，

---

[1] ［美］泰勒、佩普劳、西尔斯：《社会心理学》，谢晓非、谢冬梅等译，北京大学出版社2004年版，第37页。

小至两人间最简单短暂的相遇，大至最全面而持续的互动，皆俯拾可见"①。在这段论述中，"现实的法律"不仅仅包括国家制定的法律，还包括许多"看不见的法律"。民间法又可以视为"看不见的法律"中的一种。

学界对于民间法含义的界定很多，但皆属仁者见仁，本书则是在这种意义上来使用民间法的：主要以民间交往关系为调整对象的非官方规范，其往往承载着具体的价值理念，它形式多样，且多体现于特定地区或特定人群的交往行为、道德观念甚至思维模式中。民间法是具体的，其对社会交往关系的作用也是无所不在的。几乎对任何社会交往关系，都可以通过具体的民间法来调整，或者至少都可以找到具体的民间法来评价。例如，一个人的行政职位再高，他到市场上购买日常用品时也应该遵守买卖要价格合理、人多要排队等候等基本的民间规范，回到家中也应该做到孝敬父母、和睦相邻。同样，如果他在执行公务时，态度蛮横、处分失当，即使他没有违反法律规定，也会受到一定范围内舆论的负面评价，而支持这些评价的内在依据主要是民间法。

司法是裁决社会纠纷的主要机制。社会纠纷是社会冲突的表现，也是社会交往的形式之一。齐美尔曾讲过，"如果人们之间的每一种互动都是一种交往，那么，冲突——它毕竟是最具活力的互动之一，而且独自一人是不能作成冲突的——必定被视为一种交往"②。民间法作为调整和矫正社会交往关系的规范形式，其在调处社会冲突中的角色或功能是无可替代的，因此，民间法对于司法活动同样具有重要意义。民间法虽然不能作为裁决案件的最终依据，但是它在司法审判过程中可以与国家法实现互补，既有助于舒缓"解释的难题"给司法带来的尴尬，又可为司法活动的各参与者在有限交流的基础上达成共识提供话语上的可能。

近年来随着法学研究的深入，越来越多的学者认识到，单纯依靠国家制定的法律无法解决所有的社会问题。在司法活动中，制定法同样也无法应对诸种情形下的各种问题。为了增强司法的科学性或提高法官裁决案件的能力，一些学者开始自觉的研究法律解释、法律推理和法律论证等所谓的法律方法。

---

① ［美］迈克尔·瑞斯曼：《看不见的法律》，高忠义、杨婉苓译，法律出版社2007年版，第4页。

② 于海：《西方社会思想史》，复旦大学出版社2005年版，第412页。

第四章 司法过程中民间法作用的社会心理机制

在此仅以法律解释为例,司法过程中进行法律解释是必要的。德国法学家拉伦茨说过,"只要法律、法院的判决决议或契约不能全然以象征性的符号语言来表达,解释就始终必要"①。学者们同时也指出法律解释难以克服的难题:法律文本本身的意义模糊性与法律解释对确定性追求二者之间所存在的张力。对此,苏力教授较为悲观地认为,"建立作为一种方法的法律解释学的学理努力,可能不会有什么令法官、律师们满意的结果"②。

民间法在司法中的适用或可在一定程度上缓解"解释的难题"所造成的司法尴尬。原因在于,法律文本意义的模糊性与解释的确定性这两个问题从根本上属于哲学问题,二者统一于西方哲学关于主客观二分的论辩误区中,其在哲学意义上永远都无法给出"唯一正确的答案"。不幸的是,当前许多学者将这一哲学误区继续在法律解释中予以讨论,忘记了法律存在的真正目的是为了"定分止争"。当然,对"解释的难题"在哲学意义上的批判并不意味着否认该难题在实践意义上的存在。由于法律规定自身的抽象性,尤其是法律规则的刚性,以及案件事实的复杂性与具体性,使得法官在适用法律裁决案件时常常会发现缺乏直接的法律依据,或者根据法律规则作出的裁决是难以被接受的。在这种情况下,就需要通过民间法的引入和适用来更好地实现裁判的效果。

例如,年老多病的甲生前多由其侄子乙照料并由乙送终,其在外地的唯一的儿子丙对老人则少有问询,甲去世且未留遗嘱,在分割遗产时侄子乙要求分得部分遗产未获儿子丙同意,由此产生纠纷并起诉到法院。在这种情形下,依据《继承法》的规定,儿子丙是甲第一顺序的继承人,而侄子乙因其不属于法定继承人范围,所以根本就不享有继承的权利。这显然有悖于人们基本的公平观念,以及子女应该孝敬父母并养老送终等民间法的要求。如果法官认识到这一点,并根据民间法的指引和要求,在裁决此案时重新确定裁判依据,即不是机械地根据继承法关于继承顺序的规定,而是引用《继承法》第 13 条第 4 款的规定:"有扶养能力和有扶养条件的继承人,不尽扶养

---

① [德]卡尔·拉伦茨:《法学方法论》,陈爱娥译,商务印书馆 2003 年版,第 86 页。
② 苏力:"解释的难题:对几种法律文本解释方法的追问",见梁治平主编:《法律解释问题》,法律出版社 1998 年版,第 32 页。

141

义务的，分配遗产时，应当不分或者少分"，然后再引用《民法通则》第93条的规定："没有法定的或者约定的义务，为避免他人利益受损失进行管理或者服务的，有权要求受益人偿付由此而支付的必要费用"，就可以达到既依法裁决案件，又不违背基本的民间规范的要求的目的，从而增强司法的公信力。在这一过程中，民间法虽然没有直接被用来作为裁决案件的依据，但它对法官确立裁决依据乃至确定最终的裁决结果都产生了根本的影响，并且有效地避免了"解释的难题"，尤其是产生了良好的社会效果。对此，桑本谦早已明确地指出，"说到底，'确定性'和'自主性'都不是法律和司法固有的性质，而是公众对法律和司法的一种要求，这种要求得以满足恰恰是公众信仰法律和信仰司法的理性基础"[①]。既然民间法有助于解决或避免法律解释的困境，那么我们又何必拒绝其在司法过程中的适用呢？

司法的过程也是包括法官和当事人等在内的各参与者有限交流的过程。这里的"有限"除了指时间的有限外，还指交流话语的内容或称之为话域的有限。以民事案件为例，庭审时司法的重要阶段，同时也是法官、当事人和各自代理人等司法活动参加者主要的交流场合。庭审过程中，法官与作为代理人的律师同属法律职业共同体成员，可以就该具体的案件进行比较全面且深入地交流，交流的形式可能体现为原告代理律师的诉称、被告代理律师的辩称、法官的询问，以及举证、质证等阶段的言辞交流。由于作为案件当事人的原被告多不谙法律，因此，少有真正参与到庭审交流中的机会。在这种情况下，除了对案件事实的交流外，民间规范或许就是当事人与法官及代理律师间可能存在的共同话域。因此，我们时常会在法庭上听到当事人的下列话语，比如"你把我打伤了就应该赔偿""杀人偿命，欠债还钱"，以及"哪有子女不养活自己父母的道理"，等等，而这些话语都内在包含着具体的民间法，并且都会在不同程度上与案件的事实及最终的处理有所关联，也是法官或代理律师往往需要作出解答的问题。如果法官或代理律师对于未能对当事人提出的规范理由给出明确的或令人信服的回应，那将会在很大程度上影响到当事人对裁判结果的接受，以及司法的公信力。

---

① 陈金钊等：《法律解释学》，中国政法大学出版社2006年版，第335页。

此外，民间法在许多案件中宛如一架桥梁，它不仅可以有效地串联起案件事实和法律规范，而且它对于法官把握案件事实、当事人理解案件事实的法律意义，以及法官和当事人之间的相互理解都有着重要沟通作用。

2. 民间法对法官认知的影响

法官认知并不是凭空进行的，法律推理作为其基本逻辑结构，是通过若干的且不断运作的信息筛选、事实确认、法律解释、局部的事实或法律推理来实现的。如果我们认真分析法官认知的内容，不难发现，事实和规则是法官认知运行中的两个基本要素。其中，事实主要包括客观发生的案件事实和法院认定的法律事实两种类型，法律和民间法则是规则的两种主要表现形式。事实和规则之间有着密切关联，法官首先要将案件事实转化为法律（或规则）事实，然后再依据有关规则对案件作出相应的裁判。可见，在法官认知中，事实主要是作为认知的对象或样本而起着基础性的作用，规则才对法官认知产生主导性的或者决定性作用。

依法审判是最基本的法治原则之一，由此也确立了法律在司法裁判中绝对的权威地位。但这并不意味着法律能够绝对垄断法官裁判案件的规则依据，或者法官认知中的规则来源与内容。在法官认知中，民间法作为特殊的规范形式和内容同样是不可或缺的，在部分案件中其重要性甚至比法律有过之而无不及。原因在于，民间法不仅可以作为一种规范存在，同时也可以被视为一种制度性的事实，即在某些情形下，个体的某个动作或行为，甚至某一句话都可能代表着某项民间法规则。例如，各个地区（尤其是乡村地区）在婚礼上，包括新郎和新娘在内的婚礼参加者所作出的特定动作或说出的特定话语，都有着较严格的规范意义。因此，许多案件中的法官认知不能忽视甚至也无法忽视民间法的意义。法官认知中民间法的影响，主要体现为以下几个方面。

首先，法官在其个体的社会化过程中，无论通过观察学习还是亲历学习，都会接触到大量的民间法，不同的民间法规则会对法官产生不同的影响，作为社会个体的法官也会依据一定的（价值的、功利的或实用的等）标准对民间法作区别处理，有些民间法为法官所认可或接受，有些则被忽略或排斥，而无论接受还是排斥，法官对于不同的民间法的态度已经作为法官的一种知识构成或经验法则，影响着法官的思维和行动。

所谓经验法则,"是指人们从生活经验中归纳出来的关于事物因果关系或属性状态的法则或知识"[①],它既包括一般人日常生活所归纳的常识,也包括自然规律、道德准则、交易习惯,以及其他专业领域中的知识和法则。民间法作为经验法则的组成内容之一,能够对法官在认定事实、寻找和确定法律依据产生重要影响。如在有些乡村地区,居住在统一村子的人相互串门时,是不需要经过敲门或主人同意就可以开门进入主人家正房的,如果甲和乙是邻居,因纠纷甲被乙打成轻伤,甲通过自诉程序在法庭上控告乙的伤害行为,同时甲还控告乙经常未经其允许擅自进入他的住宅,要求法官在判决乙构成故意伤害罪和非法侵入住宅罪。如果审理该案的法官为本地人,或者知晓当地存在的他人可以未经主人同意而直接进入其住宅的这一民间交往规范,那么除非甲再提出相关的证据证明乙进入其住宅后,甲要求乙退出其住宅而乙拒不退出,从而影响到甲的正常生活秩序和安全,法官才会支持甲关于对乙非法侵入住宅罪的控诉,否则法官就可以直接根据经验法则认定甲的该项罪名告诉不成立。显然,该案件民间法构成了经验法则的基本内容,并对法官认知产生了直接的影响。

其次,民间法能够影响认知环境的构造,从而不同程度地影响着对法官认知的推理走向和最终结果。许多案件中,国家法和民间法两种规则形式并存,既对当事人之前的交往行为产生影响,又会被带入到庭审中来。当事人请求的提出和意见的表达都会以一定的规则为基础,并围绕着有利于自己的规则内容提供相关的证据、作出相应的说明等。在当前普通民众法律知识储备不足的现状下,多数当事人在庭审中都主要是以民间法为其规则依据的。这显然会对法官认知的环境产生直接影响,加之民间法对法官自身的影响,导致庭审环境和法官关于案件事实虚拟的环境这两个基本的认知环境的构造,都会在不同程度上受到民间法的左右。

特别是在有些案件中,法官可能由于某些事实及其相关的民间法的存在而产生移情的心理现象。移情是精神分析学的一个重要概念,基本含义是指心理病患的求助者把对父母或对过去生活中某个重要人物的情感、态度和属

[①] 张卫平:"认识经验法则",载《清华法学》2008年第6期。

性移到了咨询师身上,并相应地对咨询时做出反应的过程。在此,我们简单地将其引申为情景角色的置换。案件事实及相关的民间规范可能导致法官的移情,从而影响法官对案件的认知及最终的裁判。例如,如果法官曾有过这样的经历:其某位近亲长辈因受子女的虐待而凄惨离世。由于该法官非常认可并践行着子女应孝敬父母长辈,虐待父母属不敬并应受到惩罚这一传统的民间法规则,因此,它对于子女不孝顺长辈的现象深恶痛绝。如果他正好负责审理一起父母起诉子女虐待的案件,那么此时极容易受案件中某些情节或当事人的某些言行的刺激,自觉地将案中当事人置换为其经历过的相似事件中的人物,然后将自己对父母长辈的同情,对不孝子女的痛恨移转到案件当事人身上。即使该案与前一事件有很大的不同,但是由于子女不孝敬父母要受惩罚这一民间规范和相关事实的存在,而改变了法官虚拟案件事实这一基本认知环境的结构和内容,也即影响了法官认知。

再次,民间法在法官运用法律解释、法律推理和法律论证等方法进行认知过程中也扮演重要角色。对于法官认知中的法律解释,谢晖教授认为,法律解释恰恰是要解决法律含义模糊的问题。[①] 但是,法律解释方法本身无法回答法官解释的内容为何是此而非彼的问题。虽然法律解释受到所要解释的文本会对象的限制,但解释的主体——法官对于解释的内容或结果的选择却有着很大的决定权。民间法恰恰可以对法官选择怎样的解释方式和解释结论产生影响。对此,前文所列举的乙丙继承纠纷案中已经做了较为清晰的论述。同时,该案还反映了民间法对法律推理的作用,即通过法官的法律解释找寻到案件的最适当的法律依据,以作为法律推理的大前提。其实,民间法对法律推理的作用是多方面的。无论是推理的大前提还是小前提,其确立在很多情况下都要经过若干的事实的或法律的子推理才能完成。在这些子推理中,民间法都扮演着不可或缺的角色。

作为法律方法的法律论证也是法官认知所必需借助的逻辑方法。对于法律论证存在不同的理解,笔者主要是在阿列克西所谈论的法律论证的意义上来使用这一概念的,即它是"通过建构一系列的规则和形式这种程序性的技术,来

[①] 谢晖:《法律哲学》,湖南人民出版社2009年版,第36页。

为法律决定的正确性要求提供某种普遍化的、可靠的理性基础。亦即通过遵循一定的论辩规则和论辩形式，使规范性命题得以理性的方式予以证立"[1]。法律论证试图解决的是司法裁判的正当性问题，从心理学的角度讲即是司法裁判的可接受性问题。在这一过程中，民间法显然可以起到非常好的"润滑"作用，即避免国家法律在论证过程中机械性的逻辑自演，可经由民间法将对法律文本的解释同事实认定之间有机的融合到一起，使其更具有说服力。

最后，民间法可以被用来评判法官认知的结果，并可能会对法官在今后审理类似案件的认知形式和内容产生根本影响。如前所述，案件裁判结果应该具有可接受性，在某种意义上即法官认知应被普遍的认可。这里的可接受与否尽管主要是一种心理反应，但它可以通过许多具体的、客观的标准反映出来，而不以部分主体的主观态度来衡量。其中，裁判结果是否与案件发生地民众普遍认可的民间法，以及民间法所承载的基本的价值理念相符合，就是非常重要的客观衡量标准之一。比较典型的案例是前些年江西发生的"二奶继承案"。

在一些案件中以民间法作为评判法官认知及裁判结果的标准，可能会出现与国家法律相冲突的情形，但这并不意味着法律必然具有更强的正当性，民间法是错误或不当的，因为毕竟与法律相比，民间法有着更为深厚的社会心理为基础，而且这种社会心理也反映在法官的思维与行动之中。因此，民间法对法官认知的影响是内在的，一旦某一案件的裁判结果作出后招致比较强烈的社会反映——无论是赞扬的还是反对的，而这种反应又主要与民间法及其所承载的价值有关，那么法官在今后审理类似案件中，就会有意无意地调整其对案件的认知，即使这种调整与法律会形成某种冲突。

（三）如何规制法官认知中民间法的影响

无论是否承认，民间法都在以自己的方式对法官认知施加着影响。这些影响有的是有益的，有的则是负面的，有的是无法避免的，有的则是可以抑制的。正确对待民间法的态度是，既不能无视或排斥民间法的存在与作用，也不应对民间法仅唱赞歌，对其负面影响听之任之，而应该认真研究民间法在司法中对法官认知的各种影响，通过某些制度或机制的建立与完善，认可

---

[1] 陈金钊主编：《法律方法论》，中国政法大学出版社2007年版，第191页。

第四章 司法过程中民间法作用的社会心理机制

或强化民间法的积极作用,抑制或克服其负面影响。

一方面,要明确承认民间法在司法审判中的地位,允许法官在案件审理中主动查询和比较、利用民间法,并且民间法可以反映在最终裁判书的理由说明与裁判依据中,从而使民间法在司法审判中不再"犹抱琵琶半遮面"。这样可以使部分运作于法官认知中的民间法呈现于纸面。这在增强司法裁判文书的说服力与亲和力的同时,也便于对被适用的民间法进行监督。

司法公信力的下降是当前我国司法制度和司法活动的一个尴尬现状。"从受众心理角度出发,司法公信力是社会组织、民众对司法行为的一种主观评价或价值判断,它是司法行为所产生的信誉和形象在社会组织和民众中所形成的一种心理反应。"[①] 我国司法公信力下降的原因除了法官的个人素养和相关制度尤其是廉政制度的缺陷等之外,与国家法律本身的质量不高但又垄断着司法裁判依据的制度设计有关。亚里士多德早就表达过这样的观点:法治必须是良法之治。从某种意义上讲,良法就是能够对社会关系产生积极调整作用并且受到社会民众认可的法律或其他规范。那么良法又从何而来?显然,当前我国现行的立法体制非但无法满足社会的良法需求,反而在许多情形下向社会输出的法律是无用的甚至是不良的。所以至少在当前形势下,我们不应过于迷信国家法自身的正当性及其在裁判中的有效性。

特别要警惕的是,在政治民主化尚未实现之前,要防止国家主义或异化的权力通过不良的法律来"还魂"或"作祟"。对此,实行以法律为中心的规范多元主义不失为现实的选择。在多元化的规范中,以民间法为代表的非正式规范可以对国家法律形成有效的补充与监督。不仅如此,确立民间法在司法中的正式地位,即作为一种明规则的同时,也将其纳入了正式制度监管的范围,使民间法对法官认知的影响能得以规制。

另一方面,我们可以通过某些制度或机制的建立、改进与利用等来规制民间法在司法中的作用,包括其对法官认知的影响,尤其是来抑制或避免民间法的负面影响。

一是建立民间法的识别机制,由法官通过这些机制的运用来对案件所涉

[①] 关玫:《司法公信力研究》,人民法院出版社2008年版,第41页。

及的民间法进行甄别与确认。法官认知首先要做的是收集、整理与判断与案件相关的事实和规则信息。其中，事实信息可基于日常经验、证据说明等来确认，法律是国家立法机关制定或认可的，其存在也不需要另行确认。唯有民间法这一类规范信息需要相应的识别机制来确认，原因在于，社会中的民间法纷繁芜杂，具体案件中所涉及的民间法也不止一项，且都从不同的层面对法官认知形成影响。对于法官认知而言，通过某种机制或标准来识别对案件具有实质效力的民间法，既是对法官认知的充实，也是对法官认知中民间法影响的一种规制。民间法的识别机制可以是某种价值标准、可以是某种逻辑方法，也可以是具体的实践方式，如可通过对案件发生地的民众进行调研，或咨询具有特定身份的人来确认民间法的存在及效力问题。

二是通过立法渠道引入民间法，同时明确民间法的适用条件和方式，以此来规范民间法在法官认知中的作用。具体有这样三种立法模式可供选择：

（1）将民间法转换为法律原则，即将民间法所要表达的基本的规范意义，或者内在的价值精神以法律原则的形式明确规定于法律文本之中，如民法通则关于民事活动要尊重社会公德原则的规定。其实现实社会交往过程中，大量的民间法都是一种原则性的存在，只是需要根据具体的交往情景来演化出具体的民间交往规范，以对交往关系进行调整。所以民间法同法律原则从属性上而言存在某种契合性，这一模式是可行的，但其缺陷是法官在认知具体个案时仍需要结合法律原则对民间法进行更为细致的识别。

（2）设置准用性规则条款，确立民间法的适用条件。如《物权法》第85条关于相邻关系的处理在缺少法律、法规相关规定时可适用当地习惯的规定。但这一模式仅规定了民间法在何种情况下能够被适用，在某种意义上可以视为对民间法的规则效力等级的规定，至于如何适用则未加限制。所以这一模式对于规制民间法在法官认知中的影响是有限的。

（3）将某些民间法直接转化为法律规则。这种模式可在地方立法中广泛运用，即各地方立法机关在对其所要调整的社会关系在制定地方性法规或规章时，要认真考察并充分论证相关民间法，将那些在社会交往中起着实质影响的民间法，在不违背基本的法律原则的前提下，引入正式的法律文本，使其转换为法律规则。

第四章　司法过程中民间法作用的社会心理机制

三是法律解释、法律推理和价值（或利益）衡量等法律方法的运用，也可以对民间法的影响起到规制作用。民间法同国家法律一样，自身不能自动转变为裁判规范，而必须借助于一定的逻辑工具或方法。法律解释和法律推理虽然主要是针对法律的适用，但是二者所包含的一些解释规则或推理规则，同样可以在民间法的适用过程中得以运用。因此，法官在认知过程中，可以自觉地将民间法的适用置于法律解释和法律推理的逻辑框架中，以增强民间法本身的规范性。

当同一案件牵涉到不同的并且是存在冲突的民间法时，法官也可以运用价值（或利益）衡量的方法，对民间法进行比较和判断，结合具体的案件选择适用价值最优（或者能够实现利益最大化）的民间法。

最后，与法律的适用一样，民间法在法官认知中无论被用来认定事实，还是作为裁判的理由和依据，最终的裁判结果都有可能不被当事人所接受或者存在错误。因此，上诉制度和再审制度可以用来作为规制民间规范影响法官认知和裁判的程序性机制，以为那些因受到民间法不当影响的法官认知及裁判结果提供矫正和纠错的机会。

总之，民间法对于法官认知的作用或影响已不容否认和忽视。确立民间法在司法裁判中的正式地位在当前我国的司法实践中是必要的，也是可行的，这非但不是对国家法律权威的解构，反而是补充与监督国家法律在司法中作用的重要改进，同时也是对法官认知中民间法影响进行规制的前提与表现。接下来要做的，便是我们该通过哪些具体的制度或机制的建立与改进来有效地规制民间法对于法官认知的影响。而这，显然是一项系统而艰巨的任务。

本 章 小 结

将民间法的研究引入司法实践，发现它对司法活动的影响或作用的样态是非常重要的。民间法首先作为法官的知识构成对法官审判案件具有不可避免的影响，同时民间法是司法调解的基本依凭，可以为司法判决寻找正式法依据作指引以及为判决的正当性提供支持。除了这三种作用样态，本章还阐述了司法民意和"找关系"对司法的影响，而这两种现象都与民间规范有着难以分割的关系。对于民间法在司法中的作用，运用社会认知、个体决策、社会交换、服从权威、社会影响和态度等社会心理学的有关理论知识，具体分析了民间法各种作用样态的社会心理机制。如面对司法调解，当事人可能会受到个体决策、"和为贵"以及权威—服从的社会心理的影响。而司法民意的形成可以根据心理契约和社会影响的理论来分析，并且可能会由于个体归因偏差影响到民意的真实性。个体是否接受司法判决同个体对判决的态度有关。通过判决实现司法之公正是我们不懈的追求。民间法有助于司法公正的实现，这就要求法官在司法过程中认真对待民间法。

法官认知是司法过程中法官认知案件事实和法律，然后作出裁决的综合的逻辑思维过程。能够对法官认知产生影响的因素有很多，如法官的学习情况、认知环境以及情绪和动机等。民间规范在司法审判中扮演着重要角色，它对法官认知和裁判会产生诸多影响，如民间规范作为法官的一种知识构成或经验法则，影响着法官的思维和行动等。对此，一方面要承认民间规范在司法审判中的地位；另一方面也要通过某些制度或机制的建立与改进来规制民间规范在司法中的作用。

复习思考

1. 阐述民间法在司法过程中的作用表现。
2. 试述司法调解中民间法的作用及其社会心理机制。
3. 试述"找关系"的规范属性及其社会心理。
4. 如何正确认识所谓的民意对司法的影响？
5. 运用社会心理学理论阐述司法判决为何以及其如何被社会所接受。
6. 结合个案对法官认知及民间法的作用机理进行解析。

第五章 社区治理的软法之治

学习目标

理解社区的含义与社区治理的意义，了解社区治理中多元规范的类型及具体表现，掌握社区治理软法的公共治理功能，通过社区调研了解社区治理软法运行中存在的问题，能够结合具体的社区治理实践提出改进软法之治的建议。

改革开放的三十余年，我国经济社会发展迅猛，社会结构不断地主动或被动地调整，在取得了很大的发展成绩同时，许多社会问题包括结构性社会问题逐渐凸显，并对社会的健康良性发展逐渐产生了制约。我国经济社会发展的基本模式是政府主导式，也即政府是社会各项事务的主要管理者，掌控并推动着社会各个领域的变革与发展，政府根据社会发展的需要调整相应的政策包括拓展社会自主发展的空间。这样一种模式既有着历史文化传统的基因支持，也是近现代尤其是新中国成立以来制度惯性的体现。需要注意的是，政府其实并非一个全能的掌控者，在政府主导管理和社会自我发展之间会产生一种紧张关系：政府主导管理的思维希望将社会的发展尽可能地纳入政府掌控之中，而社会自我发展一旦达致一定阶段便会产生尽可能脱离被掌控的冲动，于是政府掌控与社会自治之间的冲突就会产生，并程度不同地体现在不同的层面。

在中国的语境下，"社会管理"的主要含义并非社会自我管理，而更多的是指政府对于社会的管理。换言之，社会管理的首要主体不是社会主体而是政府。这是我们在讨论社会管理创新问题时首先应明确的一个前提。因此，社会管理创新并不是社会主体如何创新自我管理手段，而实际上指向的是政府如何调整其在社会管理中的角色，重新定位社会管理中政府掌控与社会自治之间的关系。可以说，社会管理创新是新时期我国面临的一项宏大课题和亟须完成的时代任务。

一、社区治理法治化：社会管理创新的重要维度与基本要求

（一）从社会管理创新到创新社会治理

党和政府对于社会管理创新重要性的认识，经历了一个不断发展和深化的过程。在2004年召开的党的十六届四中全会上首次提出，"要加强社会建设和管理，推进社会管理体制的创新，深入研究社会管理的规律，完善社会管理体系和政策法规，健全社会管理格局，拓宽服务领域，形成社会管理和服务合力"。这意味着执政党自改革开放以来在坚持以经济建设为中心的基本工作中心同时，开始将社会建设列为更为重要的工作内容。在2006年召开的党的十六届六中全会再次强调，加强社会管理维护社会稳定，是构建社会主义和谐社会的必然要求，必须创新社会管理体制，整合社会管理资源，提高社会管理水平，在服务中实施管理，在管理中体现服务。

由这两次会议中关于社会管理创新的阐述来看，与社会管理创新的提出相伴随的是法治政府和服务政府的定位。换言之，法治政府和服务政府的定位必然要求转变之前的社会管理方式或模式，在政府主导的社会管理过程中必须依法管理并体现服务型政府的要求。政府与被管理者之间要逐渐改变过去的那种单向度的命令—执行的关系。这里社会管理逻辑的调整具有根本性地意义。因此，在接下来2007年召开的党的十七大所提出的"以人为本、全面协调可持续发展"为核心的科学发展观中，突出强调了要加快推进包括社会管理在内的，以改善社会民生为重点的社会建设，健全社会管理格局，健全基层社会管理体制，最大限度激发社会创造活力，最大限度增加和谐因素，最大限度减少不和谐因素。社会管理创新的原则、目标和任务已渐趋明晰。

在2012年召开的党的十八大报告中设立专门的一部分阐述"在改善民生

和创新管理中加强社会建设",报告指出:"要围绕构建中国特色社会主义社会管理体系,加快形成党委领导、政府负责、社会协同、公众参与、法治保障的社会管理体制,加快形成政府主导、覆盖城乡、可持续的基本公共服务体系,加快形成政社分开、权责明确、依法自治的现代社会组织体制,加快形成源头治理、动态管理、应急处置相结合的社会管理机制。"这段论述非常明确地表达了社会管理体系和机制的基本内涵与特点,尤其是向多中心社会治理转变的色彩非常鲜明。于是,在2013年党的十八届三中全会作出的《中共中央关于全面深化改革若干重大问题的决定》中再次阐述社会管理问题时,直接使用了"创新社会治理体制"的表述,其内容具体包括四个方面:改进社会治理方式、激发社会组织活力、创新有效预防和化解社会矛盾体制、健全公共安全体系。

从社会管理到社会治理,虽只有一字之差,在理念上却有着很大的差别。社会管理遵循的是一种单向性的指令—服从管理思维或模式。在这种思维或模式下,政府主导或政府作为出发点向被管理者发出指令,被管理者基本处于一种被动地接受或遵守的位置,作为管理者的政府与被管理者之间缺少足够地沟通与反馈空间与机制。社会治理的理念及所追求的模式则不同。"治理"首先是一个公共管理领域的概念,这一概念是20世纪90年代在全球范围内逐步兴起的。治理理论的主要创始人之一詹姆斯·N.罗西瑙认为:"治理是通行于规制空隙之间的那些制度安排,或许更重要的是当两个或更多规制出现重叠、冲突时,或者在相互竞争的利益之间需要调解时才发挥作用的原则、规范、规则和决策程序。"[①] 这一定义主要强调治理的规则属性。学者格里·斯托克指出:"治理的本质在于,它所偏重的统治机制并不依靠政府的权威和制裁。治理的概念是,它所要创造的结构和秩序不能从外部强加;它之发挥作用,是要依靠多种进行统治的以及互相发生影响的行为者的互动。"[②] 斯托克对治理概念的界定很好地阐述了治理的内涵与本质,也即治理并非仅仅依靠政府的权威与制裁,而需要依靠多主体的互动。

[①] [美]詹姆斯·N.罗西瑙:《没有政府的治理》,江西人民出版社2001年版,第9页。
[②] [英]格里·斯托克:"作为理论的治理:五个论点",载《国际社会科学(中文版)》1999年第1期。

在社会治理模式下，政府不再是实施社会管理的唯一权力主体和至高无上的权威，包括非政府组织、社区组织、公民自助组织等在内的第三部门也都加入了公共事务管理的行列，同政府共同承担社会公共事务管理的责任。从某种意义上讲，社会治理是社会管理创新的必然指向，因为创新社会管理并非意味着仅仅调整或改进某种管理手段或技术，而是包括理念、制度和技术等多个层面的综合性变革。若非如此，社会管理创新便难以取得实质效果。当然，从社会管理到社会治理的转变也不意味着问题的终结。政府与社会等多主体共同参与的治理，在我国仍处于探索之中，无论是理念的转变、模式的调整还是制度的建立与落实等，仍需要一个很长的实践期。

（二）社区治理与社会管理创新的推进

对于社会管理创新而言，理念的转变非常重要，制度与技术的调整也非常关键。但是，无论是理念还是制度与技术，都需要反映在特定的领域之中，表现在特定的公共事务管理之中。社区便是社会管理创新的具体领域之一，社区公共事务便是社会管理创新所要指向的具体事务。社区治理可以视为社会管理创新推进与实现的一个重要层面或维度，也是衡量社会管理创新实现程度的重要观察点。

社区作为一个学术概念，显然要比其作为一个制度概念的含义要广泛得多。一般意义上讲，任何个体都是生活在特定的社区之中的。这里的社区的概念也可以换成共同体的概念。换言之，人都是共同体的动物，具有一种社区的本能。人类的生命个体无法独立生存，必须要与自己周围的自然环境和人群建立各种各样的联系，并依存于自己周围的环境和人群，从中获得自己生存和发展所需要的各种物质的、精神的、文化的等方面的资源。根据不同的标准，可以将社区划分为不同的类型。文化、种族、城乡、宗教、地理位置、教育和工作等都可以作为划分社区类型的标准或视角，不同的学科也会对社区做不同的定位或赋予其不同的内涵。在对社区的诸多分类中，乡村社区与都市社区是一种最基本的也是最常见的分类。"乡村社区是指以农业为基本经济活动形式下的地区性社会，它具有人口较为稀少，社会交往和流动频率低，经济活动比较简单，传统习俗惯性较大，家族和血缘群体作用明显等特征。都市社区则相反，是指以工商业为基本经济活动形式的地区性社会，它具有人口较为稠密、社会交往和流动频率高、经济活动比较复杂、传统习俗惯性小、家族和血缘群体作用不明显等特征。"[1] 我们对社区含义的界定主要是一种制度性的界定，尤其是建立在国务院民政部门的有关政策性文件基础之上。

20世纪80年代后期，社区这个舶来品开始在中国出现。1986年，中华人民共和国民政部（以下简称民政部）从实际情况出发，提出在城市发展社区服务的设想。1987年9月，民政部在武汉召开全国城市社区服务工作座谈会，部署在城市开展社区服务工作，探索建设具有中国特色的社会服务体系，并倡导民间互助的精神，以灵活多样的社会服务形式，为居民特别是有困难的人提供社会福利。社区建设问题逐步被纳入政府的正式日程。2000年11月，中华人民共和国民政部发布《关于在全国推进城市社区建设的意见》，首次系统阐述了在我国各城市推进社区建设的重要意义、指导思想、基本原则、主要目标以及各项工作的具体开展要求等。在该意见中，社区的含义被确定为："聚居在一定地域范围内的人们所组成的社会生活共同体。"这为接下来的社区建设和社区治理工作的开展奠定了基础。2009年11月，民政部又发布《关于进一步推进和谐社区建设工作的意见》（民发〔2009〕165号）的文件，就进一步推进和谐社区建设工作的重要性和紧迫性、进一步推进和谐社区建设工作的总体思路和目标要求、当前和今后一个时期进一步推进和谐社区建设工作的主要任务，以及如何切实加强进一步推进和谐社区建设工作的组织领导等问题做了明确地阐述。民政部的这两个政策性文件有力地推进了我国社区建设的进程，也是我国城市社区治理工作开展的两个重要的规范性依据。鉴于社区在我国作为一个制度性概念主要是指城市社区，因此，所谓社区治理主要是指都市社区治理或称城市社区治理，在讨论社区治理规范时也主要指向的是城市社区。

在政府的文件中，社区治理被表述为社区建设，其原因大致有三：一是政府延续了作为社区治理的主导者，而且从政府的角度出发，使用社区建设

---

[1] 丁元竹：《社区的基本理论与方法》，北京师范大学出版社2009年版，第30页。

一词比使用社区治理更能够体现政府在社区治理中的主导地位。二是治理的理论和术语在党的文件中的正式使用，主要是在党的十八大提出国家治理体系和治理现代化之后而推广开来的，彼时在国家治理现代化的提法尚未进入党的正式文件，因此，在政府的文件中使用社区建设而非社区治理也是稳妥之举。三是社区治理问题是被逐步认识并提上政府工作日程的，社区的制度性构建也不过是近20年以来的事情，社区无论在制度建构还是实践推进方面都处于一个探索初期，因此，政府文件中使用社区建设也反映了社区治理所处的阶段特点。

无论使用社区建设还是社区治理，社区作为社会管理或社会治理的一个基本的维度，在社会管理创新中具有基础性意义。即使在制度意义上使用社区这一概念，将其界定为一定地域范围内人们所组成的生活共同体，社区治理依然是推进和实现社会管理创新必须倚重的基本领域。除去工作，任何的个体总是要在特定的地域范围内生活的，社区是一个基本的公共生活空间，也是一个基本的社会公共生活单元。从某种意义上讲，社区治理能否取得良好的成效，是衡量社会管理创新成功与否或成效大小的关键指标。因此，推进社会管理创新必须重视社区治理。

（三）社区治理法治化是社会管理创新的基本要求

社会管理创新与法治社会建设应该同步进行。社区治理法治化既是法治社会建设的题中之意，也是社会管理创新的基本要求。法治社会建设已经在国家战略层面上被同法治国家和法治政府建设一并提出。显然，法治社会建设与社会管理创新之间存在必然的关联。对于法治社会的基本内涵，江必新曾做过具体的阐述，认为对法治社会进行框架性描述的话，它应当包括制度面、心理面和秩序面三个方面的内容。具体而言，在制度面上，"社会生活的方方面面均有国家正式法律与社会自治规则及习惯等形成的完备的、融贯的、科学的规则系统，在这一层面，多元的规则所形成的广义规则系统具有基本的共同属性要求，即良善规则或法之合法"；在心理面上，"社会群体和成员在思想、观念上对规则之治的与精神的认同，并由此在行动和生活中自觉服从与践行，即法之认同"；在秩序面上，"由上述二者作为内在支撑的社会自主运行，社会各类组织、成员与国家各职能部门形成自治与统治分工协作，即跨越统治与自治之共治秩序"。① 由此可见，法治社会是一个涵盖制度、心理和实践等多维层面的整体构建过程和社会整体存在与运行样态。相比较而言，社会管理创新首先是一种管理模式或体制的创新，虽然离不开理念的创新与实践的推进，但侧重于制度层面的变革。这既是法治社会建设与社会管理创新的差别所在，也是两者的连接点所在——制度的改进与完善。并且，无论是法治社会建设还是社会管理创新，都将规则的重要性置于首位或核心位置。

法治社会建设的基本要求是社会各个领域的发展、运行或治理都应当有章可循，即具有较为详备的规范体系，并且这些社会主体所遵循的规则及整个规范体系应当具有合理性与协调性。尽管社会管理创新主要指向的是管理的模式与体制，但社会管理创新最终要以规则的形式固定下来，借助于一套新的规范内容与规范体系加以保障和推进。从某种意义上讲，社会管理创新是法治社会建设过程中的创新，是从属于法治社会建设进程并要符合法治社会建设的基本原则和要求的。社区治理的创新是社会管理创新的一个重要维度，是社会管理创新在社区治理领域的要求，是实现社区治理目标的根本保障。社区治理的过程也是一个不断对传统社区治理结构进行变革与调试的过程，在这一过程中尤其要对政府权力加以限缩，以充分释放社会自治和公民自治的空间。对此，我们仍然可以将《宪法》第111条关于居民委员会和村民委员会的角色与功能定位的规定视为社区治理结构变革的宪法依据，并据此提出具体的社区治理目标，用以指引社区治理制度建构和实践运行。

社区治理目标与社区的功能密不可分的。社区治理目标应该是更好地实现社区所承载的政治、经济、文化和社会功能。从理论上讲，社区所承载的功能主要是为社区成员提供需要的物质的和非物质的公共产品。"具体到我们国家现阶段需要为居民提供的公共产品主要就是社区就业、社区社会保障、社区救助、社区卫生和计划生育、社区文化、教育、体育、社区安全服务以

---

① 江必新、王红霞："法治社会建设论纲"，载《中国社会科学》2014年第1期。

及社区流动人口的管理和服务等。"① 建立在社区功能基础上的社区治理目标的确立，应该着重考虑这样一些要素或指标：政府的秩序需要、社区的安全与配套服务问题、环境整洁与优美、社区成员自治以及成员之间的和谐关系等。社区治理的理想状态应该是社区成员安居乐业、社区环境整洁优美、社区成员关系和谐，政府、社会、市场和社区成员之于社区治理的利益诉求能够得到妥当反映，并且它们之间的利益关系达至一种均衡稳定的和谐状态。此亦可视为我国社区治理的根本目标所在。

但应该注意的是，在社区治理目标实现过程中无论社区治理如何创新，都不能与国家宪法和法律所规定的有关社区治理的基本原则和规则相冲突，并且社区治理在其探索创新过程中应当遵循规则，并根据社区治理及其创新的需要不断改进和完善有关规则。社区治理创新应该是一种符合法治社会要求的创新。当然，社区治理及其创新所应遵循的规则不唯独国家的制定法规则，还应该重视国家制定法之外的其他规范形式的功能的发挥。充实和改进社区治理规范既是促进和保障社区治理合作机制发挥实效的基本条件，也是规制社区治理利益关系的根本措施。在社区治理多元规范中，根据法治原则，国家法和地方政府规范性文件显然具有更高的效力，在整个社区治理规范体系中处于主导地位，它们设定了社区治理基本的制度架构和活动规则。例如，宪法关于中国共产党领导地位的表述、地方政府的职权以及基层群众性自治组织的规定等，这些是我国社区治理的基本依据。而物业公司与业主委员会签订的物业服务合同则为物业公司为社区提供物业服务以及明确合同双方的权利义务提供了基本的规则。此外，社区政府组织也可以通过签订协议的方式委托其他参与主体行使部分社区管理职能，或者共同为社区提供某项公共服务等。

二、社区治理的规范依据：多元规范中的软法

（一）社区治理中的多元规范

社区治理过程中参与主体是多元的，不同主体有着不同的利益需求、职

---

① 夏建中：《中国城市社区治理结构研究》，中国人民大学出版社2012年版，第98页。

第五章 社区治理的软法之治

能或角色定位，相互间所产生的利益关系和交往关系也是复杂的，这就需要相应的社会规范予以调整。例如，社区政府机构的行政管理活动需要有相应的国家法依据，社区停车或公共绿化等事务的处理离不开一些社区内部章程（如"停车须知"），而社区成员之间的交往则可能因交往内容或所涉利益不同而需不同的规范加以调整。很显然，社区治理中的规范是多元的。

其一，与社区治理直接相关的国家制定法是社区治理中的主导规范。主要包括：

（1）宪法。《宪法》第111条关于居民委员会和村民委员会的性质、组织和功能等的规定，是社区治理的根本法依据，也是其他有关法律法规创制和实施的基本出发点。例如，该条第1款中规定居民委员会同基层政权的相互关系由法律规定，城市居民委员会组织法据此规定基层政权机构（不设区的市、市辖区的人民政府或者它的派出机关）对居民委员会的工作给予指导、支持和帮助，而后者则是协助前者开展工作。

（2）相关法律，如城市居民委员会组织法村民委员会组织法人口与计划生育法以及人民调解法等。例如，《城市居民委员会组织法》第19条第1款规定："机关、团体、部队、企业事业组织，不参加所在地的居民委员会，但是应当支持所在地的居民委员会的工作。所在地的居民委员会讨论同这些单位有关的问题，需要他们参加会议时，他们应当派代表参加，并且遵守居民委员会的有关决定和居民公约。"该规定明确了社区居委会与其他有关社区组织之间的关系，尤其是强调了相互间的合作关系。这为社区治理中如何处理居委会与社区内其他社区组织成员间的关系提供了法律依据。

（3）相关行政法规和地方性法规，如《辽宁省物业管理条例》《辽宁省流动人口计划生育工作条例》以及《辽宁省消防条例》等。这些法规多是就某一领域或某类社会事务设定相应的制度或规则，其中有很多规定直接涉及社区治理。例如，《物业管理条例》围绕社区物业服务的提供规定了业主与物业服务企业之间的有关权利义务关系，其中还涉及业主委员会和业主大会等社区治理中重要的参与主体的法律地位和功能等规定。再如，辽宁省人大常委会制定的《辽宁省实施〈中华人民共和国残疾人保障法〉办法》第9条第2款中规定："乡（镇）、街道卫生院和社区卫生服务中心设立康复室，配备专业人员负责残疾人康复工作,村卫生所应当创造条件,为残疾人康复提供基本服务。"该规定可以视为辽宁省有关社区残疾人康复室设立及相关康复服务提供的直接法律依据。

(4)相关部门规章和地方政府规章。例如,民政部颁行的《光荣院管理办法》第8条规定:"申请进入光荣院集中供养,应当由本人向乡镇人民政府或者街道办事处提出申请,因年幼或者无法表达意愿的,由居民委员会(村民委员会)或者其他公民代为提出申请,报光荣院主管部门审核批准。"《辽宁省农民工权益保护》第5条第2款规定:"乡(镇)人民政府和街道办事处、村民委员会应当做好组织农民工劳务输出和留守子女权益保护等相关工作,为农民工提供服务。"《沈阳市拥军优属规定》第4条规定:"国家机关、社会团体、企业事业单位、其他经济组织、社会组织、城乡基层群众性自治组织和公民,依照本规定履行各自的职责和义务。"上述规定分别为社区治理过程中申请进入光荣院供养、为农民工提供服务以及拥军优属等治理事务提供了法律依据。

其二,与社区治理事务有关的公共政策。"公共政策是关于政府所为和所不为的所有内容。它所关心的问题是政府行为涉及的许多内容。譬如:它们如何控制社会内部的冲突;它们如何将社会组织起来,处理同其他社会的冲突……因此公共政策可能涉及对行为的管制、组织官僚体系、分配利益行为等。"[1] 在对大连市有关社区进行调研中,我们时常会从社区工作人员口中听到"上级政策"这样的表述。然而,在深入交谈后我们会发现,所谓的"上级政策"是一个非常宽泛且不甚严谨的概念,它将国家政策、各级政府发布的各种命令或者会议决议等都涵盖在内。虽然如此,由于新中国成立以来很长时期内政策话语和理念深入民众的意识观念中,已经成为影响政府工作人员和一般社会公众言行的一种重要的社会规范,故公共政策在社区治理中的作用和地位同样不可忽视。与法律法规相类似,社区治理中公共政策所调整的事务范围或覆盖面也非常广泛,如计划生育、农民工权益保护、低保、征兵、户口迁移以及税费减免等。

---

[1] [美]托马斯·R.戴伊:《理解公共政策》,彭勃等译,华夏出版社2006年版,第2页。

其三，民间规范也是社区治理中非常重要的一种规范形式。这里的民间规范指的是民间交往中的一些习惯和风俗。民间规范往往与特定的地域、民族和文化等联系在一起，但它们终究要反映在生活于特定社区的民众的行为之中，对社区成员间的交往关系具有引导或约束等功能，同样会对社区治理产生相应的影响。由于民间规范的地域性、民族性和文化性等特点，我们无法一一列举出民间规范的具体规范内容，只能就民间规范可能存在或出现的一些主要场合予以说明。

（1）具有特定文化或民族内涵特色的节日，例如，汉族的春节、二月二、端午节和中秋节等，再如沈阳地区锡伯族的西迁节等。这些节日中许多都包含了特定的规范要求，如一些饮食禁忌、仪式要求或者群体活动安排等。

（2）婚丧宴请等场合。这是民间交往活动的一个重要方面，其间也包含着很多规范性的要求。例如，婚礼的举行需要有非常紧凑而严格的流程，新郎和新娘以及双方的亲属都需要遵守相应的仪式安排。尽管从国家法的角度讲，男女双方只要到民政部门依法登记并领取结婚证便可缔结婚姻，但民间婚礼及宴请则是不可缺少的具有规范意义的程序。不同的地区和民族在婚礼仪式和宴请等方面都有着很大的差异。例如，传统的满族婚礼仪式较为复杂，虽然随着社会发展和生活节奏的加快在婚礼仪式上有所简化，但是仍然保留了很多民族特色较为明显的仪式，如"插车""过火避邪"等，而这些仪式本身就是民间规范的具体体现。此外，在"红白事"中礼物的赠送与回赠等也是重要的规范内容。

（3）民间商业或交易活动。民间借贷有时会发生在社区成员之间，在借款方式、利息约定和还款方式等问题上，虽然有关国家法在需要的时候会发挥相应的调整作用，但民间规范同样在其中所发挥的作用也是不容忽视的。此外，不同地区的社区集贸市场交易也有着很多独特的交易方式或习惯。

社区治理中的民间规范除了在以上几个方面发挥规范作用外，还存在于社区生活中的其他很多场合中，而不论是私人交往还是公共生活。

其四，道德规范和公认的价值准则。尽管道德与法律的关系在法理上一直被讨论着，但道德作为一种能够对人们行为产生实际约束力的社会规范而存在，是一个公认的事实。尤其在社区这样有着较为确定且日常生活联系较为密切的空间中，道德尤其是社会公德是约束社区成员行为的重要规范之一。当然，道德作为一类规范形式，因社区所处的地域、人员构成以及经济发展或开放程度等的不同而呈现出很多差异，同样难以从内容上予以具体的归纳或描述。但是，与一些社会公认的价值准则（如公平、诚信等）一样，在特定的社区空间内尤其是在指向具体的事件或交往关系时，大体是可以被确定的。

此外，除了上述规范类型外，近年来由不同社区治理主体创制的社区公共事务管理规则或服务准则，如由社区所在的街道办事处制定实施的一些"办事指南""须知""工作准则"等，逐渐成为社区治理中愈加重要的一种规范形式。我们将此类规范形式称为社区软法。在规范内容方面，社区软法能够涵盖社区治理的各个方面，如民政、社会保障、和环境保护等。例如，大连市金州新区社会保险管理中心制定的《金州新区企业退休人员社会化管理服务须知》中具体规定了退休人员社会化管理服务的含义、服务的内容、领取养老金的资格认定以及档案卡转移手续的办理要求等。尽管这一服务须知不属于立法机关制定的正式的规范性法律文件，但它在社区治理实践中对参与主体的行为能够产生有效的指引和规范作用，因此，我们将其视为社区治理中非常重要的一类规范形式。之所以称之为社区软法，是因为此类规范形式缺乏国家制定法那样的强制实施保障机制，而更多地借助于资格剥夺、区别对待、舆论压力等机制来推动实施。

（二）社区治理软法的表现形式

据调研，当前我国社区软法主要来自社区政府机构，尤其是县级政府及其工作部门、街道办事处和社区工作站，其具体形式和名称也是多种多样。大致包括：

（1）"工作制度"或"活动制度"，即特定社区治理机构在履行职责或开展有关活动中所要遵循的具体制度。例如，大连市某街道办事处司法所挂有"工作制度"字样的墙板，上面比较详细地记载了司法所的各项具体工作制度，如例会制度、请示汇报制度和档案制度等。

（2）"工作纪律"或"禁令"，即社区治理组织对其工作人员设定的具体工作要求,往往表现为一些"义务性"或"禁止性"规范。例如,大连市某街道办事处制定的《人口和计划生育两个工作纪律》包括"群众工作纪律"和"检查考评工作纪律"两部分,分别对街道办事处及社区工作站的工作人员在开展社区人口和计划生育工作过程中如何对待群众和从事检查考评工作设定了一些禁止性规则。例如,群众工作纪律中要求"不非法关押群众""不刁难群众办事"这样的规则,而在检查考评工作纪律中则有着"不在执行检查考评公务期间饮酒""不作出失真或显失公平的检查考评结论"等要求。

(3)"守则""准则"或"要求",即要求社区治理机构制定的要求其工作人员应该遵守的行为或礼仪规范。例如,大连市某乡镇综合治理工作中心制定的"工作人员守则"中载有"爱岗敬业、服从安排""公平公正、以理服人"等内容,作为工作人员在处理社区综治事务时的守则。调研中我们还在很多社区政府机构办公场所或公开场所看到《中国共产党党员领导干部廉洁从政若干准则》这样的文本,显然该准则对社区治理过程中党员的有关行为能够产生相应的约束功能。再如,大连市某街道办事处综合治理办公室"接访要求"中规定,接访人员应该"边听边记,把群众反映的问题客观地记录下来。首先,要由群众填写'来访登记表'。其次,在接待中要耐心听,认真把握要点。第三,听后要把主要问题和要求向来访者复述一遍,然后交代处理方法和原则,尽可能使其满意"。这一规定中对接访过程中的听记问题作了非常具体的规定,是社区信访工作重要的规范依据。

(4)"工作目标"和"服务承诺",即社区治理有关组织所确定的在特定期限内所要达到的工作目标,或者对其管理或服务工作的方式、目标或质量的公开承诺。例如,大连市甘井子区某司法所对其所承担的每项基本职能都确定了年度工作目标,如在普法工作方面要"完成全市法制宣传教育计划,法制宣传教育对象的普及率:公民90%,领导干部、公务员、企业经营管理人员、青少年、农民在95%以上",在人民调解工作方面要使"民间调解率达到98%,调解成功率达到95%以上"等。再如,大连市某街道办事处综治工作服务中心就"窗口坐班""来人登记""分流交办"和"情况反馈"等作出服务承诺,如公开承诺"按照归口办理的原则,10分钟内为前来办事人员当面填写好分流办单，指定好承办部门，明确办事流程"等。无论是施加于治理组织自身的"工作目标"，还是作用于管理或服务对象的"服务承诺"，一旦制定并公示便会对治理活动产生实质性的影响。

（5）社规民约（包括居规民约或村规民约等）。既然属于"约"的形式，本应该由社区成员尤其是个体成员通过平等协商的方式，就"约"的内容达成一致方有约束效力。但是，社区治理实践中此类社区软法多是由社区居委会（或村委会）或者社区政府机构主持编制，然后由相应的群众性自治组织以自己的名义发布，供社区成员共同遵守。社规民约在内容上既有一般的道德或礼仪规范，也有特定地区的风俗习惯，还包括对特殊的社区成员行为的规范要求。换言之，当前的社规民约大多是国家法、道德伦理规范、国家政策、地方或民族习俗的一些杂合性规定。例如，在某社区规约中有这样的规定："本社区任何组织和个人不准招用不满十六周岁的未成年人务工，违者责令限期辞退，情节严重的报有关部门依法处理。不拖欠务工人员工资。"就我们所调研查阅到的社规民约来看，绝大多数的行文模式或风格都与此相类似。尽管如此，社规民约在社区治理中的规范作用是不可忽视的。梁治平在研究乡土社会中的法律与秩序时，曾对村规民约做过分析，认为村规民约多少是村民共识的反映和村民利益的表达，"其内容涉及乡村生活的诸多方面，往往超出正式法律所规划的范围。这意味着，村规民约可能创造一个不尽同于正式法律的秩序空间"[①]。

除了上述五种形式外，社区软法还表现为"管理规约""须知""办事指南""通知公告"和"协会章程"等。其中，"管理规约"多是有关社区物业服务的提供的规范，涉及业主大会、业主委员会、物业服务企业和每位业主等治理参与主体。例如，本溪满族自治县某街道办事处公布的"管理规约"示范文本中对物业基本情况、各自的权利义务以及违约责任的承担等问题都做了较为详细的规定。再如，盘锦市双台子区胜利街道办事处发布的"2012年度适龄青年入伍须知"中对征集条件、时间安排和有关政策等都作了规定或说明。

---

① 梁治平："乡土社会中的法律与秩序"，见王铭铭、王斯福主编：《乡土社会的秩序、公正与权威》，中国政法大学出版社1997年版，第426页。

第五章　社区治理的软法之治

总之，通过对社区软法各种形式及内容的列举与总结可以看出，尽管这些软法规范在形式和内容上存在不少问题，例如，许多社区软法自身的合法性或严谨程度都值得商榷，但是它们对参与社区治理的各主体的行为及关系能够产生直接的指引或约束效力。

（三）社区软法的公共治理功能

英国著名法官莫尔顿曾将人类行为划归三个领域，分别是法律领域、自由选择领域和介于这两者之间的"服从于非强制力量"的领域。中间领域包括道德责任、社会责任、举止礼仪，以及推而广之为"所有的除你自己以外没人可以强迫你做的正确的事"[①]。社区便是这样一个中间领域，社区成员在这一领域中服从于非强制力量，而承载这种非强制力量的规范除了道德和民间习俗外，再就是社区软法。总之，社区软法运行于由国家法调整和个体自由选择两个领域之间的公共生活领域，是社区公共治理的基础性规范。

国内学者在研究软法问题时大多将其与公共治理相联系，如罗豪才等在其所著《软法与公共治理》一书中很大部分篇幅都在探讨软法与公共治理的关系，有时甚至直接将软法称为"公域软法"。翟小波也曾对软法与公共治理的关系作过较为深入的分析，认为"治理模式的主体是复杂、多元和速变的社会子系统。在此，作为管制模式之基础的单中心的、刚硬和固定的、统一和普遍的、压制型的国家法无疑不合时宜。治理模式更倾向于适用无中心和离散的、持续反思和适应性强的'软法'……'软法'和治理模式在很多方面是同构同质的，公共治理主要是'软法'治理"[②]。我们赞同上述学者有关软法与公共治理之间的关系的论述，认为社区软法同样应该是社区治理的主要规范形式。《宪法》第111条第2款规定："居民委员会、村民委员会设人民调解、治安保卫、公共卫生等委员会，办理本居住地区的公共事务和公益事业，调解民间纠纷，协助维护社会治安，并且向人民政府反映群众的意见、要求和提出建议。"该款尽管主要是关于基层群众性自治组织社区治理

[①] [美]史蒂芬·柯维："理想社区"，见德鲁克基金会主编：《未来的社区》，中国人民大学出版社2006年版，第49页。

[②] 翟小波："'软法'及其概念之证成——以公共治理为背景"，载《法律科学：西北政法学院学报》2007年第2期。

功能及内容的规定,但其中隐含的立法意图则是试图建立一种社会自治为基础、官民合作为辅助的社区治理模式。这种社区治理模式恰恰为社区软法的作用提供了足够大的空间。

首先,社区软法能够为社区治理活动提供规则依据。社区软法的内容除了部分原则性规定外,大部分是一些较为具体的行为规则和程序性规则,即要求社区治理过程中有关主体应该如何行事。例如,大连市某街道办事处公布的《优惠证、医疗保险办理须知》就办理再就业优惠证和医疗保险所需证件及程序作出具体规定,要求在办理再就业优惠证时应该首先"持本人身份证、户口簿、失业证、解除劳动关系协议等复印件3份到户口所在社区(村)提出申请及填写再就业优惠证申请审批表"。这就为社区治理主体从事相关行为提供了具体的规则依据。从权利和义务的角度看,社区软法虽然不乏权利性规定,但更多的是义务性规则,在内容表述上多以"不得""应当""禁止"等句式为主。此类规则尤其会对社区政府机构及其工作人员的工作及行为产生相应的约束。

其次,社区软法能够为社区治理确立方向或目标。软法的研究首先出现在国际环境和人权保护等领域,虽然不具有法律约束力但是它往往代表了国际社会对有关环境和人权保护等问题的基本共识。"对于国际社会来说,某项国际软法的通过事实上对未来的国际实践和国际立法具有指示性作用。"[1]社区软法同样具有这种"指示性作用",今后国家在对社区治理进行立法调整时,可以参照社区软法的有关原则或内容。不仅如此,社区软法的指示性作用还体现在为社区治理参与主体的行为确立具体的方向或目标,如具体工作制度的建立、工作目标的制定以及服务承诺的作出等。

最后,社区软法的创制与实施还有助于推动一种新的政府治理模式或公共治理模式的形成。众所周知,我国正处于社会转型时期。社区管理与服务也由传统的管制模式向现代治理模式转变。现代社区治理模式尽管在不同的国家有着不同的表现,但是它们共同分享着一些核心的价值原则:参与、协商与合作,同时要求参与社区治理的公民和组织有更强的责任心,要求有关

---

[1] 蒋凯:"国际软法的缘起及影响",载《当代世界》2010第8期。

政府应该是"小而富有回应性"的。美国学者博克斯指出:"建构小而富有回应性的政府意味着,应建立瘦型而有效能的政府组织,以积极地回应公民的要求,这样的政府只做公民让他们做的事,而且,它应以对服务使用者友善的方式而不是以烦琐的官僚方式为公民做事。"① 社区软法着眼于社区公共治理事务的处理。要想妥善地处理好社区事务并实现社区治理的目标,显然不能单纯依赖社区政府机构的单方行动,而需要社区治理各参与主体的充分参与和积极合作,当然也包括在社区软法的创制与实施过程中的参与和合作。而社区治理各参与主体尤其是非政府机构或公民在参与社区软法的创制和实施过程中,将不可避免地会对政府、社会、市场与个人的关系进行重新思考与定位,这在客观上能够对政府职能转变及服务型治理模式的建立产生相应的压力或推动力。

三、社区治理实践中软法运行存在的问题

软法在社区治理实践中发挥中重要的规范功能,但软法的存在及其功能并未得到理论研究者和实务工作者的充分重视,致使软法在社区治理实践中更多处于一种自为的而非自觉的状态,也即缺乏有意识地系统建构与运用。结合我们对大连有关社区的调研,将社区治理实践中软法运行存在的问题总结为以下三个方面。

(一) 社区治理软法运行缺乏制度保障

其一,社区软法制定程序混乱。社区软法制定缺少一个统一的法定程序,导致制定过程混乱。社区软法的制定主体本应是社区自治主体,但由于社区与政府的关联性过密,许多地区的政府部门越俎代庖,代替社区制定自治性规定,直接下发工作守则、防火公约等。在与某社区工作人员进行深度访谈中,我们问到社区中悬挂的社区防火公约是怎么制定的,得到的回答却是街道直接下发的。

社区软法制定程序中存在的最严重的问题是缺乏协商民主这一重要过程。

---

① [美] 理查德·C. 博克斯:《公民治理:引领21世纪的美国社区》,中国人民大学出版社2013年版,第6页。

在社区软法的制定过程中，要本着协商民主的理念。但是在现实的社区软法制定过程中，这一理念却并未得到重视。大部分社区软法并不能反映社区居民的利益需求，更多的是在传达国家的意志或是体现极小部分社区成员的意志。社区是由社区居民这一个个独立的个体组成，社区软法本应是反映社区居民的整体利益诉求的，而缺少了协商民主程序，致使社区居民的权益得不到保障。由于社区与政府的紧密联系，社区居委会从成立之日起就肩负着一部分的政府职能，依赖于政府的财政支持，甚至机构的设置和管理也会模仿政府的行政体系，使本应作为社区居民发声机构的居委会，成为了反映国家需求、迎合政府管理的机构。同时，在社区软法的制定过程中，缺少公示程序。很多社区软法从制定到颁布实施，都是悄无声息的，导致社区居民无法针对社区的软性管理规则发表自己的意见和看法，无法使社区居民自觉自愿的遵守社区软法规则。

其二，社区软法的实施缺乏组织和实施保障。在社区软法的实施过程中，社区居委会及社区组织对本社区存在的软法规则基本不会进行宣传，社区内普及软法教育的范围太窄，大部分社区居民对社区内的软法治理规则知之甚少，且对其很少主动关注，社区对各项软性规则也未能设计出健全有效的实施措施，各项软法规则未被落实到实处。大部分城乡社区中都在法律援助方面投入了较多的精力，而在社区软法的制定和实施过程中，却缺少专业人员进行工作，也缺少相应的资金支持，依据各社区的特点而制定的社区管理规范体系还未建立起来。因为社区软法规范不具备国家强制力的保障实施，在社区软法如何保障实施，得到全面有效的运作方面，社区软法治理仍未探索出一条有效的道路。社区软法没有相应的处罚与责任追究制度的配套措施，且社区居民对该社区软法的认同感低，导致社区软法在实践过程中难以得到充分的执行。

制定的社区软法过于原则化，难以被具体应用到具体的实际情况中去。社区居委会本应是基层群众自治组织，但由于我国长期实行的都是自上而下的垂直式的领导模式，为加强基层社会的管理，国家将基层辖区的工作大部分交于街道进行管理，提升了街道的管理职能。但街道和社区本应是指导与被指导的关系，在实践中却慢慢地变为了领导与被领导的关系，街道定期的给所管辖的社区开会,统筹各社区的工作。街道还会不定期的给各社区下发通知文件,要求各社区贯彻落实,通过各种方式来领导社区的文化、体育、卫生、养老等工作。例如,有的街道专门设置社区建设科,主要负责制订社区建设整体规划和年度计划、方案并组织实施,完善社区服务设施,合理配置社区服务资源;负责社区居委会的建设与管理,居委会干部的选举、依法管理、依法监督和教育培训,指导社区居委会开展工作。组织落实社区建设目标考核方案,保证社区建设全面达标。虽然在职能的第 2 条中用的是"指导"一词,但结合上下文来看,街道对社区还是一种领导的模式而非指导。在这样的体制之下,社区的职能慢慢的更为偏重行政管理职能,而非其本应具有的基层自治职能。作为社区软法制定主体之一的社区居委会所制定的软法规则也不能结合本社区的地理位置、人口结构、知识体系、硬件设施等具体特点,而是一味的采用规范化的管理公约、工作守则、防火公约、财务管理制度等。社区与社区之间的软法极其类似,章程内容生搬硬套,失去了这些社区软法为社区治理提供依据的核心意义。

同时,由于与社区相关的硬法规范,大都是针对全国社区的统一性规定,所以制定的都是原则性规定。而各社区的工作守则等相关管理规则,因为政府的干预、软法制定水平及资金匮乏等因素的影响,也出现了规定过于原则化,不能与社区的实际情况相结合等问题与不足。我国地域面积广阔,人口众多且各地区的人民生活习惯差距较大,经济发展在全国来讲也不平衡,各地发展水平差异性较大,因此,根据各地区的实际情况制定相关的软法十分必要。然而实践中却是各地依旧对原则性的规定较多,结合社区实际的规定较少。这些原则性的规定无法被应用到实际中,也使社区无法依据制定的软法进行工作,致使社区治理不能取得预期的成果。社区工作人员在处理社区事务的时候往往认为规定是规定,而实际情况是实际情况,无法根据各项具体规定来处理现实的社区实际问题,致使社区工作的开展依据的是人治,而不是法治。

社区内的很多自治组织,如社区妇女联合会、社区计划生育委员会等,这类组织对政府的依赖性较大,其工作人员也大都由政府委派,因此,其自治性大打折扣,这类组织的组织规则、人员管理条例等软法规则因政府的干预而更倾向于选择规范化、统一的模式，而不是根据自己社区的特点制定自治规则。然而其他一些自治性很强的组织，如社区广场舞队、秧歌队等，因其管理人员素质参差不齐，管理模式松散，也不能很好的根据自身特点制定内容务实的管理规范。

其三，社区软法运行缺少硬法上的依据。现阶段，我国在法律上并没有对社区进行界定，也就是说，在我国法律中并没有社区这一概念，与之相对应的法律体系自然也就不存在，软法运行自然也缺少相应的硬法依据。但是从早期的民政部《关于在全国推进城市社区建设的意见》（2000年）与国务院对该意见的转发到近期中共中央办公厅、国务院办公厅印发的《关于加强城乡社区协商的意见》（2015年）中可以看出，社区建设在我国基层社会的治理中确实占有一席之地，且发挥着相当重要的作用。从现实的角度分析，与我国社区建设相关联的法律法规大致有宪法中有关基层社会的规定、城市居民委员会组织法村民委员会组织法城市街道办事处组织条例物业管理条例，以及一些省市制定的关于社区管理的若干规定等。这些法律都旨在对基层社会的治理上发挥作用。但随着社区在我国不断发展且地位越来越重要，相关法律的缺失与滞后性就更为凸显。

从法律概念上来讲，法律对社区一词，缺少一个基本概念上的厘定。对社区的性质、划定的原则和范围、组织机构、管理者都没有相关规定。我国现阶段的社区治理的具体执行中大都依据城市居民委员会组织法村民委员会组织法城市街道办事处组织条例，但更多的是依据各种政策意见和指导方针。在基层的治理实践中，很多居委会和村委会都已经通过一系列的改革和整合措施成为了社区居委会和社区村委会，对社区却没有一部真正的法律对其进行界定，难免会造成治理上的疑惑与混乱。2011年，中国特色社会主义法律体系就已经形成，但对基层社会的社区治理却缺乏相关法律法规，与我国依法治国这一方略相悖，因此，更需要加快步伐对基层社区的治理予以硬法上的明确，给社区"正名"，进而保障社区软法的正常运行；从社区治理的主体和范围来讲，社区治理主体多元化的发展方向势不可当，民众的发声意愿也越来越强烈，但现在却缺乏法律上对治理主体与可治理范围的规定，会造成治理主体混乱，群众合法有效的声音得不到尊重而一些不良的信息和非法要求却能得到快速传播，这会影响基层社会的和谐与民心的稳定；从社区治理程序上来讲，社区治理需要群众的参与，参与的程序就成为了治理中的一个重要环节，但却缺乏相关的法律法规，不能从硬法上对这些程序性事项进行规定，赋予公民权利，同时限制权利的滥用，会造成程序上的混乱，使实体权利得不到保障。

（二）社区治理实践中软法运行缺乏人员支持

其一，社区居委会的组成人员结构失调。众所周知，社区居委会应该是居民自我管理、自我教育、自我服务的基层群众性自治组织。居民委员会的组成人员，应由本居住地区全体有选举权的居民或者由每户派代表选举产生。然而，在实践中，我国社区人员的组成结构却十分复杂，包含了社区工作者和社区公益性岗位，还有些人员是省委组织部派驻到社区帮忙的工作人员。社区公益性岗位的人员来自残联、民政局等，且大都为老弱病残，使社区成为了养老助残的机构。社区工作者是指在社区党组织、社区居委会和社区服务站专职从事社区管理和服务，并与街道（乡镇）签订服务协议的工作人员。现在全国大部分的社区工作者是通过各市组织的社区工作者考试考入社区工作的。根据大连市公开招考社区工作者简章来看，2014年的简章中还有考生一般应报考居住地所在岗位这一要求，而2015年的简章中却取消了这一要求；在大连市中山区公开选聘社区工作者简章中考生的居住地也没有要求，只规定了必须是市内四区常住户口。并且在与社区居委会人员了解情况时，有些工作人员对这些考社区工作者的年轻人也不是特别理解，不明白他们为什么选择这种在基层且又累、工资又低的工作。身份情况的无限制，即是否必须是所考社区居民等的无限制，而其工资又是由民政局下发的，这直接导致了他们成为了政府的工作人员，社区工作对他们来说也仅仅成为了一份工作而已。他们在工作中缺乏了在本社区居住的居民的那种情感上的纽带关系，而收入较低，也使他们在工作上的投入热情大为下降。社区居委会主任的选举很多情况下公开性不足，并且通常需要街道的任命，甚至有些社区居委会主任是由城区直接下派到社区的。

这种人员的构成结构，使社区建设在他们心中缺少利益导向，而软法之所以能发挥其作用，正是在于利益导向机制的作用。在实际的社区工作中，面对繁重的社区工作压力，这种人员构成结构使基层社区本来就不可避免的选择性应付情况更为突出。社区居委会的工作通常分为"党务""政务"和"居务"三大类，并且根据考核标准严格程度的不同，将考核标准分为"硬指标"和"软指标"。[①] 被社区工作人员归为"硬指标"而能被妥善完成的工作主要分为两种，一种是由于社区人员面对街道的各种考核制度以及其自身身份的行政性，对街道下达的指示，他们必须谨慎对待。另一种是为社区居民提供公共物品、保障社区安全以及基本服务，社区工作人员迫于问责机制的考虑，也可以提供良好的服务。社区针对社区居民开展社区事务本应是他们最主要的工作，却因为有一部分被划分到了"软指标"的范围，而不能被良好的实施。针对社区的"软指标"，他们会进行有选择性的应付，特别是针对一些"务虚"的工作，如社区精神文明建设、社区法制宣传等。例如，某市为推进精神文明建设，要求基层社区开展"文明出行月""社区文化月"等主题活动，某社区为这些活动做了非常详细的计划准备，但却没有真正举办过一次活动，究其原因，这些活动对社区考核没有帮助，且社区工作人员对社区并不存在认同感，认为社区精神文明建设与社区的团结意识并不重要。因此，在社区基层工作繁忙的情况下，这些工作就被选择性地应付过去了。

其二，社区治理中主体地位不平等。社区软法的制定主体、执行主体以及被执行主体应该处于平等的法律地位之上。但是我国社区软法的制定主体、执行主体总是凌驾于被执行主体之上，这种不平等的关系，导致社区居民对社区委员会的不信任，不愿意参与社区公共事务的管理。社区居委会对于社区权力的行使等事项，大部分也不会允许社区居民参与，这使社区居民对社区的各项事务都不太关心，因为他们认为，即使参与了社区事务，也没有多大的实际意义。由于软法参与主体地位的不平等，社区居民更习惯于等待政府的命令，等待社区的通知。社区居委会也很少注意到它本应该是居民的社区居委会，而不是政府的社区居委会这一事实。

[①] 杨爱平、余雁："选择性应付：社区居委会行动逻辑的组织分析"，载《社会学研究》2012年第4期。

在软法的执行上,也缺乏针对社区居民的有效参与机制。一方面,我国国民的权利意识刚刚觉醒,对于参与社会公共事务的管理方面积极性不足。另一方面,社区软法的执行中,也缺乏使社区居民有效参与社区软法治理的机制,这主要体现在以下几点:①在很多社区活动需要社区成员参加的时候,都是经过了社区工作人员的动员、说服,社区成员才不得不参与,这种动员式的参与,实际上是社区居委会,利用自己的优势地位,动员社区成员帮助其完成行政事务,社区工作人员也很少能够顾及社区成员的利益和感受,社区居民实际上是"被参与"到了社区公共事务中,这也直接体现了社区软法执行中各主体地位的不平等,降低了社区成员参与公共事务的积极性;②社区成员中,有时间和精力去参加社区事务的人员大多为离退休人员和待业人员,其他人则很少能参加到社区的治理中来。社区在组织活动中,为了便利其行政性质的行为得到高效实施,一般不会考虑到让大部分社区成员参与进来,使大部分居民的意见得不到反映,也阻碍了他们成为社区软法参与主体的权利。③现在允许社区成员参与的社区事务多为普法讲座、卫生、文艺表演等非行政事务,而对于社区治理等针对社区居民利益的行政事务,多为社区直接开会布置、通知。这使社区居民更加体会到了主体地位的不平等,进而丧失了参与社区治理的热情。

(三)社区软法运行中的矛盾解决机制不完善

其一,因软法运行产生的矛盾调解效果不理想。民间纠纷的解决,更注重的是法律的实体正义。因此,在解决纠纷的过程中,需要大量的信息调查,来还原事情的真相。社区软法矛盾解决的第一站一般为社区居委会的人民调解委员会,而我国现在的社区居委会工作繁重,各项行政事项的工作本已使社区工作人员应接不暇,对于社区居民因社区软法产生纠纷的调解,大部分停留在初步的劝解上。社区工作者在调解纠纷的时候,多数情况下只能停留在倾听纠纷当事人的陈述,使当事人能平静下来进行谈话与沟通,争取让当事人自己制订出一种双方都可以接受的折中的解决方案。这种劝解式的方式,针对一些简单的居民之间的社区软法纠纷可以得到一定的效果。但是对稍微复杂一些的纠纷,因社区工作者不能进行大量的调查与证据收集,且社区调解人员大部分也都不是法律专业出身,对相关法律法规的理解与认识不足,致使当事人对纠纷的解决结果无法信服或纠纷根本无法得到解决。

社区软法参与主体具有多元化的特点,但是社区软法救济方式却十分稀少。调解人们内部矛盾是社区居委会的一项重要职责之一,但是当社区居委会作为社区软法参与主体,成为了社区软法纠纷的当事人时,社区再参与到矛盾的调解中来,会使社区居民对其的公正性感到怀疑。且按照法律的一般原则来讲,与涉诉的当事人有利害关系的主体也应该进行回避。如果基层调解矛盾的最主要机构社区居委会进行了回避,那本就寥寥无几的救济方式就又少了一种,当事人则只能选择去法院直接起诉或者去街道或乡镇的司法行政部门设置的调解中心反映情况要求进行调解。前文已经论述,因为我国现阶段社区居委会和街道等行政机构的关系过为密切,并且我国公民现在普遍的心理认同是行政机构都是一家,对街道和乡镇的调解中心是否可以作出公正的判决,当事人心里也都是存在疑问的。并且即使调解中心作出了调解协议,任何一方当事人不满意,也都可以到法院提起诉讼,要求变更或者解除调解协议。综上,社区软法矛盾在基层不能得到有效的解决,最后的结果都会是矛盾走入法院的司法程序。

其二,社区软法在司法程序中效力低下。社区内因软法规范的适用而产生的矛盾在基层社区如果得不到解决,诉至法院就成为了唯一合法而有效的方式。而法院在案件的审理中,对于社区软法规范该如何认定,仍然存在很多问题。国家硬法体系中除城市居民委员会组织法和村民委员会组织法中有关于居民公约和村民自治章程、村规民约的笼统规定之外,尚没有具体的关于社区软法可制定的领域、范围以及对居民约束力等方面相关的硬法规定,在我国现在的硬法规制体系下,法官在办案时对社区软法该如何定义,尚没有统一的认识。在涉及社区软法规范的时候,法官通常会想尽办法以调解方式结案,如果调解不成,法官则会陷入抉择困难,如果选择适用硬法,则可能会出现尊重了程序上的正义,而违背了实质正义,使当事人对判决结果难以接受;如果选择适用社区软法规范,又将面临着判决缺乏法律依据的风险。

目前理论和实务界对社区软法的适用方法也没有统一的认识。如果是有成文规定的社区软法,那么软法的存在就比较容易证明;如果是没有成文规定的社区软法,那么由谁来证明软法的存在就成为了案件审理的一个重要问题,是由法院依职权对软法的存在进行调查取证,还是由涉诉的当事人自行证明,都是法官面临的不可回避的问题。社区软法的适用具有鲜明的地域性,根据每个社区的不同,涉诉纠纷的不同,法官和当事人所选用的社区软法也不同,这会增加法官判案的难度,为保证法律的公正性,法官要尽力对同一个社区相同类型的案件进行相同的判决,但是在没有成文社区软法以及相关硬法的支持下,如何可以保证适用结果的统一,也是社区软法纠纷如何得到司法救济的一个重要阻碍。

(四)社区治理软法实施中自由裁量缺乏有效约束

社区软法实施中的自由裁量的存在具有必要性与合理性,但在社区治理实践中也会产生弊端,尤其当这种自由裁量缺乏有效的约束而被过度使用时,会给社区治理所追求的目标造成难以估量的负面影响。

第一,自由裁量的使用可能出现"区别对待"的现象,有违公平公正原则。社区是一个最基层的公共生活领域。受中国传统的"爱有差等"及熟人社会交往准则等的影响,社区软法的实施者在某些情形中会根据"关系"的亲疏来给予不同的对待。一般而言,对于那些较为熟识或者经由朋友等介绍的办事者,相比较于"陌生人",社区软法的实施者会更为"热情"地接待并更为"认真"地办理相关业务。相信有过社区生活经验的人都会有这样的体会。如果我们到社区有关治理机构办理某项事务,直接或间接地与负责该项事务的工作人员熟识,那么在所需材料的准备以及办理效率等方面,会获得更多的关照。

对于这种现象,我们诚然可以用"人之常情"来理解之,但如果自由裁量权的使用造成了对"熟人"给予关照而对"陌生人"过于苛刻甚至有意为难的情形,那么这种"区别对待"显然违反了公平公正的基本原则。据调研,这种现象在社区治理实践中并不少见,由此也引发了许多民众的不满情绪。当然,能够促使社区软法实施中通过自由裁量进行"区别对待"的原因有很多,除了"熟人"或"关系"外,还包括办事者的职业、社会地位以及其他一些个体性特征(如性别、年龄或者衣着等)。在当前对社区软法实施中的自由裁量缺乏有效约束机制的情况下，这种"区别对待"是难以避免的，其消极影响也是显而易见的。

第二，社区软法实施者关于办事期限的自由裁量在某些情况下会影响工作效率，同时也可能损害管理或服务对象的权益。对于那些只规定了办事程序或服务准则的社区软法而言，其实施者可能因事务繁忙或者怠于办理等而自行决定办理期限，一旦发生拖延迟误就可能给有关接受管理或服务的主体造成损失。一位社区居民曾讲述过一个亲身经历的事例：去年5月，该居民到社区工作站给三岁孩子办理保险业务，按照要求提交了有关资料并交纳了费用。去年11月，孩子感冒生病，该居民到医院挂号看病时，被告知医保卡不能使用。电话咨询有关部门后，得到的答复是社区未能在规定的时间将有关信息和资料上报，需再过两个医保卡才能启用。这让她感到十分无奈，不得不用现金支付相关费用而无法享受到医保的优惠。

比较不同层级和类型的社区软法，我们发现，较高层级的政府及其机构制定的有关社区管理和服务的软法文件，大多规定了具体的办理期限（如果必要），而社区工作站或居委会的制定的软法规范则较少有期限的规定。虽然后者许多是在执行前者的规定，但实践中前者所规定的期限往往是从社区工作站或居委会上报材料之后才开始计算的，至于从接受管理或服务者递交材料到上报材料之间的这段时间，大多由社区工作站或居委会等自行控制，也即属于自由裁量的范畴。这也是容易产生问题的地方。

第三，社区软法实施中的自由裁量同样可能滋生腐败或其他不正之风。虽然诸如"工作职责""服务承诺"或"工作守则"等自律型软法文件中都规定要认真履行职责、热情接待和处理每一位社区成员的有关事务，而且此类软法文件同时也会对管理型或服务型社区软法的实施产生相应的规范作用，但是这种倡导性强于规范性的软法文件，并不能有效抑制实施者以自由裁量的名义实现偏私的倾向。当前，我国社区治理过程中出现了有学者所称的"行政化困境"和"边缘化危机"，前者是指"社区居委会作为居民自治组织，本来应该是居民的'头'，但实际上却需要承担街道下派的大量行政事务，成为街道的'腿'，导致其不堪重负、功能错位"，后者指的是社区工作站的建立虽然接管了本不应由居委会承担的行政管理或服务职能，但却使居委会很大程度上被边缘化了。[①] 其实，社区居委会面临的上述危机也正是我国社区治理所面临的危机，行政化的强化在削弱了自治空间和自治能力的同时，也必然会滋生行政权或准行政权本身的滥用问题，尤其是当这种权力面对的是缺乏有力制约的社区软法时，后者在实施中所需要的自由裁量无疑在其间扮演了推波助澜的负面角色。

四、加强软法之治与推进社区治理创新

（一）完善社区软法的制定程序

我国基层社会依靠硬法自上而下的治理模式取得了不容忽视的成绩，但随着经济与社会的不断发展，城市化与现代化的进程不断加快，公共治理理论也在不断创新。将软法引入社区的治理中，是基层社会治理探索中的一个可行性方案，是治理模式的创新，它可以为社区治理中所面临的纷繁复杂的矛盾提供有效的解决途径。社区的治理中实现"软"的治理，发展社区软法势在必行。在这一"软"的治理模式下，政府对社区的工作方式，应将直接的通知命令、下达文件等领导方式更多的改为提供信息、技术支持等指导方式，更多地尊重社区本身的情况，赋予各社区充分有效的自主权。他们可以根据社区自身利益的考虑，自主的根据国家的法律法规和政策方针，在基层政府的指导下，制定适合本社区具体情况的社区软法规则，充分发挥各社区的自主性和能动性，使本社区的软法可以得到有效的实施。软法治理模式可以得到有效实施的基本条件是社区成员个体、社区整体与国家之间存在着共同的利益与价值观，在此基础上，政府通过指导的方式，与社区之间进行对话与协商，建立合作。在整个软法的治理过程中，政府的角色发生了改变，基层权力机关、街道的工作方式也要进行转变，改变往日的家长式领导，成为可以和社区对话、协商、指导的平等主体。

社区软法治理强调的是一种软性的治理，因此在社区软法的制定过程中，公众的参与与协商民主至关重要。在公民参与和自主意识不断觉醒的今天，

[①] 郑航生、黄家亮："论我国社区治理的双重困境与创新之维——基于北京市社区管理体制改革实践的分析"，载《东岳论丛》2012年第1期。

公众参与和协商民主在社区软法运行程序中必不可少，在公众的参与过程中，也是体现我国基层群众自治协商民主的过程。公众参与强调参与主体的多样性、多元化。软法机制使我国的治理模式走向多元化的协商合作、上下互动，构造出了立体动态的治理模式。各主体之间可以平等的交流沟通，共同进行决策。软法机制从深度和广度这两个维度对参与的主体进行整合，不同利益主体共同参与到社会的治理中来，在协商的基础上为共同的利益目标而奋斗，又保持了各主体的特色。具体到社区的治理中，社区委员会、社区党委、社区组织以及社区居民，都可以平等的参与到社区治理中，使他们都能够自由地表达自己的意愿，建立畅通的发声渠道。软法的一大优势就在于软法的制定主体与服从主体具有一致性，软法才能够被有效的执行。重视各主体的利益需求并进行协调，是社区软法有效运行的条件之一。协商民主具有巨大的潜能，它可以有效地回应各矛盾主体和多元文化之间产生的问题。它的实质就是要实现和推动公民进行有效的政治参与。它强调社区软法治理的过程中，要构建一个平等的环境，各主体之间通过公开的讨论、自由地表达意愿，追求自己的利益并倾听和考虑相反意见，针对各种问题予以对话协商，得到一个各方都可以接受的妥协的结果。要实现协商民主，首先要求社区居委会成为一个真正的为社区居民发声的基层自治组织。其次要求基层政府的工作具有更强的包容性，允许不同社区之间差异的存在。基层政府尽量少的要求各社区执行统一的文件命令，而更多的是根据各社区的具体情况，就要实现的共同目标制定各社区的软法规则，使各社区为能更好的完成共同的目标而努力。协商民主的过程体现了公民自由与平等的权利。社区中所有居民都可以平等地参与到社区中与他们生活息息相关的决策的制定中。与此同时，协商可以使各个主体的利益都得到重视，对话与妥协可以得到一个使各群体利益均衡的结果。发展协商民主也与我国构建民主社会、发展民主政治的大的国家政策相一致，有利于我国公民民主权利的发展。公众参与与协商民主赋予了公民极大的权利来参与社区治理，但所有的权利都是有限度的，尤其是在软法治理的模式下，更需要公民进行自我约束。社区居民在参与社区治理的过程中自愿自律，维护软法治理的正常秩序，有利于各主体之间共同利益的实现。

在软法的制定过程中，还要坚持公开原则。在软法制定前要及时通知社区居民，使社区居民参与到软法的制定过程中，社区软法要实现公开化，可以使社区软法透明化，便于社会各界尤其是政府对社区情况的监督，政府可以组织专门的小组，定期对各社区的软法进行监测与评估，并形成评估报告予以公开，形成一个循环的运行方式，由政府出面组织各社区共同对其软法运行情况相互评价与学习，迫于这种软性的压力，可以使各社区更有效的完成既定目标。在社区软法治理中，信息公开应该做到街道对社区的指导方针公开、社区的执行方案公开以及街道对社区工作的评价报告公开。使社区成员对政府信息有所了解，也可以使社区之间互相学习，借鉴成功经验，进而根据各社区的具体情况适当的调整本社区的软法规范，形成良性循环。同时，在这种模式下，政府也改变了对社区的管理方式，可以有效促进各社区自发学习，找到适合本社区的发展路径，真正实现了弹性控制。

（二）健全软法运行的组织和实施保障机制

社区软法要想发挥其应有的效力，首先，要改变以往以街道下发的针对辖区内所有社区的，而没有社区特色的各项指南、指标为工作规范的模式。从社区软法的制定内容上，要结合并突出各社区的特点，根据社区自身情况制定相关的软法管理规范，使社区居民有一部可以解决社区生活具体问题的软法规范可以遵守。同时，还要加强软法的制定水平，社区居委会人员、社区工作者及社区居民中具有法律知识的人员，都要尽可能地参与到社区软法的制定中来，为制定社区软法的相关内容出谋划策，也要审查制定出的社区软法规范是否符合我国现行法律法规的规定，如果存在违宪或违法的内容，要及时予以纠正，为社区软法之后的顺利运行提供保障。

其次，要加大社区软法的宣传力度。在制定社区软法的整个过程中，都要让社区居民知晓。随着信息技术的发展，社区可以使用微信公众号等方便快捷的方式发布社区软法的各方面信息，但针对不会使用智能手机等电子设备的老年社区居民，仍要采取传统的宣传方式。要充分利用社区内的各种资源，采用现代化的网络宣传手段与传统的公告方式相结合，使社区软法在社区内取得人人知晓、人人遵守的理想效果。在社区软法制定之前，就要进行宣传，使尽可能多的社区居民参与到软法的制定中来，听取社区居民的意见，并将相关意见整合，交给社区制定软法的工作小组，以便他们更好地制定出符合社区情况的软法规范。在软法初稿形成之后，也要运用相同的渠道进行公示，并收取相关意见，如确有不妥的软法规范，要予以修改。软法制定之后，要予以一定期限的公示，要让社区居民对软法的规定都了解并予以遵守。

再次，从长远的角度考虑，需要政府加大投入，加强全民教育，注重全民道德教育，提升全民整体素质，增强全民的法治意识和民主意识。要加强社会主义核心价值体系的建设，对社区居民进行道德引导，对符合时代精神、符合当今价值体系的行为予以鼓励，对违背社会主义核心价值观的行为予以限制，加强社区文化建设，根据社区居民的需求，找到发展社区文化的方式，丰富社区居民的精神世界。从硬件条件上，政府要大力支持社区的文化事业的建设，加大资金投入，统筹规划，优化社区文化资源配置，深入推进社区文化活动中心、社区图书馆、社区老年大学等硬件设施的建设。社区居民的文化素养与道德水平的提高，可以为社区软法的运行创造出一个良好的软环境，保障社区软法顺利运行。

最后，作为社区多元化治理主体之一的社区组织，也要在社区软法治理中发挥积极作用。社区组织的健康发展，会成为社区软法顺利运行的一份主要力量。从社区组织的内部来讲，社区组织的章程等管理规定也属于社区软法的一部分，社区组织内部的软法规定，要符合社区组织管理以及发展的理念，要加强社区组织的内部建设，使社区组织内的成员得到平等的待遇，有助于提高社区成员参加社区组织开展的各项活动的积极性。从社区组织对社区软法治理的效用来讲，一个运行完善的社区组织，可以促进社区软法的发展，在社区开展各项活动时，也可以起积极的促进作用。因此，政府要加强社区组织建设的引导，对重点发展的社区组织要给予各项支持。同时，社区内也要注重离退休人员和党员干部的作用，发挥他们的作用，为社区组织的发展贡献一份力量。

（三）加强社区软法运行的硬法保障

我国社区法律体系的建立仍需要很长的一段时间，尤其与社区软法相关的法律的制定上，我们要结合实际情况不断制定符合我国国情的相关法律规则，明确哪些法律规范是允许以社区的自由意愿自主选择的，哪些是强制约束的，必须在法律约束的框架内进行的。在赋予我们软法自治权的同时，制定相关法律规范来保障社区居民的权利，约束社区居民的行为。社区治理法律框架应该在以私法为主、公法补充的基础上建立。在立法观念上，要尊重社区居民的自治精神和由此产生的社区软性治理。以私法为主，意味着我们要在平等的民事性立法上予以重视，保护社区居民平等的权利，维护社区交往的平等和参与的精神。建立社区居民自治和人人平等的社区内在法律秩序。

以公法为补充手段，在公法范围内对社区作出定义，对社区以及其权责范围进行清晰的定义，对社区居委会是基层自治组织进行再一次定义，明确社区居委会与街道办事处的关系，对其各自的法律地位以及分管事务予以界定。对于社区工作与政府相关的义务与责任，如资金预算、选举指导等应规定政府要积极履行责任，而尊重社区对基本事务的软性自治，则属于政府的义务。街道办事处作为政府的派出机关，理应受到约束，街道对社区的工作也应在法律规定的框架下进行。社区软性治理应在文体活动、社区医疗、社区养老等方面重点发展，国家要制定相关法律政策予以支持。对于社区的软性自治也需要法律的保护，明确社区软性自治中各主体的权利和义务，提升他们的软性自治能力，对社区居委会、社区组织、社区服务性机构和社区居民的权利和义务都要分别进行清晰的定义。

与此同时，也要建立保障社区居民各项权利以及社区权利的各项程序性立法。现行各项法律中，也有针对各项权利的法条，但是没有相关的程序法的保障，缺乏有利的行使模式，也就无法知晓这些权利该如何实现。因此，为保障各项实体权利得到贯彻落实，程序性法律制度的建设就必不可少。程序性法律制度的建设应着眼在如何使权利的实现得到有效的载体，使权利行使的利益由居民和社区直接获得，对社区居民的参与权与决策权予以立法保障。对于关系到社区居民利益的问题，制定相关程序，开展民主讨论，以民主集中的决策方式确定解决办法。对社区居委会的民主选举、决策、管理和监督也要制定相关法律程序。对社区组织的设立等程序性事项也要有相关规定。对社区服务性机构的工作流程,也尽可能详尽的对工作中可能出现的程序性问题进行明确,以实现在法定程序下的基层软性自治,保证社区软法能够得到完整有效的实施。

(四) 完善社区软法运行中的矛盾解决机制

社区是解决其软法运行中出现的矛盾的第一站,畅通软法运行矛盾的释放渠道,使矛盾得到有效的疏导、释放,争取在社区内部化解绝大部分在软法运行中产生的矛盾,对维护基层社会的稳定,促进社会和谐具有重要意义。首先,在社区居委会及社区工作人员中,要有一定比例的掌握法律知识、具备法学素养的人员,让这一部分人员组成专门的社区软法运行矛盾调解小组,对于简单的矛盾采取劝解方式解决,而对于较为复杂的矛盾,可以在社区内进行走访调查,尽可能多的获得相关的证据,再根据相关证据来进行调解,使软法矛盾的解决方案更有信服力,以求在软法的解决中尽可能的追求实体正义,便于矛盾双方更好地接受调解的结果。

其次,要拓宽社区运行软法矛盾的救济渠道。社区软法运行的矛盾不能仅仅依靠社区居委会及社区工作者的调解。社区居民以及社区组织也应参与到其中,积极的发挥作用,为社区软法的顺利运行贡献一份力量。在社区居民中,会有一些法律工作者或法律爱好者以及法学专业的学生等,他们具有相关的法律知识、具有法律素养,会以法律的思维来思考和解决问题,并且也生活在可能发生软法矛盾的社区中,他们可以以社区居民的身份,促成社区软法运行矛盾的解决。因为他们是社区的普通居民而不是社区行政事务的工作者,又具有法学知识,可以站在一个普通社区居民的角度,更好的解决社区软法矛盾,也可以获得矛盾双方更大的信任。在涉及社区居委会是矛盾的一方主体时,他们也不用回避,可以更好地为社区软法矛盾的解决提供服务。当这些人员提供的服务发展壮大,志愿者人数增加到一定数量,他们如果有意愿,还可以成立专门的社区法律服务的自愿组织,提供更为专业系统的服务,造福整个社区。在注重法律人士的调解的同时,也要注重社区威望较高的人士的调解,他们在社区中具有很强的威信力,其参与到调解的过程中来,可以使矛盾双方更好的接受调解方案,例如,在现今的农村社区中,要充分发挥新乡贤的力量,促进基层软法的运行。

最后,如果社区软法运行矛盾在社区内未得到满意的解决,矛盾的一方或者双方向街道或乡镇的司法行政部门设置的调解中心反映情况要求进行调解时,政府要尽可能减少对调解的干预。街道或乡镇司法行政部门的调解中心享有独立的调解权,可以有效的减少政府部门的干预,保障调解结果的公正性,还可以减少纠纷双方因为政府的干预而产生的对调解结果的不信任。尤其是在我国社区居委会与街道关系极为密切的现今,如果社区居委会成为软法运行纠纷中的一方时,政府要进行回避,才可以使调解中心独立的调解权得到行使,最大限度地将矛盾在基层社会中解决,有效地减轻司法负担,促进基层社会的和谐。

(五)探索社区软法在司法中的适用方式

在社区矛盾诉诸法院时,软法能否使用及其适用范围就成为了我们关注的焦点。司法机关解决矛盾的重要目的之一就是促进社会和谐,而软法的适度应用,对解决基层矛盾也是有益的。因此,准确地将软法定位,把握好软法适用的尺度和方向,才能保证软法的适用在基层司法程序中得到健康有序的推进。

在民事司法程序中,社区软法可以适当地作为法律的补充,来促进社区软法运行矛盾的妥善解决。同时,社区软法要居于次要的、补充的位置,不能无限制的使用。在司法审判中,仍然要坚持依法裁判,这是不可动摇的原则。如果在涉及社区软法矛盾的案件中,有相关的明确的法律规定,就要求法官要依照法律规定来处理案件。只有在法律规定的比较抽象,甚至没有相关的法律规定时,才可以考虑适用软法规范。当然,在双方同意以调解方式结案时,根据调解的自愿、合法原则,如果社区软法的规定不与现行法律法规相违背,则可以由当事人的意思自愿选择适用社区软法。同时,法官要对社区软法规范进行审查和判断,来确保善良的软法能得到适用,对陈规陋习加以摒弃。软法应以不违背公共秩序和善良风俗为限,只有良善的软法有条件地引入司法审判中,并且在不与现行法律法规相冲突的情况下,善良的软法才能有利于解决基层矛盾,成为现行法律法规的有益补充。法官在适用社区软法时，还需要考量软法的应用是否能解决实际问题，缓和涉诉主体之间的关系，使矛盾得到化解，进而从根本上解决纠纷，使案件的结果得到当事人的认可、得到社会公众的认同。通过社区软法易于社区居民认同和接受的优势，增强当事人和社会公众对司法结果的认同感，达到法律效果与社会效果的统一、法律真实与客观真实的统一。

社区软法的适用范围应主要限定在基层法院。涉及社区软法的案件，通常诉讼标的较小，法律关系也相对简单，一般由基层法院或其外派法庭来处理。基层法院处在社会的最前端，法律与社区软法必须在确认规则和解决实际问题间寻求尽可能的平衡。基层法院的法官在处理案件的时候，一方面要遵循依法裁判的原则，维护法制的统一，另一方面又要充分考虑基层的情况，估计到案件的处理结果是否符合普通民众心中的正义感，以此保证裁判结果能顺利实现，既保证了法律的权威，又能有效的解决民间纠纷。但当案件进一步升级到较高层级的法院时，社区软法的应用就不再能发挥其在基层时的作用，法院的审判应主要依据现行法律法规来进行，尽可能的少用甚至不再应用软法规范，来维护法律的严肃性、权威性，确保法律适用的统一。

（六）采取措施有效规制社区软法实施中自由裁量

在当前的社区治理实践中，社区软法实施的自由裁量从某种意义上属于行政自由裁量的范畴，同样以公正和效率为其基本的价值追求。"在行政自由裁量权的行使过程中，不能因追求效率而牺牲公正；提高行政效率，不得违反公正原则而损害相对人的合法权益。"① 要想实现这种平衡，除了要加强社区软法创制的科学性与合理性外，还应该在实施环节设置或完善相应的机制，以保证社区软法在实施中的自由裁量被合理行使。

首先，完善社区软法的公开方式，使社区成员或办事者能够很便捷地获取有关社区软法的相关信息。无论何种形式的规范文件，公开性是其获得实施效力的必要条件之一。调研中许多社区居民反映，到社区政府或准政府机构办事时，许多情况下都是工作人员口头告知应按照怎样的程序办理以及需要提交哪些材料，缺少看得见的书面文本。这种情况下也为有关工作人员进

---

① 欧阳志刚："论行政执法自由裁量权的正当性"，载《求索》2012年第3期。

行不规范的"自由裁量"提供了更大的空间。鉴于此,我们主张在社区治理的政府或准政府及其机构的办公场所,应该以适当的方式公开所有的软法文件。做好这一点,既有助于提高办事效率,增强公众对社区软法乃至社区治理的监督,也可以有效地制约或规范社区软法实施中的自由裁量。

具体而言,实践中可采用的公开方式有这样几种:①制作牌匾挂于墙壁之上。这种方式多适用于较为简短的尤其是自律型的社区软法,而在内容方面既可以是文字式的也可以是图表式的。②在网络上进行公开。③在办公场所设专门的规范性文件的查阅处,如以文件夹的方式进行分类摆放,有条件的也可使用电子查询设备。④在进行业务办理说明时主动出示相关软法文件,准许办事者复印或拍摄文件的内容。⑤其他公开方式。其实,这些公开方式在不同的社区都程度不同的存在,只不过在公开的程度或完整性等方面存在很多不足之处。例如,网络公开是成本较低的一种有效方式,但是当前大部分社区基层政府或准政府机构都没有自己的官方网站,而那些开通的网站在社区软法的数量完整程度、更新速度以及社区公众的知晓度等方面都存在问题。这些是今后社区软法实施中需要改进之处。

其次,管理型和服务型社区软法如果涉及办理期限问题,应该尽可能在软法文件中明确办理期限,或者建立期限说明与查询机制。考虑到社区日常管理或服务的事务较多且工作人员较为缺乏,如果设置一个确定的或者较短的期限,可能会影响工作的开展或者增加工作人员的负荷,因此在期限设置方面应该根据不同业务的特点,选择一个相对合理的期限,如可表述为5日至10日或者10个工作日内等。同时,为了应对却因事务繁忙或者其他特殊原因,导致的难以在规定的期限内完成的情形,可在社区软法文本中设定一个期限说明制度,即由社区工作人员在规定期限难以完成前预先告知办事者并说明理由,以获得谅解。具备条件的社区,还可以开通网络或者电子设备查询平台,便于办事者随时查阅事务办理的进展状况,并保持良好的沟通与协调。这样既可以保证有关工作人员在办理期限方面有着较充分的裁量空间,也能够对这种裁量实现有效地规制,防止因对其不当使用而影响社区软法实施的效率或者公正性。

此外,在社区软法实施的期限裁量方面还需解决的一个问题是实现不同层级的社区软法之间的协调与衔接。例如，沈阳市公安局在《购房落户办理程序》中明确规定了公安机关从受理到办结落户申请的期限，即"公安派出所户籍内勤受理，社区民警调查核实写出调查报告，所长批准，在20个工作日内审结上报分、县（市）局，分、县（市）局在20个工作日内审批完毕"。该规定中所设定的第一个"20个工作日"可以理解为"所长批准"后的20个工作日，而对于"所长批准"前的办理期限则缺少明确规定。对此，沈阳市各社区有关政府或准政府机构（如街道办事处、派出所或社区工作站等）在制定具体的实施性软法文件时，应予以补充，并协调好与上述规定期限之间的衔接关系。

最后，建立社区软法实施的评价考核制度，尤其要引入公众评价机制。社区软法的实施与每位社区成员的利益息息相关，自由裁量的存在会程度不同地影响到社区成员的各种权益。换言之，社区成员是社区软法实施的"利益相关者"，他们对于社区软法实施中自由裁量的度有着最真切的体会和要求。从另一个角度讲，社区软法的实施可视为社区政府或准政府机构等提供公共服务的依据和表现，自由裁量的运用是否规范合理，决定着这种公共服务的质量，而正是社区成员而非其他主体掌握着公共服务质量的评价权。因此，若要更好地规制社区软法中的自由裁量，使其在科学合理的轨道上运行，就有必要建立相应的评价考核制度，尤其是要引入科学而可行的社区成员评价机制，使社区软法的实施主体与接收主体在互动与回应中提升社区软法实施裁量的积极成效。

总之，社区治理法治化是法治社会建设的基本要求，也是社会管理创新的必然指向。大连市在创新社会管理过程中，应该以法治化作为基本的追求。在社区治理中，应当充分重视发挥各类规范的功能，尤其是作为社区治理基础性规范的软法规范的功能。针对社区治理中软法创制和实施存在的问题，及时加以改进，更好地实现社区治理的软法之治。

本章小结

社会管理创新是法治社会建设过程中的创新，是从属于法治社会建设进程并要符合法治社会建设的基本原则和要求的。从某种意义上讲，社区治理能否取得良好的成效，是衡量社会管理创新成功与否或成效大小的关键指标。因此，推进社会管理创新必须重视社区治理。社区治理过程中参与主体是多元的，不同主体有着不同的利益需求、职能或角色定位，相互间所产生的利益关系和交往关系也是复杂的，这就需要相应的社会规范予以调整。很显然，社区治理中的规范是多元的。社区软法主要来自社区政府机构，尤其是县级政府及其工作部门、街道办事处和社区工作站，其具体形式和名称也是多种多样。社区软法是社区治理的基本规范。社区治理软法之治在实践中存在一些问题，如运行缺乏制度保障、人员支撑以及自由裁量缺乏有效约束等。对此，应当建立相应的机制加以约束。

复习思考

1. 试述社区治理法治化与社会管理创新的关系。
2. 简述社区治理多元规范的类型与具体形式。
3. 阐述社区治理软法的表现形式及其治理功能。
4. 试述社区治理实践中软法之治存在的问题。
5. 结合特定的社区治理实践，就如何加强软法之治提出自己的看法和建议。

第六章 网络社会治理方式创新

学习目标

能够用法与社会变迁理论分析信息变革对社会治理方式的挑战；掌握网络社会的本质与运行逻辑；了解法律、自治、技术等各种治理方式的特点、地位和相互关系；熟悉跨学科研究方法；思考社会学理论的新发展对解决法律问题的推动和促进。

一、网络社会变迁与治理概述

（一）网络社会的概念

21世纪下半叶，以微电子技术革命为基础的计算、通信、网络等现代信息技术高速发展、日臻完善，对现实社会运行产生巨大影响。网络社会的崛起是社会科学研究的焦点问题。

网络社会的概念纷繁复杂，缺乏权威性的一致意见。在学术研究中，主要从以下两含义上使用"网络社会"概念：其一，网络社会被界定为虚拟社会（cyber society），即通过现代信息技术模拟现实情境所形成的虚拟网络环境。[①] 在虚拟社会意义上的网络社会，与现实社会相对应，是一个由模型、符码、控制论所支配的信息与符号社会。鲍德里亚将之称为"拟像社会"，

[①] 曹国平等：《赛博空间的哲学探索》，清华大学出版社2002年版，第14页。

其核心特征是符号取代生产塑造社会经验结构,模糊拟像与真实的差别。[①]其二,网络社会被界定为一种新的社会形态。信息技术是人类历史上一次关键性技术的革命性突破,导致人类社会结构、生产方式、组织形式、个人行为等发生根本性变革,形成一个新的社会形态——网络社会,将人类社会发展推至新的历史阶段。学者们从理论上阐释和探索网络信息技术对社会结构带来的实质性转型,形成后工业社会(丹尼尔·贝尔)、信息社会(约翰·奈斯比特)、网络社会(曼纽尔·卡斯特)等理论概念。

(二)网络社会的社会学意义

社会学视角下,采用"一个新的社会形态"作为网络社会的概念内涵和基本事实。网络社会改变了工业社会的实践经验和知识形态,形成新的分析框架和理论范式。学界对互联网的研究比其他传播技术更为深刻和透彻。互联网已经从工具、实践层面提升至社会制度形成层面。学术话语从"可能性、新鲜感、适应性"转变为探讨"风险、冲突、控制、趋势"。

1. 网络社会的分析框架:互联网

最初,人们从工具的角度认识互联网,解释互联网对生活带来的变化。互联网同电报、电话等技术一样,是媒介技术的进步,影响人们感知形式和行为能力。工具视角的特点是认为互联网的价值不在于其内容和影响,而是技术本身。[②] 互联网集多种传统媒介的优势于一身,具备处理海量信息、快速检索、双向交互、多媒体合一等强大功能,为人们提供了高速便捷的全新交流平台。最初研究的思路往往是单线性的,侧重技术本身的变化及其对社会的作用。无法准确和充分认识信息网络技术在人类社会发展进程中的地位。

随着互联网改造世界的深入,人们开始从座架的角度分析互联网,研究的重点转向互联网的运行逻辑和对社会的塑造。"座架"是海德格尔阐释技术之哲学意义的核心概念。在《技术的追问》一文中,他指出在现代社会,技术构成了人的基本处境。技术的本质不是工具,而是座架(也称解蔽),

---

[①] Jean Baudrillard, Simulacra and Simulation, Sheila Glaser trans, University of Michigan Press, 1995, p. 3.

[②] 黄少华:《网络社会学的基本议题》,浙江大学出版社2013年版,第34页。

即展现事物背后的真理。简言之,技术作为座架,为我们的生存和理解设置了框架。我们所有的理解和生存方式都在这一框架背景之中。① 将互联网视为座架意味着人类社会以信息的方式被展现,我们将以网络的运行逻辑来解释社会发展和人之社会存在。从这一角度出发,互联网是一场生产方式的变革——从以大机器生产为核心的工业社会转向以信息生产为核心的网络社会。社会变迁是复杂的,是技术、社会、经济、文化与政治之间相互作用的塑造结果,任何单一的决定论都有失偏颇。

2. 网络社会的理论范式:技术范式

社会变迁必然带来理论革新,旧理论无法解释层出不穷的新经验。当下,我们所面临的首要问题是:用什么概念工具来描述、解释、说明和预测网络社会的运行发展。② 在社会学的意义上,互联网作为座架,为我们提供了理解和分析的框架,即以网络运行逻辑(也可称为信息化方式)来理解网络社会经验,这反映了理论范式的变革。网络社会的基本理论范式是技术范式(network-technology paradigm)。

技术范式的关键因素是以廉价的信息投入为基础的具有普遍可及性的技术。技术范式不同于以往农业社会、工业社会的基本理论范式,是一种全新的后现代范式,具有鲜明的特点,表现在:其一,信息技术范式具有弹性。与之前所有的社会形态及其理论范式强调单向性、进步性不同。信息技术范式的独特之处在于弹性,或者说重塑性。所有的过程都可以逆转,所有组织与制度都可以修正。网络社会也因此具有更多的不确定性、变化性和多样性。其二,信息技术范式具有高度整合性。信息技术范式打破传统社会中的各种二元对立,原来具有明确界限的领域如今无法区分。随着信息技术为大众使用,所有社会过程都接受信息技术范式的塑造,其效果无处不在。其三,信息技术范式的核心是技术。新技术是一种实际的社会控制力量和社会变革力量,是一种处理信息的技术。而信息是社会发展的核心要素和个体行动的基

---

① [德]马丁·海德格尔:《海德格尔选集》,孙周兴等译,上海三联出版社1996年版,第924、954页。

② [美]曼纽尔·卡斯特:《认同的力量》,夏铸九译,社会科学文献出版社2003年版,第2页。

本根据。①

（三）本章的核心议题与结构安排

著名的网络社会学者曼纽尔·卡斯特认为"作为一种历史趋势，信息时代支配性功能与过程日益以网络组织起来。网络建构了我们社会的新形态，网络化逻辑的扩散实质地改变了生产、经验、权利与文化过程中的操作和结果"②。网络社会是人类历史变迁的一个新阶段，对传统社会治理方式产生了极大冲击。探寻网络社会的社会治理方式，以实现社会的规范运行和良性发展是本章探讨的核心议题。

基于此，本章试图追问并回答三个问题：网络社会的本质与相应的治理理念是什么？网络社会的运行逻辑与权利—权力关系是什么？针对社会变迁，网络社会治理方式的创新是什么？

二、网络社会的本质与社会治理理念

网络社会的本质，即网络社会与现实社会关系的认识。它与网络社会治理理念密切相关。从现有研究来看，对网络社会的本质有三种基本观点。③

（一）崭新说与网络社会自治

崭新说将网络社会视为完全由硬件、软件、信息网络所形成的虚拟世界。这种观点也被称为"网络社会虚拟说"，主张网络社会具有完全不同的运行逻辑，它独立存在，且与现实社会不发生联系。这种观点与互联网早期发展实践密切相关。互联网最初是美国国防部设计并投资的一个研究项目，用户是少数科技、学术精英，他们广泛认同的信条是互联网是一个无界限、无身份、完全自由的虚拟世界。

早期互联网实践形成了以自由主义为核心的文化传统，主张网络社会是自生自发、自成一体的虚拟社会，对其应当采取自由放任的态度。这种文化

---

① ［美］曼纽尔·卡斯特：《认同的力量》，夏铸九译，社会科学文献出版社2003年版，第82－83页。
② 同上书，第434页。
③ 何哲：《网络社会时代的挑战、适应与治理转型》，国家行政学院出版社2016年版，第9－12页。

传统认为，一方面，网络社会的治理理念是自治。使用网络的用户们能够自发形成一些惯例、规则和标准，规范网络社会中的行为，实现对互联网的监督管理。另一方面，强调网络社会中的自由，反对制定网络法律、反对实名制、反对监管。第一代理论家认为网络社会的本质是自由、开放、平等、共享，社会自治是其最佳的治理方式。

(二) 媒介说与网络社会严格监管

媒介说将互联网视为通信工具的提升，信息传播媒介的革新，认为网络社会与现实社会没有本质的差别。这种观点也被称为"现实社会延伸说"，主张网络社会是现实社会的延伸和投射，网络社会的行为是现实社会的主体行为的反映，二者没有不同。[①]

现实社会延伸说否认网络社会独立存在的状态，主张严格监管的网络社会治理理念。一方面，此说认为法律是网络社会最重要的调整规则。在20世纪末，论辩双方就法律如何规制网络社会的议题——"制定单独的网络法律 vs. 网络行为适用现行法律"——展开激烈讨论，美国联邦上诉法院大法官弗兰克·伊斯特布鲁克提出著名的"马法之议"，主张网络引起的法律问题应当归入传统法律体系加以调整。为了网络单独立法，或者人为地裁减现行法律，是一种资源浪费，没有任何意义。[②] 后来的支持者们虽然否定了"马法非法"的偏激，认同可以根据网络社会的特点修改调整现行法律，但是总体上认为网络社会带来的挑战和新问题现行法律可以包容解决。[③] 进而，学者们提出法律应用到网络的主流原则——"离线变在线"，即线下的规则也应该在线上有效。另一方面，此法强调对网络社会的严格监管，认同实名制，肯定对网络内容的审查、控制，主张网络中的行为应该承担同现实社会一样的实际责任。[④]

(三) 混合说与网络社会治理创新

崭新说和媒介说两种观点都有所偏颇，前者否定了网络社会与现实社会

[①] [美] 曼纽尔·卡斯特：《认同的力量》，夏铸九译，社会科学文献出版社2003年版，第2页。

[②] [美] 曼纽尔·卡斯特：《网络社会崛起》，夏铸九等译，社会科学文献出版社2006年版，第82-83页。

[③] 夏燕："网络社会中法律的发展变迁趋势研究——以网络社会的特性为视角"，载《山东社会科学》2008年第11期。

[④] 胡凌："'马的法律'与网络法"，载《网络法律评论》2010年第1期。

的联系，后者忽视了网络社会的独特性。二者受到了以实践经验为根据的理论批判，在扬弃的基础上，又形成了网络社会混合说。

网络社会混合说认为网络社会是一种以互联网为人类核心生产方式而形成的一种新的社会形态，是一个虚拟社会和现实社会紧密融合，相互独立又相互影响的共生存在方式。这种观点又称"虚拟社会与现实社会交叉说"[①]。网络社会混合说包含两层含义：其一，网络社会具有虚拟社会的相对独立性和独特性。其二，网络社会与现实社会高度关联，是现实社会的变革性力量。网络社会治理方式创新的基本前提是准确理解"虚拟社会与现实社会混合说"究竟描述是一种什么样的社会形态，与先前的社会相比发生了怎样的变革。

传统工业社会的本质特征是将社会视为一个独特的、实质的、经验的存在，即一套以近代科学世界观为基础的一元化物质空间观。以此为出发点思考工业时代的社会实践和建立社会知识理论体系。传统工业社会理论以二元对立的概念描述和解释现代生活，如真实与想象、物质与心灵、全球与地方、私人与公共、前台与后台，等等，知识范畴之间具有清晰的界限。网络社会的本质发生了根本性的变化，其最突出的特点是消除真实与想象的界限，继而打破原来的以物理为基础的各种二元对立概念。简言之网络社会中的"社会"不再是一个纯粹的经验的、物理的存在。社会理论体系随之变革，原来明确的界限不复存在，二元交织是网络社会的本质特性。[②]

网络社会的核心是真实与想象的交织，这是我们准确阐释"虚拟社会"概念的关键。其一，虚拟社会是对现实社会的模拟。根据技术范式，这种"模拟"以数字化、多媒体、仿真等网络技术为基础，是人类创造的结果，而非对现实世界的直接反应或完全复制。其二，虚拟社会具有实效。以网络技术为基础能够达到模拟现实世界的效果，虚拟不是虚假的，也不是纯粹的想象。更为重要的是网络使用者之间想象的交互感应及其心理认同产生了一

[①] [美]曼纽尔·卡斯特：《网络社会的崛起》，夏铸九等译，社会科学文献出版社2006年版，第578页。

[②] 谢俊贵："当代社会变迁之技术逻辑——卡斯特尔网络社会理论述评"，载《学术界》2002年第4期。

种真实感。社会行动主体在虚拟世界与在现实世界一样,发生着真实的交往。虚拟社会是真实与想象交织的社会。①

以真实与想象交织为出发点,原来以物理世界为基础的各种二元对立概念都发生了改变。例如,网络社会虽然以物质为基础,但主要是由信息、心灵、想象等构成,是一种全新的物质与心灵二元交织的社会。又如网络社会中信息交流和社会互动是全球性的,超越各种无形的壁垒、边界,物理地方被移除,网络社会是全球与地方的交织,等等。②

对网络社会本质的理解与其相应的治理方式高度相关。"虚拟社会与现实社会混合"的网络社会是一种全新的社会形态,应当探寻相应的全新的治理理念与治理方式。

三、网络社会的运行逻辑与权利—权力关系嬗变

互联网是一种社会实践力量,对传播方式、人类组织形式、社会结构等方面产生了颠覆性影响。其中,权利—权力关系的嬗变直接影响治理方式的创新。网络社会权力与权利的关系如何?什么样的社会治理方式能建立二者的平衡以利于网络社会的良性发展?解决这些时代议题的前提是以"权利与权力关系嬗变"为核心把握和理解网络社会的运行逻辑(包括技术逻辑和社会逻辑),澄清理论背后的误解。

(一) 网络社会的技术逻辑

技术逻辑是网络社会的基础特性。以权利与权力关系嬗变为核心,突出的表现为强连接和超时空。

1. 强连接与网络社会的开放性

信息网络技术是个体与个体之间连接方式的革命。从互联网接入来看,信息网络技术硬件—代码—软件等各个层面相互配合,实现了以极低廉的成本、便捷的方法构建个体与社会之间的全向即时连接。从信息互动来看,人与人之间可以建立直接的信息交换,无须中介方的介入。传统社会中人际交

---

① 黄少华:《网络社会学的基本议题》,浙江大学出版社2013年版,第46-50页。
② 刘少杰:"网络时代的社会结构变迁",载《学术月刊》2012年第1期。

第六章 网络社会治理方式创新

流之身份、阶层、性别、种族、地位等诸种樊篱被破除。个体根据自身的真实意愿和兴趣展开交流。因此，传统工业社会中各种"把关人"通过垄断、封锁信息的方式进行社会控制的方式失去了效力。信息网络技术促成一种人类社会前所未有的强连接形态的形成，既带来了大规模的主体参与和海量的信息处理等新问题，也产生了新的结构性风险。

强连接的技术逻辑形成和保障了网络社会的开放性，深刻影响权利与权力的关系。开放和自由是互联网的精髓和力量所在。

其一，连接权利是网络社会的基本权利。连接、接入是强连接和网络社会开放性的前提。一方面，社会制度应当保障连接权利的实现。网络社会所要解决的首要平等问题是消除"数字鸿沟"，即解决人们在网络使用机会和网络使用能力的不平等。网络社会改变了人类的存在方式，不接触互联网可能意味着信息的缺失、交流的障碍、社会地位下降、经济匮乏等。在网络社会，连接权利是实现个人其他权利的基础。另一方面，社会实践应当反思现有权利规制方式的合法性。网络社会，政府或企业普遍通过各种技术手段对个人在互联网中的行为进行监管，常见的有暂时的禁言和永久的封号。要了解这些规制方式是否造成对连接权利的侵害我们应当深入剖析连接权利规制的合法性基础和合理的路径。①

其二，平台中立是网络社会权力行使的根据。网络的平台中立根本上实现了强连接和信息流动自由。互联网的关键是，它不是为某一种需求设计的，而是一种可以接受任何新的需求的总的基础结构。网络向所有技术或设计开放，不会歧视或限制任何新的应用程序或软件。网络平台在一定程度上实现了"自由的技术"理念，开发出多样化和个性化的应用，满足不同的用户需求。网络中的自由要受到国家权力的规制。平台中立是权力行使的根据，对网络不管制、过度管制、不适当管制都会侵害平台中立，颠覆自由、开放的网络。②

---

① [美]凯斯·桑斯坦：《网络共和国：网络社会中的民主问题》，上海人民出版社2003年版，第40—45页。
② [美]劳伦斯·莱斯格：《思想的未来：网络时代公共知识领域的警世喻言》，李旭译，中信出版社2004年版，第5—10页。

2. 超时空与网络社会的弹性

空间和时间是人类社会存在的基本衡量方式。互联网打破传统时空限制，将距离和时间缩小到零，这是网络社会运行的基本技术逻辑之一。理论家们用"流动空间"和"无时间之时间"作为解释网络社会时空性的概念工具。

经典社会理论的空间概念是"地域"（或称地方空间），这无法适应网络社会在空间上的结构性变化。"流动空间"概念在实践和理论上都是颠覆性的。其一，流动空间是全球性的。信息网络技术在空间上破除了中央控制与封闭界限。网络中每一个终端只需要一个作为联结点的唯一地址和一个遵守共同规则（协议）的同意即可以连接在一起。信息的交流和传输无地域限制，与地理位置毫无关联。流动空间本质上是全球性的社会互动平台。其二，流动空间具有脱域机制（disembedding mechanism）。信息网络技术形成一种脱域机制，即把社会关系从地方性的场景中抽离出来，并在无限延伸的全球空间再嵌入。[①] 技术的架构让传统工业社会中"国家边界""地方性"概念的意义逐渐发生变化。流动空间是一种全新的社会支配性权力与功能空间。其三，流动空间处于不断变化的状态。流动空间并非一个单纯储存信息的物质空间，而是由行为主体具体的社会互动所形塑的，具有独特的社会分化与整合模式。曼纽尔·卡斯特将流动空间的重新构造功能定义为"利益—功能逻辑"，即社会围绕着每个社会结构所特有的支配性利益而不均衡地组织起来，且不断发展变化。[②]

经典社会理论强调的时间逻辑是"进化"。这种时间逻辑蕴含两个基本观点：其一，线性时间观。科学技术的进步促使社会由低到高，由简单到复杂线性发展，不可逆转。其二，序列时间观。社会发展相继次序发生，可以预测、度量。"无时间之时间"消除了传统的时间观，表现为即时性和无时间性。即时性是指信息网络技术克服时间障碍，提供了前所未有的立即感。

---

① ［美］尼克拉·尼葛洛庞帝：《数字化生存》，胡泳等译，海南出版社1996年版，第15页。
② ［美］曼纽尔·卡斯特：《网络社会的崛起》，夏铸九等译，社会科学文献出版社2006年版，第505页。

信息发送与信息接收几乎同时，压缩了各种现象的发生，指向立即的瞬间。无时间性是指信息网络技术使随机取代了线性，工业社会的序列秩序发生系统性扰乱，各种类型的时间同时并存，开端、终结、序列丧失了原有的意义。[1]

超时空性塑造了网络社会的弹性，改变了人们对社会行为概念的理解，深刻影响着权利与权力的关系变化。就权利而言，社会行为不需要依赖特定的时间和地点。这一点与身份的多重性相结合，极大拓展了社会行为的可能性和复杂性。人们可以在多维时空中同时行为，增加了互动的频率与总量。[2]大规模主体参与、主体身份多重、群体性网络行为等是网络社会新的法律难题。超时空性也为权利侵害的认定和救济造成前所未有的困难。我们应当探究在弹性的网络社会如何规范主体的社会行为，重新思考个体权利的含义。就权力而言，社会行为的内涵发生变革。安东尼·吉登斯指出时空不仅仅是社会行为的外在环境，也是社会行为的内在构成因素。应当以社会系统的时空构成方式来建构社会思想，这是吉登斯结构化理论的核心。[3] 根据吉登斯对社会行为内涵的阐释，网络社会是由社会行为主体互动而形成的；在网络社会中社会行为的核心因素不是地点，也不是节点，而是链接。[4] 因此，网络社会结构是高度动态的，即弹性的。社会具有重塑功能，所有的过程都可以逆转，所有组织与制度都可以修正。这要求我们重新思考国家权力对网络社会规制的方式。

(二) 网络社会的社会逻辑

1. 网络社会的社会逻辑：去中心化

互联网的出现，起初是人类信息交流方式的变革，最终使社会以去中心化的方式组织起来，形成一个全新开放的、多元的网络社会。

---

[1] [美] 曼纽尔·卡斯特：《网络社会的崛起》，夏铸九等译，社会科学文献出版社2006年版，第561页。
[2] [美] 尼古拉·尼葛洛庞帝：《数字化生存》，胡泳等译，海南出版社1996年版，第194页。
[3] [英] 安东尼·吉登斯：《社会的构成：化理论大纲》，李康等译，生活·读书·新知三联书店1998年版，第196页。
[4] [美] 尼克拉·尼葛洛庞帝：《数字化生存》，胡泳等译，海南出版社1996年版，第195页。

在静态社会结构上，去中心化表现为权力的扁平化。在传统工业社会，信息表现为一种"由中心到边缘"的单向度播放型传递模式，即由单一的中心，按照严格的层级，有选择性的、由上到下向众多受众传递。这种信息传递的突出表象之一是信息交流沟通的不对称性。一方面，信息被集中在少数人手中。掌握信息的主体成为强大的控制中心，在整个社会体系中具有支配性地位。传播媒介充当"把关人"的角色，过滤和屏蔽一部分信息，导致底层受众最终接受的信息总量减少，且比例有调整。在传统工业社会形成权力等级垂直分布的社会结构。在网络社会，信息以点对点、点对群、群对点的形式传递。信息及其控制权被分散给社会行动主体。每个互联网的行动者都可以主导信息的生产、传播与接受。人与人之间信息交流方式呈现多中心、无层级、同步互动。网络社会中个体之间的地位对等，形成权力扁平化分布的社会结构。[1]

在动态社会运行上，去中心化表现为协同互动。在传统工业社会，社会动态机制表现为中心部分对其他部分发布控制、命令，从而控制整个社会系统的运行。中心权威管控是社会整合的核心。在网络社会，行为主体相互对等，信息交换过程很难完全控制，需要新的社会整合机制——协同。网络社会的运行由组成系统的部分之间互动而形成。主体行动相互影响、相互作用，脱离中心权威的控制、命令，根据内部规则和其他部分的状况各自做出反应，实现协调发展。部分的缺陷和不足不会导致整体的失效。[2]

2. 网络社会去中心化的双向性：赋权与控权

网络社会运行逻辑之去中心化的核心议题是赋权与控权的关系，即平衡个人权利与国家控制，自由与安全。

理论上，人们认为网络社会导向赋权，可实现个人自由。网络社会去中心化的过程中，权力分散化、扁平化，主体间地位对等，赋予主体建构网络自我、整合多重身份的可能性，以实现个体自由，即个体根据的兴趣和搜索能力，自由选择、自主表达。互联网可以帮助人们超越现实生活中存在的身份、种族、职业、性别等诸种限制，超越因权力分配而导致的信息、地位差

---

[1] Dijk, The Network Society (3ed edition), SAGE Publications Ltd, 2012, pp. 20 – 25.
[2] 郭玉锦等：《网络社会学》，中国人民大学出版社2017年版，第296 – 311页。

距，人与人处于一种平等、直接的交流之中。互联网被认为是普通公民，尤其是弱势群体，充分参与经济、政治生活的全新助力，对传统等级权力体制形成强大压力，促进民主开放和社会发展。传统社会中的桎梏因网络社会的形成而消解，社会整体进入到新的自由形态之中。[1]

网络社会的控权在早期乐观主义的氛围里长期被理论界忽视，互联网被视为自由的天堂。实践经验表明，在网络社会技术成为核心力量。政治权力有能力通过技术增强监控能力，迫使互联网按照自己的意愿运作。掌握强有力技术的大企业，也可能侵害公民的权利，个体公民的数据被谁掌握，大数据被用来研究人们的行为、态度和价值观是否会带来更好的影响？这些都是网络社会的独特问题。社会性和地域性的鸿沟不仅没有消除，还诞生了新的形式。在信息爆炸的网络社会，个人辨别、利用信息的能力差距越来越大。传统社会中阶层与种族的分裂带演变成数字鸿沟。[2]

网络社会打破了原有社会中权利—权力关系，具有赋权与控权双向性。网络被人们使用和滥用，我们应当同时思考互联网是解决不平等问题的新工具，还是进一步扩大了社会经济不平等？网络社会是导向赋予权力还是剥夺权力？边缘群体和弱势群体是否能共享技术带来的好处？谁被互联网遗忘了？等等。

（三）网络社会运行逻辑的误解与澄清

从技术逻辑到社会逻辑，对网络社会的现有研究大多隐含着这样一个结论，即技术自由将带来社会自治。这种乐观的观点遭到网络社会实践经验的质疑，甚至颠覆。互联网技术对社会发展的影响是理论解释所要解决的首要问题。互联网的早期争论呈现出一种简单的概括性态度，突出的表现为绝对好、绝对坏、不值得注意三类典型观点。这些传统观点隐含着社会决定论和技术决定论两种错误理解。

---

[1] ［美］约翰·巴洛："网络空间独立宣言"，李旭等译，见《清华法治论衡》第四辑，清华大学出版社2004年版。

[2] ［英］约翰·诺顿：《互联网：从神话到现实》，朱萍等译，江苏人民出版社2001年版，第271页。

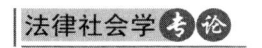

1. 社会决定论的谬误

早期的一些研究者信奉社会决定论的观点，认为技术不会造成任何影响，人们以开放和随意的态度设计技术、与技术对话。这源于 20 世纪末那场大规模互联网泡沫的破灭，大量互联网科技企业的倒闭使得一些社会科学家们预测互联网只是昙花一现。对革命性技术，大众的畏惧情绪和既得利益者的拒绝态度加重了社会决定论的影响。随着计算机技术经历巨型机、个人机、可穿戴计算机，并与智能手机等通信技术深度融合，现今社会已经达致"网络就是计算机"的阶段，互联网渗透我们生活的方方面面，绝对的社会决定论，忽视互联网作为社会实践力量地位的观点已经丧失解释力。

2. 技术决定论的谬误

技术决定论是许多关于互联网理论的前提预设，会产生潜移默化的影响力。技术决定论者主张，任何一种技术都能根据事先决定的轨迹产生预设的影响，人们可以对其产生的社会结果进行理性预测。简言之，他们认为从技术特征可以推论出技术的发展路径和预测技术的社会影响。技术决定论的代表性观点是"自由的技术"理论，认为互联网技术革新人际交流方式，推动人与人直接的、多层面的交流，动摇传统社会等级化控制的根基，促进社会平等和民主。[1] 这类理论遭到实践经验的有力挑战。一方面，技术发展受到多种非技术因素的影响，往往朝着多元而非单一的方向发展。另一方面，我们还需考虑技术在影响社会方面究竟扮演着什么角色，互联网是"自由的技术"还是信息内容等级化控制的新工具，依赖使用技术的地点、方式、制度、社会文化语境。[2]

3. 网络社会运行逻辑的澄清

跳出决定论者对"影响"的误解和简单的概括性态度，对从理论上解释技术对社会的塑造，即认识技术的社会属性十分必要。一方面，要理解技术

---

[1] Ithiel de Sola Pool, Technologies of Freedom, Belknap Press, 1983, p. 1.
[2] [美] 马克·格雷厄姆等：《另一个地球：互联网+社会》，胡泳等译，电子工业出版社2015年版，第 XXXII 页。

本身的特性和发展方式。技术是人之设计，即技术是人发明、设计，运用到特定的社会语境中的，而不是自然而然地产生的。一切技术都是社会技术系统，都会影响社会选择和行为方式。理解技术本身的特性和使用模式十分必要。另一方面，要探究塑造技术发展方向的各种因素。技术的发展方向受科技、经济、政治、地理、文化等多种社会因素影响，因而常常朝着多元化的方向发展，而非向单一的、最优的方向前进。因此，应在特定语境中考察技术使用的影响因素，探寻高效的技术利用方式，促进更公正平等的社会效益。[①]

四、网络社会治理方式创新

技术变化影响社会治理方式和实践，反过来，网络社会的治理也塑造了技术发展和社会影响。网络社会中，法律治理、社会自治、技术治理之间正在进行着激烈的斗争。其中，"谁治理网络社会""如何治理网络社会"是国际性的争议。

根据网络社会的本质，网络社会治理具有双重任务，即不仅是单纯的监管，更要能够引导网络行为。根据网络社会的运行逻辑，网络社会的规制受到网络的时空结构、技术逻辑、文化传统和现实社会制度的制约，是一个综合性问题。应当探究一种结合法律、自治、技术等多种模式的综合性治理方式。

（一）网络社会的法律治理方式

网络社会给法律治理带来诸多挑战，如个人信息、审查、版权、网络暴力、计算机滥用等实质性法律问题，要求在数字时代建立新的法律规范。法律治理本质是国家强制力在新的社会条件下的体现。网络社会的法律治理方式已经成为当今各国的共识。万维网之父蒂姆·李爵士呼吁网络社会到了一个制定"大宪章"的时刻。保护公民的言论自由和连接权利的立法尤其具有现实急迫性。我们应当进一步探究网络社会法律治理的实践，总结经验教训。

[①] ［美］马克·格雷厄姆等：《另一个地球：互联网＋社会》，胡泳等译，电子工业出版社2015年版，第XXXII页。

1. 事先立法实践的失败

技术自由是社会发展的基本原则。事先立法，如国家出于某种目的或计划，通过事先立法激励或阻止某项新科技的发展，这类立法往往因不符合科技进步和社会发展的规律而失败。

2. 危机立法的实践失败

网络社会中主体参与的规模性、信息传播的高度流动性和主体行为的不确定性，导致在某一个时刻某个社会问题突然爆发。学者们将这种现象称为"网络社会的涌现机制"。世界各国都曾采取紧急立法，以应对网络社会的危机。这些危机立法的效果是有限的，甚至造成新的社会问题。例如，美国联邦政府1996年颁布《信息规范法》（Communication Decency Act），该法案给各种媒介（既包括传统的广播、电视、报刊，更针对新兴的互联网）施加更多的义务和更严格的控制，以期能够限制接近并且有效检举控告媒介中的"过激"用语，解决当时社会面临的网络暴力和网络色情问题。该法案仅仅实施一年，就被美国最高法院判定违宪，而宣布无效。

互联网对法律的挑战远远超过以前的任何技术，涉及对基本权利和价值根据的重新理解，危机立法因理论根据不足而失败。

一方面，危机立法往往沿用传统观点，无法处理网络社会的新问题。以美国《信息规范法》为例，该法案失败的根本原因是对网络社会中通信自由的错误理解。网络社会的一个重要影响是在各个领域模糊了工业社会中鲜明的界限。互联网作为一种通信工具，具有公共与私人双重功能。作为门户网站、BBS、电子商务平台，它是一种大众媒介；作为电子邮件、完全封闭聊天软件，它是人际媒介。传统法律对大众媒介和人际媒介的规制实行差别对待。[①] 例如，淫秽内容在大众媒体上被禁止或限制，在人际媒体上法律尚未具有介入的合法性和必要性。差别对待的理论基础是通信自由。通信自由被视为一种表达自由，得到宪法的保护。《美国宪法第一修正案》保护个人通信自由不被政府或实施国家行为的公共机构不当干涉。但是，通信自由不是一种绝

---

① ［荷］简·梵·迪克：《网络社会——新媒体的社会层面》，蔡静译，清华大学出版社2014年版，第150－151页。

对的权利。法律可以根据国家安全、公共秩序、个人权利等合理规制通信自由。《信息规范法》没有认识到互联网具有公共与私人双重功能,将其与电视、广播等传统大众媒介等而视之,并施加了更为严格的限制。美国最高法院强调《信息规范法》侵犯了美国宪法中的个人通信自由,即人际传播自由权。[1]

另一方面,对网络社会基本权利和价值的误解,导致旨在保护公民个人权利的危机立法产生更多的自由阻碍。例如,互联网服务提供商为履行信息规范法中的义务,必须设置一定的评级系统和过滤系统,一定程度上侵害了互联网用户原有的正当使用权利。造成这些后果的原因是:这些危机立法往往呈现为支离破碎的条文和互相矛盾的法理。[2]

3. 网络社会法律治理方式的进路

框架立法与法律修正被许多国家的实践证明是一种合理的法律治理进路。现行法律的基础是以工业革命为核心的经济和第一次信息革命的物质现实。网络时代是第二次信息革命以及随之产生的新的经济体系。[3] 新的信息技术带来的是社会根本性变革。网络社会的立法不是依据特定科技的特征和发展规律,而是要建立在高科技社会变迁和运行逻辑的基础之上。从实践经验来看,针对网络社会突发社会问题和科技不当使用产生的新问题,最有力的武器是法理学。立法者可以准备一个框架立法,重新诠释网络时代宪法的基本权利的内涵,平衡基本价值的冲突,明晰以高科技社会特征为基础法律基本原则。

框架立法能够明确网络社会法律变迁的基本问题,统一法理基础,为日后制定或修改具体的法律条文提供条件。[4] 法律治理的特点是法律规范落后于技术的发展。在网络社会这一特点更为突出。新技术与其社会效果之间具有较长的时间间隔。一方面,新技术的使用是一个逐渐成熟的过程,其产生

---

[1] Reno v. American Civil Liberties Union, 521 US. 844 (1997).
[2] Catinat, National Information Infrastructure Initiative in the US: Policy or Non-Policy?, Harvard University Press, 1997, p. 123.
[3] [美] 曼纽尔·卡斯特尔等:《移动通信与社会变迁:全球视角下的传播变革》,傅玉辉等译,清华大学出版社2014年版,第15页。
[4] [荷] 简·梵·迪克:《网络社会——新媒体的社会层面》,蔡静译,清华大学出版社2014年版,第139页。

社会影响具有长期性，无法立刻显现。另一方面，新技术本身的地位，即是部分进步，还是变革性技术，也需要一段时间后方能确定。[①]

(二) 网络社会的社会自治方式

一种流行的观点是信息时代良好的治理依赖网络社会自治（也称全民治理、自我管制）。社会自治比法律治理更迅速地对新技术引起的现实变化做出回应。

1. 网络社会自治方式的合理性基础

从根本上说，信息技术革命造成人际交往模式的深刻变化，真正意义上实现了人与人之间传递信息、沟通思想、交流情感的最大化。这是网络社会自治合理性、合法性、适用性的基础。

其一，交往能力的提高和交往范围的扩张。网络技术打破传统社会的空间、时间限制，面向所有人高度开放，社会互动呈现灵活、便捷、直接等特点，极大延伸了人际交往的能力。在理论上网络社会中的任何人之间都可以发生互动关系。网络技术日益拓展人们的交往范围，在原来没有任何关系的人与人之间建立起联系或联系的可能性。因此，网络社会人际交往的突出特征是极大规模的主体参与，即庞大的主体数量、复杂的主体组成、多层次的主体互动关系。[②] 极大规模主体参与是信息技术逻辑发展的结果，现行法律没有应对经验，力不从心。人们在日常网络交往与实践中自发形成的规范，日益发挥着重要作用。

其二，交往方式的改变。信息技术促使人际交往方式和状态发生重大转变。传统工业社会人际交往建立在地缘、业缘、血缘等基础之上，遵循明确的行为规范和社会礼节，受到社会地位、身份、文化背景、种族、性别等的限制，形成一种功利性、合理性的生存状态。交往本身的目的和意义可能因此而被压抑或异化。网络社会虚拟存在、超时空、强连接等特性形成了脱域机制和隔离功能，使得人际交往有机会从上述诸种限制中解放出来，交往成

[①] Dijk, The Network Society (3ed edition), Sage Publications Ltd, 2012, pp. 210–212.

[②] ［美］马克·波斯特：《信息方式：后结构主义与社会语境》，范静晔译，商务印书馆2000年版，第10–14页。

为个人自主自由的活动。人们依据兴趣主动进行广泛的交往，产生认同感和共识，形成行为准则。①

综上，网络社会人际交往的实践形成一种自治文化。在运行规律上，自治文化强调网络社会运行机制不是单一的控制，而是社会主体的行动相互影响、相互作用演化而成，具有有序、自发的特征。社会自治的目标是达致一种"自由而不混乱，有管理而无政府，有共识而无特权"的社会状态。②

2. 网络社会自治方式的特点

网络社会自治遵循技术发展逻辑，由社会中所有行为主体共同参与、互动演化而成的治理方式。社会自治是一种非正式的社会治理方式，是持续的互动、协调过程。网络社会中行为规范的形成具有动态、多向的特征。即社会行为主体之间通过合作、契约、协商等方式的上下互动，形成各类非正式的社会规范。③ 这些非正式社会规范形式多样，大到互联网服务商行业准则、互联网用户行为规则；小到门户网站、虚拟社区、网上论坛等的管理规则是网络社会自治的依据，表现出鲜明的特色。

其一，非正式社会规范蕴含着技术性。与传统工业社会相比，网络社会中的非正式社会规范遵循着技术发展的逻辑。互联网的（结构）设计、组织、技术标准既是非正式社会规范的一部分，又通过社会自治不断实施。例如，在技术层面，TCP/IP 协议是互联网的核心，定义了互联网结构体系的唯一标准，包括终端连入互联网和数据在互联网中传输的标。TCP/IP 协议将信息转化为相同的可识别的格式，实现了不同的计算机终端"点对点"交换信息和共享资源，确保网络信息流动的自由、简单、灵活、廉价。④ TCP/IP 协议本身即是非正式社会规范的内容和基础，包括互联网服务商行业管理准则，

---

① 黄少华：《网络社会学的基本议题》，浙江大学出版社2013年版，第57-62页。
② [美] 约翰·巴洛："网络空间独立宣言"，李旭等译，见《清华法治论衡》第四辑，清华大学出版社2004年版。
③ 何明升：《网中之我：何明升网络社会论稿》，法律出版社2017年版，第311-315页。
④ [美] 迈克尔 J. 奎因：《互联网伦理：信息时代的道德重构》，王益民译，电子工业出版社2016年版，第2页。

也包括互联网用户行为规则。

其二，非正式社会规范融合着道德伦理观念。"技术至上/技术崇拜"是网络社会普遍的错误倾向。在最根本的层面上，非正式规范的形成是信息技术、伦理观念、价值取向、民族文化相互作用的结果。伦理道德规范是网络社会行为正当性的判断标准，支配着人的行为动机和内心世界。① 非正式社会规范融合道德伦理观念才能实现行业自律和个人自律，达到社会自治的良好效果。这种伦理道德规范是科技与社会相交叉的新观念。非正式规范的实施得到了更多的重视，如新浪的自律专员制度、百度的投诉制度等都是为了维护网络社会秩序的行业自律制度。

（三）网络社会的技术治理方式

1. 网络社会技术治理方式的地位

与以往的社会形态相比，技术在网络社会成为一种变革性、控制性的力量，是社会发展的主导趋势和基本动力。著名学者劳伦斯·莱斯格准确的概括了技术的地位："互联网的控制力量正在发生着一场——从法律到编码，从国王到软件——的历史性转移。"② 技术治理方式能够使社会治理有效实现，具有不可替代的作用。

以网络层的 OSI 模型为分析工具，可以解释技术如何成为有效的互联网治理手段。根据 OSI 模型，互联网的整体结构自下到上由物理层、代码层、内容层组成。每个层面中所有技术的使用都可以对网络行为主体的自由和权利产生重要影响。这些技术结合在一起就成为互联网管制的有力工具，甚至改变一个国家网络社会的结构和特征。③

物理层是指处于网络结构底部的硬件，包括所有终端设备和连接设备，如计算机、智能手机、路由器、交换机、光纤网线。一方面，物理层是网络自由开放的技术基础。频谱（无线网）是重要的公共资源，边际成本为零；

---

① ［美］迈克尔 J. 奎因：《互联网伦理：信息时代的道德重构》，王益民译，电子工业出版社 2016 年版，第 2 页。
② Lessig, Code, and other Laws of Cyberspace, Basic Books, 1999, p. 206.
③ Dijk, The Network Society (3ed edition), Sage Publications Ltd, 2012, pp. 10–14.

第六章　网络社会治理方式创新

终端具有多样性，提供了大量廉价的选择。这减少了行为主体进入网络的障碍。网络变得简单便捷、功能强大，促成大规模主体的自由参与。开放成为互联网的核心精神。另一方面，通过对物理层使用影响个人权利。通过对特定硬件选项对互联网进行管制是常见的手段。[①] 如在计算机中植入"暴力芯片"以阻止色情、暴力等不当信息，保护网络安全。通过硬件播放器的改造以控制非法复制品的使用，保护知识产权。通过智能卡片设备、生物识别技术等控制终端使用，保护经济权利或个人隐私，等等。[②]

代码层是指网络的架构或框架，包括各种技术标准和管理协议。其中，最基础的代码（也称编码）是 TCP/IP 协议。代码层实现了用户验证和端对端连接，促成高效、自由的信息流通。代码层的技术进步，将互联网由单纯的网页浏览模式（Web 1.0）推进至开放平台模式（Web 2.0）。网络社会，各种社会力量都力图通过对"开放源代码"与"封闭代码"的运用获取对互联网更大的控制权。[③] 如通过数码认证系统或密匙系统限制某种产品的使用权限，以保护知识产权。通过过滤系统和评级系统筛选和屏蔽不良信息，以维护网络安全。通过电子支付系统和数字权限管理建立网上金融的基本技术架构，以保障经济财产权利。代码层在 OSI 模型中居于核心地位——"代码就是网络空间中的法律"。[④]

内容层是指互联网传输的各种信息，包括数字图像、文本、影像等。内容层实现了高速、廉价、多元的信息获取、传递、创造。在信息层中，最典型的是处于网络结构顶部的应用控制软件。各种社会力量通过控制内容层，对个人权利产生重要影响。例如，黑客入侵和病毒攻击往往针对软件的设计特点和漏洞。商业营销手段因信息发布平台的排序、热搜而产生变化。[⑤]

---

① ［荷］简·梵·迪克：《网络社会——新媒体的社会层面》，蔡静译，清华大学出版社 2014 年版，第 143 - 145 页。
② Goldsmith and Eggers, Governing by Network, The New Shape of the Public Sector, Bookings Institution Press, 2004, pp. 23 - 27.
③ 郭玉锦等编著：《网络社会学》，中国人民大学出版社 2017 年版，第 300 - 302 页。
④ ［美］劳伦斯·莱斯格：《代码：塑造网络空间的法律》，李旭译，中信出版社 2004 年版，第 4 页。
⑤ ［美］迈克尔 J. 奎因：《互联网伦理：信息时代的道德重构》，王益民译，电子工业出版社 2016 年版，第 295、303 页。

207

2. 网络社会技术治理方式的特点

互联网已经成为一种社会、经济、政治的整合力量，是一种社会控制的工具。网络社会技术治理对行为主体具有强制性和实效性。

企业利用技术手段进行无形控制的案例比比皆是。例如，针对微软的开放源代码运动。据统计世界上约 90% 的用户在使用微软的 Windows 操作系统，这实际上赋予微软以强大的权力。对于用户来说，微软通过各种工具和软件巧妙地、潜在地、非强迫性地对用户的网上行为、习惯、甚至价值取向产生重要影响。对于供应商来说，技术的力量更为显著。通过软件许可，软件提供商和生产商都必须接受微软的技术标准、使用 Windows 操作系统。反过来，用户和供应商的这些行为又提升了微软的优势地位。针对微软的层出不穷的讼案和开放代码源运动旨在重新夺回用户对自我行为的控制权和恢复企业之间的自由竞争。[1] 又如反"赢家通吃"运动。企业利用技术的无形控制无处不在。无论是谷歌、百度等搜索引擎公司，还是微博、Facebook 等社交网站，甚至是亚马逊、淘宝等购物网站都主动地影响用户的搜索行为和结构。绝大多数人的搜索习惯是只查看信息的头几页。企业通过排序、推荐、反复强化等方式，使得最火的产品更火，即"赢家通吃"现象。简言之，掌握核心技术的企业可以运用各种手段决定用户所获取信息的内容，从而强加给个体公民，使其更适应于某种特定经济语境的信息或价值观。互联网可能通过大规模信息将人们禁锢在一个不断重复的世界观中，过滤出与固有印象和态度相符的信息。用户不知不觉沦为非自主者，其获得的信息、选择和行为是企业操纵的结果。当下社会的特点是信息技术的广泛使用与信息技术的核心知识产权掌握在少数公司手中。这一现实实际上增强了技术的强制性效果。[2]

政府利用技术手段渗透政治目标和主流价值。政府的控制方式具有间接性，即通过对科技企业的规制实现。一方面，科技企业充当了信息"把关

---

[1] Shapiro, The Control Revolution, Perseus, 1999, p.139.
[2] 仲昭川：《互联网黑洞——史无前例的互联网忧虑》，电子工业出版社 2014 年版，第 176 - 178 页。

人"的角色,通过对关键词的过滤、预警、屏蔽等技术手段对互联网中的言论进行引导,对某些言论不当的主体进行暂时性或永久性的"禁言"。[①] 另一方面,网络具有可追踪性的特点,除了极少数的技术专家,互联网上的活动痕迹都会以某种文本形式保留下来,难以销毁。网络的这一特点,加之互联网准入条件的规定、专业的追踪软件,实现了虚拟身份现实化。利用技术可以将网络空间中的控制延伸到现实社会。[②]

综上,技术不是中性的,各种社会力量利用技术控制网络展开激烈争夺。互联网不可规制的早期认识已完全失去现实基础。技术治理是网络社会一种有效的治理方式。根据技术的特征,如何进行技术治理将成为重要议题。

(四) 网络社会三种治理方式的关系

1. 法律治理方式通过社会自治、技术治理产生实效

各国法律实践都注意到网络技术对法律治理效果的蚕食,并积极做出了回应。法律治理方式必须与技术保护措施和行业规范的自我管制相结合,才能有效实施,产生实际的效果。

其一,变革国家权力对互联网的控制。20世纪末,世界范围内的互联网迅速发展、跨国公司日益壮大、放松管制等趋势,导致传统国家权力的行使方式将逐渐丧失对互联网活动的控制权,削弱法律治理的效果。力回应上述趋势,世界各国已分成两个阵营:一些国家倡导"国家主权模式",坚持对国民信息的入口实施严格的控制;另外一些国家倾向于"多元利益相关方模式",主张弱化政府角色。[③]

其二,调整法律治理的手段。传统的法律对互联网活动的直接治理手段日渐衰弱。政府借助互联网服务商、硬件生产商、软件提供商等市场因素管理互联网,即运用间接治理手段规范人们网络活动的行为。网络立法为互联

[①] [美] 凯斯·桑斯坦:《网络共和国:网络社会中的民主问题》,上海人民出版社2003年版,第145页。
[②] 时飞:"网络空间的政治架构——评劳伦斯·莱斯格《代码及网络空间的其他法》",载《北大法律评论》2008年第1期。
[③] Weerakkody etc., Public Sector Transformation through e-Government: Experiences from Europe and North America, Routledge, 2012, pp. 20-25.

网服务商、硬件生产商、软件提供商施加了更多的积极义务，如安全储存用户数据、为国家安全和公共利益过滤特定词语或关键词、寻找并阻止用户的知识产权侵害行为，等等。法律治理手段的变化与政府职能转变结合在一起，国家治理的方式转向软权力的应用。政府充当环境和制度的创造者，鼓励社会自治。①

其三，关注法律治理的效果。网络社会的运行逻辑和治理方式发生着根本性的变化，必须超越传统的视野加以思考。"在现实社会，我们通过宪法、法律以及其他法律文件来规制；在网络空间，'代码'就是法律。"② 美国学者劳伦斯·莱斯格的这一著名论断，指出了技术在网络社会的力量。传统法律治理无法解决新技术带来的诸多问题。以垃圾邮件的法律规制为例，对治理这一技术滥用的现象，世界各国都进行了立法。立法大致分为两种类型：一是以美国为代表的"选择退出"原则，一是以欧洲为代表的"选择加入"原则。③ 这些立法最突出的问题是，法律规则本身对垃圾邮件规制的效果极为有限。各国逐渐将行业规范等社会自治和科技公司过滤、拦截等技术治理作为法律扩展措施或辅助措施，方能真正执行法律规范，维护公民权利。网络社会的法律治理实质上是对某种技术保护措施和互联网服务提供商自我管制模式的支持。

2. 社会自治和技术治理需要法律治理加以引导

社会自治与技术治理两种方式都有内在的不足，需要法律治理方式来支撑，才能实现良法善治的社会治理目标，达致公权与私权的互补与平衡。

其一，社会自治需要法律的有序引导。社会自治的自生自发发展容易形成碎片化和封闭化两种不良趋势。就碎片化而言，信息技术实现了人与人之间直接、便捷的交流，产生赋权与分权两种效果。一方面，人们获得广泛参与社会生活、发表意见的条件，达到赋权的效果。另一方面，多元的意见、

---

① 蔡文之："外国网络社会研究的新突破——观点评述及对中国的借鉴"，载《社会科学》2007年第11期。
② Lessig, Code, and other Laws of Cyberspace, Basic Books, 1999, p.4.
③ 陈星："大数据时代垃圾邮件规制中的权益冲突与平衡及其立法策略"，载《河北法学》2014年第3期。

分散的舆论、良莠不齐的信息极易形成。分权既是民主的条件，也可能导致社会分裂。就封闭化而言，信息技术破除了人与人交流的各种限制，这其中交流的基础和原因是共同的兴趣。但是，网络的隔离机制和人之信息处理能力有限性，会产生一种负面效果。人们可以隔绝、排除接受其他群体的讨论和交流，根据自己的偏好屏蔽异见。凯斯·桑斯坦将这种负面效果称为群极化现象。严重的群极化将产生社会离心效果，不利于社会凝聚和文化认同。因此，网络社会要实现社会整合、良法善治、价值认同，这样的社会自治需要法律治理的有序引导。①

其二，技术治理需要法律的控制。技术是一把"双刃剑"，既能够扩大和保障自由，也可以实现更有力的限制权利。信息技术是一种社会控制的工具，且不是传统观点认为的中性工具。基于不同目的之技术治理可能达到截然相反的效果。在网络社会，技术治理对解决实质性法律问题必不可少。反过来，问题最终得到公正的处理，技术能够正确和平等的使用，技术治理纳入法治化必不可少。②

本章小结

网络社会是人类技术革命性突破产生的一个新的社会形态，要求探寻社会治理方式的创新以回应社会变迁。在社会治理理念方面，网络社会是虚拟社会与现实社会紧密结合、相互独立又相互影响的共生存在方式，它打破了以工业社会为基础的各种二元对立概念，消除了原来明确的界限。网络社会治理理念既非自由放任，也非严格监管。其应当以网络社会的本质——真实与想象、物理与心灵相交织——为基础，创新网络社会治理理念。

在社会治理根据方面，网络社会的运行逻辑对权利—权力关系有颠覆性的影响，是社会治理方式创新的根据。技术逻辑是网络社会的基础特性，强

---

① [美] 凯斯·桑斯坦：《网络共和国：网络社会中的民主问题》，上海人民出版社2003年版，第50页。
② Deiber etc., Access Controlled: The Shaping of Power, Rights, and Rule in Cyberspace, Cambridge Press, 2010, pp. 275–277.

连接逻辑保障了网络社会的自由与开放；超时空逻辑改变了人之社会行为，大规模主体参与、身份多重且匿名等重新定义了个人权利，高度弹性的社会结构推动了国家权力行使方式的变化。社会逻辑是网络社会的结构特性。去中心化在静态上表现为权力的扁平化，在动态上促成了社会主体之间协同互动。因而，网络社会的去中心化具有赋权与控权的双向性，既打破传统工业社会的诸种限制，实现个人的自由，也可能扩大社会经济的不平等。

在社会治理实践方面，根据网络社会的本质和运行逻辑，社会治理实践应当是一种结合法律、自治、技术等多种模式的综合性治理方式。网络社会中的法律治理方式是当今各国的共识，其必须通过技术保护措施和行业规范的自我管制相结合，才能产生实际的社会效果。社会自治能够迅速的回应新技术引起的社会变化，实现社会主体间的互动与协作，契合网络社会的自治文化。技术治理方式对行为主体具有强制性和实效性，在网络社会具有不可替代的作用。社会自治与技术治理都需要法律治理加以引导，以实现良法善治的目标。

复习思考

1. 简述网络社会的本质。
2. 简述网络社会的特征。
3. 论述网络社会的治理方式。
4. 思考网络社会对法律治理的挑战。

第七章　法社会学视角下的法律方法

学习目标

掌握司法的功能；了解司法过程中法律方法与心理学知识的关系；能够分析法律方法的心理学意义；能够结合实例分析法律适用的智慧表现及内在的机理；能够从法律方法功能的角度分析其对于司法改革的意义。

司法公正是一个永久的话题和追求。从心理学的角度来看，司法公正是司法参与者或关注者认知并接受司法活动过程、内容及结果的心理态度和价值共识。在我国当前社会中，司法功能或法院的职能主要还应该定位为纠纷解决，而案结事息则是评判这一功能发挥效果的最重要的标准。法律方法对于司法的作用越来越被理论和实践所重视和运用，以至于有的学者直接将法律方法等同于司法方法。① 法律方法在司法过程中除了"常规"作用外，我们还应该理解并充分地利用其心理学方面的特殊意义，即其对司法参与者和关注者的认知和接受心理的影响。

一、司法过程中法律方法的心理学意义

（一）司法的功能定位与法律方法的心理学意义

苏力曾讨论过法院的基本职能，对此他提出过这样的问题：法院的基本职能究竟是落实和形成规则（普遍性的解决问题）还是解决纠纷（具体的解

---

① 陈金钊："法律方法论体系的'逻辑'问题"，载《政法论丛》2008 年第 4 期。

决问题),或者在两者不可偏废的情况下以何为重并将向哪个方向发展。① 尽管如许多学者认为的那样,现代法院的功能确实已经从原先的解决纠纷日益转向通过具体的纠纷解决而"建立一套旨在影响当下案件当事人和其他人的未来行为的规则"②,就我国的司法现状而言,法院尤其是基层法院基本的也是最主要的职能仍然是解决纠纷③,通过法院的司法活动实现法治意义上的"规则的治理"依然是一种理想的但居次位的职能。

既然司法的主要功能或法院的基本职能已经定位为解决纠纷,那么司法活动的出发点、过程直至结果都要以此为首要追求,案结事息则是评判这一功能或职能发挥如何的最佳标准,也是最终应该达到的实践效果。显然,与法律适用有密切联系的法律方法在实现这一司法功能过程中发挥着非常重要的作用。

关于法律方法的含义,国内外学者有着不同的界定。④ 陈金钊认为,法律方法一般是指,站在维护法治的立场上,根据法律分析事实、解决纠纷的方法。它包括三个方面的内容:一是法律思维方式;二是法律运用的各种技巧;三是一般的法律方法,其中主要包括法律发现、法律推理、法律解释、价值衡量、漏洞补充以及法律论证方法。⑤ 焦宝乾对法律方法含义的界定和分析也非常到位,他认为法律方法之概念应当具备如下几点基本理论要素:①法律方法是法律共同体的职业性思维与技术;②法律方法所要处理的是事实与规范对立与紧张的难题,架通由此达彼的桥梁;③逻辑与经验、理论与实践构成法律方法的基本向度;④法律方法的具体构成要素包括法律知识、法律技能、职业伦理等方面;⑤法律方法所要追求的是个案中法律决定与法

---

① 苏力:"基层法院审判委员会制度的考察及思考",载《北大法律评论》1998年第1卷第2辑。
② Richard A. Posner, Economic Analysis of Law, Little Brown and Co., 1992, p.521.
③ 这主要是针对法院审理民事案件而言,当然,如果将刑事案件视为在案件当事人之间所发生的程度更为激烈的纠纷或冲突的话,法院最终对被告人的审判和惩罚(如定罪量刑和判决附带民事赔偿等)也可以看作是在发挥解决纠纷的功能,因为它也在多数情况下化解了犯罪行为所引发的(激烈)纠纷,安抚了被害人(如果有),从而实现案结事息、恢复正常的交往秩序。
④ 相关的讨论文章可参阅焦宝乾:"'法律方法'的用语及概念解析",载《甘肃政法学院学报》2008年第1期;赵玉增:"法律方法释义",载陈金钊、谢晖主编:《法律方法:第六卷》,山东人民出版社2007年版。
⑤ 陈金钊:《法治与法律方法》,山东人民出版社2003年版,第198-206页。

第七章 法社会学视角下的法律方法

律判断的合法性与正当性。① 这些界定都揭示了法律方法的基本内涵及其在司法过程中的重要价值,即它是法官有效处理和裁判案件的基本借助。这里所讲的"基本借助"主要是法律方法之于司法在思维形式、逻辑方法等技术性方面的意义,我们可将此价值或意义称为法律方法的常规功能。接下来我们要讨论和分析的则是法律方法之于司法功能有效发挥的另类功能,即其心理学意义。

心理学法学以心理学的理论和知识来分析法律现象背后的心理机制,在西方法学史中属于社会法学派的一个支派。庞德主张,法社会学主要有两个取向:一是经济学取向;另一是心理学取向。② 德国心理学家雨果·闵斯特伯格则认为,司法工作涉及罪犯、证人、原告和被告,涉及法官和陪审团,一句话,司法工作无时无处不涉及心理人格。因此,将科学心理学的成果运用到法庭上是顺理成章的。③ 也有学者指出,心理学与法律是有距离的,并且国外的司法心理学研究认为心理学与法律在认识论、思维方式、方法论、语言特征等方面是不同的,甚至是有冲突的。④ 心理学对于法学尤其是司法的价值是毋庸置疑的,它提供给我们的不仅是一种理论工具或研究方法,而且有助于我们更为全面和深刻地理解司法的本质及功能的发挥,从而促进相关制度的完善。对于心理学知识和法律方法的关系,我们可从以下三个方面进行分析。

一是法律方法主要属于技术性知识⑤,如法律解释、法律推理和法律论证等虽然与运用主体(主要是法官)的经验、偏好和心理等主观因素有难以割舍的关联,但其本身属于逻辑范畴,而且其重要作用之一是为了克服那些可能会影响案件公正处理的主观因素。所以学者们在研究法律方法时,通常并不关注法律方法的主要运用主体——法官的心理,而是想当然的将法官抽

---

① 焦宝乾:"'法律方法'的用语及概念解析",载《甘肃政法学院学报》2008年第1期。
② [美]罗斯科·庞德:《法理学》,邓正来译,中国政法大学出版社2004年版,第269页。
③ [德]雨果·闵斯特伯格:《基础与应用心理学》,邵志芳译,浙江教育出版社1998年版,第337页。
④ 罗大华、狄小华、马皑主编:《刑事司法心理研究》,群众出版社2006年版,第4页。
⑤ 如严存生教授称法律方法为"法律的隐技术",并认为把法律方法作为一种技术来认识和对待是非常重要的。参见严存生:"作为技术的法律方法",载《法学论坛》2003年第1期。

象地假设为一位无差别的法律方法的"应然适用者"。这对于分析和完善法律方法本身是必要的,但也不可避免地拉大了法律方法理论同司法实践真实情况的距离。

现实主义法学派显然意识到了这一缺陷,并不无深刻地指出,"理解法官发现裁判结论的实际心理运作不仅有助于法官为案件提供更加高明的裁判结论,还能够使裁判结论的正当化更加明晰;裁判'发现'的心理过程与结论的正当化证成之间并非毫无关系的相互独立过程,相反,裁判思维本身既包括'发现'与'检测'案件答案的思维,也包括将思维结果予以说明的思维"[①]。因此,在司法过程中我们应同时注重法律方法的运用和相关主体尤其是法官的心理作用机制分析。

二是法官在运用法律方法裁判案件时应该尊重并尽可能地遵循心理学的有关规律和常识。不管是否愿意,法官在司法活动中都会受到心理规律的影响。在审理和裁判案件时,法官同样也应该有意识地去了解和把握当事人各方的心理需求及相应的心理活动规律,这有助于法官更有效地作出裁决、解决纠纷。

当然,司法过程中法官对心理学知识的应用也并非毫无限制,法律方法的形式理性恰恰是对法官以及其他司法参与者和关注者心理活动的约束,并且法律也并非像一些心理学现实主义学者所认为的那样,只是法官和行政官员的所作所为,亦即为他们的偏见和个人化倾向所驱动的所作所为。那种认为司法过程中的每个环节都完全而且肯定是由那些决定个别法官之行为的心理因素所型构的观点更是过于极端。[②] 法律方法和司法过程中的心理学因素应该是相互融合并相互制约的两个部分,不应过于持重一方而有所偏废。

最后,司法过程中法律方法的运用本身又可以产生心理学上的效果,具体可归结为两个方面:认知案件相关事实和法律与接受裁判结果,即认知心理和接受心理。从心理学的角度来看,司法过程可分为认知案件、作出判断

---

① Bruce Anderson, The case for Re-Investigating The Process Discovery, Blackwell Publisher, 1995, p. 336.

② 李安:"从心理学法学到法律现实主义",载《杭州师范大学学报(社会科学版)》2008年第2期。

和接受结果三个阶段。其中作出判断指的是法官在认知案件事实和相关法律的基础上,运用法律方法对案件作出最终的裁判。可见这里所谓的作出判断专指法官的裁决。虽然作出判断的过程仍难免受到法官心理因素的影响,但这种影响主要不是由法官所运用的法律方法所造成的,法律方法在这一过程中所发挥的是常规功能,即主要从思维和逻辑方面来引导法官对案件作出裁决。因此,认知案件和接受结果两个阶段是法律方法心理学功能发挥的主要场合。

(二)法律方法对认知心理的影响

认知是心理学的一个重要概念。1967年美国心理学家尼赛(Neisser)《认知心理学》的出版,标志着受信息论、系统论和控制论影响很大的认知心理学初成体系。现代认知心理学的核心观点认为,人是一个信息加工系统。该系统的特征是用符号形式表示外部环境中的事物,或表示内部的操作过程,该系统能够对外部环境及自己的操作过程进行加工。①

司法过程中充满着各种信息,如案件中的事实、当事人的情况以及可能适用的法律,等等,这些都需要司法参与者——主要指法官和当事人及其代理人——对纷繁交错的信息进行挑选、加工和联结,从而形成对案件事实的法律认识。因此,任何一个案件都可以看作是司法参与者运作信息加工系统的场域,它们又共同形成了"认知的结构"。

根据著名心理学家皮亚杰(Jean Paul Piajet)的观点,结构被定义为一个具有整体性的、由若干转换规律组成的、能够自我调节的整体、系统或体系。②他指出,"认知的结构既不是在客体中预先形成了的,因为这些客体总是被同化到那些超越于客体之上的逻辑数学框架中去;也不是在必须不断地进行重新组织的主体中预先形成了的。因此,认识的获得必须用一个将结构主义和建构主义紧密地联结起来的理论来说明,也就是说,每一个结构都是心理发生的结果,而心理发生就是从一个较初级的结构过渡到一个不那么初级的(或较

---

① 刘霞:"现代认知心理学的特征及其影响",载《理论月刊》1995年第4期。
② 涂纪亮:《现代欧洲大陆语言哲学 现代西方语言哲学比较研究》,武汉大学出版社2007年版,第150页。

复杂的）结构"①。从皮亚杰的论述中我们可以总结出认知的基本规律或特点，即认知是主客体交互作用的结果，同时也是一个不断深化的过程。司法过程中法律方法对法官和当事人认知案件以及与案件有关的法律起着重要的作用。

首先，法律方法是指导法官对与案件有关事实和法律信息进行加工的必要工具。法官在作出司法裁决前，必须对其中关涉该案处理的各种有效信息进行挑选、加工、存储和判断。此时，法官认知的内容主要是案件的事实部分以及对本案可能会适用的法律规范，其中事实部分指的是案件中的各种交往关系、行为内容、纠纷指向以及争议各方的观点、诉求和依据等种种信息。至于认知的法律规范仅仅是法官根据其经验，结合对案件事实的认知，可以用来初步判断案件事实及性质的那些法律规范。在这一心理活动过程中，法律解释的方法发挥着挑选并加工信息的基本作用。通过法律解释，法官对于案件所关涉的、在今后的判决过程中可能需要进行严格确证的事实和法律问题进行初裁，舍去那些明显跟案件结论作出毫不相关的、不具有法律（或规范）意义的交往关系、行为内容等事实或信息，从而为其更为准确地认知案情、作出裁判提供必要的前提。

其次，法律方法通过对两种认知机制，即同化和顺应的作用来实现法官对案件事实及裁判选择的认知结构不断地建构和发展，从而让法官的观点更接近案件的真实情况并作出更为公正的裁判。按照皮亚杰的观点，就认识而言，认识图式或认识结构的发展过程就是一个建构的过程。建构是一个永无止境的，从比较低级、简单的结构不断向比较高级、复杂的结构过渡的创新过程。在这一过程中，在主客体相互作用的基础上，经过同化、顺应的平衡作用，主体的认识图式逐步接近客体的结构。其中，同化是在外部环境变化不大的情况下通过过滤或改变外部输入的刺激而使认识图示发生量变。顺应则是在外部环境发生急剧变化的情况下，认识图示为适应环境的这种变化而作出相应的改变，使认识图式发生质变。②

作为法律方法之一的法律解释是同化认知机制运作的主要途径，因为法

---

① ［瑞］皮亚杰：《发生认识论原理》，王宪钿等译，商务印书馆1981年版，第15页。
② 涂纪亮：《现代欧洲大陆语言哲学 现代西方语言哲学比较研究》，武汉大学出版社2007年版，第151－152页。

官对案件事实、适用的法律以及事实和法律的关系进行解释的过程中,在既有的法律文本意义相对明确、法官的知识结构和业务能力基本确定的情况下,法律解释的结果往往引致的只是认识图式的量变,即通过法律解释实现认知的同化作用。虽然"按照解释学的洞见,解释并非认知者不带任何主观成分去认识客观的对象,而毋宁借着前理解(preunderstanding)才成为可能,人总是带着既有的经验和知识或'合法的偏见'进行理解和解释"[①],但这并不影响法律解释之于同化的作用,并且在某种意义上还可以视为法律解释的作用机理。

通常情况下,法律解释是为接下来的法律推理和法律论证等法律方法提供意义基础的,尽管它同样贯穿于整个的法律适用或裁判过程。一旦需要对案件事实的法律性质作出最后的定论,从而确定案件所适用的法律以及最终的裁决结果时,法律推理和法律论证则发挥着更为直接和主要的作用。并且最后的定论和最终的结果往往不是从案件事实中直接观察得到的,也并非通过简单的法律解释就可以自然得出的,它们带来的往往是认识图式的质变,即裁决结论绝大多数都为顺应机制作用的结果。

最后,法律方法对于案件当事人认知案件的法律性质及法律适用的原因等,同样起着不可替代的作用。不同的案件中当事人的知识结构和认知能力是不同的,大多数案件中的当事人对案件及相关法律的认知结构都处于一个初级的或相对低级的阶段。随着当事人在法院和法官的安排下不断地参与案件的调查和审理,同样也在同化和顺应的认知机制作用下,不断地调整和深化自己的认知,甚至可以不同程度地预期案件的裁决结果,从而为其在接下来的法庭审理或其他司法程序中应该采取怎样的对策提供参照。这便是皮亚杰所谓的"从一个较初级的结构过渡到一个不那么初级的(或较复杂的)结构"。促成当事人这种认知变化的一个非常重要的原因就是法律方法的存在和运用。

法律方法并不专属于法官,它同样也会存在于绝大多数案件当事人的思维中,可能是先前的或者在司法过程中逐渐形成的,即使当事人不能主动地

[①] 陈金钊等:《法律解释学》,中国政法大学出版社2006年版,第87页。

在法律方法的引导下建构和发展自己的认知结构,他们也总是会受到来自法官审理和解说的影响。法官又恰恰是法律方法自觉或不自觉的运用者,否则案件的审理将无法展开,裁决结果也无法作出。

(三) 法律方法与对裁决结果的接受

随着法律论证和商谈理论等研究的兴起,司法裁决的可接受性问题自然成为了许多法律方法研究者关注的重点。但是在这些研究的过程中学者们往往忽视的是无论法官对某一案件裁决结果的论证如何透彻到位,形式逻辑如何严谨缜密,都无法直接过渡到或决定着裁判结果真正被接受,即法律论证等法律方法属于技术性的范畴,对结果的接受与否则属于心理学的范畴,二者之间并不存在必然的因果关系。此外,还有学者认为,我国现实司法实践中司法可接受性主要表现为社会的可接受性。从法治理念来看,司法裁判的社会可接受性与法治精神是相悖的,也是不符合程序正义的,而且也不符合现代法律思维方式。[①] 在将司法功能定位为纠纷解决的前提下,司法裁决的可接受性首先指的是案件当事人对裁判结果的接受与否[②],其次才是其他司法参与者或关注者,如法律职业共同体和一般社会公众等的可接受性。而且并非所有的司法裁决都会牵涉社会接受与否的问题,只有那些具有特殊的社会意义又为社会公众所关注的案件的裁决才谈得上社会的可接受性,而这样的案件在法院所受理的所有案件中所占的比重并没有想象中的那样大,甚至是极小的。

在法律方法和可接受心理二者之间虽然并不存在必然的转换关系,但是我们认为正是由于法律方法的存在和作用的发挥,才使得司法裁决具备了合法律性继而为其最大限度的通向可接受之心理提供逻辑和技术上的支撑。从心理学的视角来看,个体对某一事物或对象接受与否属于态度的范畴。"态

---

① 向朝霞:"论司法裁判的社会可接受性",载《太原师范学院学报(社会科学版)》2008年第1期。

② 尤其在民事案件中,法院或法官只是为案件纠纷提供一个合法又尽可能合理的解决方案(即裁判结果),而案件当事人有权利决定是否接受该方案,如果不接受,他们可以采取的措施有拒绝在调解书上签字或对裁决提起上诉等。当然二审法院的裁决和刑事案件的判决则较为复杂,需要另行分析。

度"（attitude）是心理学中一个非常重要的概念和研究领域。奥尔波特（G. W. Allport）认为，"态度是根据经验而系统化的一种心理和神经的准备状态，它对于个人反应具有指导性或动力性的影响"①。态度被看作是个体对一定社会刺激所持有的，具有一定结构、相对稳定和内化了的心理反应倾向。②

由于个体对某一事物的接受表明个体对该事物持认可或至少不反对的态度，所以个体接受裁决就意味着个体对该裁决的态度是积极的或正面的评价。同时，根据态度理论可知，个体会根据其与司法裁决的关联性而持有相应的态度，并且这种态度影响它对裁决的执行或评价情况。当然，在许多情况下，个体可能会基于某种压力或考量而作出同其实际态度相反的行为来。如个体接受司法裁决表明他至少在行动上会服从裁决的要求，但其内心的想法却未必同表现出的行为相一致。因此，根据态度的真实与否，可将个体对司法裁决之接受区分为真接受和伪接受两种情况。显然，理想的情形是法官作出的司法裁决都能够得到社会个体的真接受，即通常所说的"口服心服"。

那么，法律方法是通过何种途径或方式来影响除法官之外的其他司法参与者和关注者尤其是案件当事人的态度，从而实现司法裁决的被接受呢？法律方法可在以下几个方面增进司法裁决的可接受性。

一是如果将法律方法的运用作为实现司法裁决被接受的手段之一的话，那么这种手段本身就代表着司法文明程度的提高，有助于增强司法机制在解决纠纷方面的权威性和公信力，从而在一般意义上增大了司法裁决为包括案件当事人在内的社会民众接受的可能性。一般而言，案件当事人对裁决结果的接受可分为基于对法律或法院的畏惧而接受和基于内心认可的基础上的接受，当然现实的情况往往是当事人兼有这两种心理只是个案当事人的侧重不同。

由于传统法律文化心理的影响加之长期以来官方意识形态对法律和法院暴力性色彩的宣传，以至于"在广大中国老百姓的心目中，法律就是刑律，

---

① 时蓉华：《社会心理学》，浙江教育出版社1998年版，第295页。
② 申荷永主编：《社会心理学：原理与应用》，暨南大学出版社1999年版，第94页。

权力高于法律。由于畏刑畏权,他们自然视公门为畏途"①。换言之,在许多人的观念中,法律代表着权力,意味着惩罚,一旦个体不得不去迈进"公门"解决纠纷时,他们对"公门"所作出的裁断同样也会怀着恭畏的心理。固然这是一种难以在短期改变的民族心理或文化心理结构,但如果我们的司法理念固守这种思维,完全将自己的权威建立在强制力甚至暴力的基础之上,那是非常可悲的。尤其是随着社会的发展,民众自主意识的增强,基于对法律或法院强制力的畏惧而接受裁决的心理结构将逐渐弱化。与之不同的是,法律方法并不是将案件当事人看作是可以被强制的客体,而是试图通过裁决书这一载体来作为法官和当事人乃至其他司法参与者和关注者之间实现沟通的逻辑工具,它体现的是哈贝马斯意义上的"主体间性",体现了对人的尊重,故而法律方法在拓展当事人和社会公众接受司法裁决这一心理方面具有更为广泛而坚实的哲学或道义基础。

二是法律方法在约束法官自由裁量和克服法官受到内在的或外来的不当影响方面同样发挥着重要作用,这在很大程度上保障了司法裁决的公正性,也为裁决最终被接受提供了不可或缺的前提。因为"按法治的原则要求,司法者对于同样情况应同样对待,而要做到这一点就需要运用法律方法进行评析。为检验法官是否在事实上对同样情况也作出了相同的裁判,方法论要求法官在判决前提与推论之间建立一种可检验的推导关系。所以,法官必须尽可能准确地表达出他对法律规定的解释以及对事实的法律意义的认定"②。以色列最高法院院长巴拉克在其裁判的一个案件中也曾指出,法官"必须能够区分个人的欲求与社会的共识。他必须对于个人信仰与法官观点作出清晰的划分。他必须能够认识到其个人观点也许并不为公众普遍接受。他必须仔细地区分个人信条与国家的信念。他必须有自知之明和约束自己的信仰。他必须尊重法官的约束"③。公正是司法最根本的价值基础,也是司法参与者和关注者认可并接受司法裁决态度形成的内在要求。法律方法的存在限制了法官

---

① 戴健林:《法律社会心理学》,广东高等教育出版社2002年版,第78页。
② 陈金钊:"法律方法论的意义",载《河南省政法管理干部学院学报》2005年第2期。
③ 孔祥俊:《法律方法论(第三卷):裁判模式、自由裁量与漏洞填补》,人民法院出版社2006年版,第1353页。

擅断的空间和机会主义,使法官不断趋向一个真正客观中立的角色位置,从而在最大限度上保证司法裁决的公正,也即同时最大限度的促进了司法裁决被接受的可能性。

最后,法律方法可以看作是一种修辞术,而修辞的一项重要功能便是论辩和说服。根据西方修辞学史的介绍,最早的修辞艺术来源于法庭演说,"可能性"或"可信性"成为演说论辩产生的原因和基础,是修辞的关键所在。① 法律方法在司法过程中主要被用来引导法官形成裁决并论证该裁决在法律甚至情理上的"正当性"。这里的"正当性"同时也可以表述为"可能性"或"可信性",即法官对个案所作出的裁决若为正当,最起码应该在法律乃至情理上具有逻辑可能性或论辩上的可信性,并且是否具有这种可能性或可信性不是由法官决定的,而是要通过案件当事人及其他司法参与者和关注者的态度反映出来的。芬兰学者阿尔诺(Aulis Arnio)就认为,"在现代社会,人们不仅要求权威性的判决而且要求作出判决的理由。法官的责任已经日益成为证明判决正当的责任。法官运用权力的基础在于其判决的可接受性,而不在于他可以具有的正式的权力位置"②。这在很大程度上增加了法官作出裁决的难度,但同时也拓展了法律方法发挥作用的空间。

虽然法律方法的充分运用并不能确保司法裁决最终被接受,但它的运用本身增强了裁决的逻辑性和说服力,尤其是法律推理和论证过程中必然伴随着智慧的言辞,透露着说服的艺术,或者至少能够让裁决的潜在接受对象意识到该裁决并非法官的随意之举或单纯依强制力来迫使当事人就范。因此,法律方法同修辞学有着天然的内在联系,法律方法本身就可以看作是一种修辞之术。而一般认为修辞学又同时兼有逻辑学和心理学两种属性。如当代西方著名的修辞学家布莱恩(Donald C. Bryant)就指出,修辞学所研究的主要是概念与人的思想、感情、动机和行为的关系。修辞是方法而不是物质,它所做的主要是促使某一状态产生而不是发现或检验某一状态。心理学最接近于修辞学的专门范围。③ 由此可见,司法过程中法律方法在呈现其形式逻辑

---

① 温科学:《20世纪西方修辞学理论研究》,中国社会科学出版社2006年版,第1—2页。
② 刘星:《语境中的法学与法律:民主的一个叙述立场》,法律出版社2001年版,第63页。
③ 温科学:《20世纪西方修辞学理论研究》,中国社会科学出版社2006年版,第62页。

或技术理性魅力的同时，还不可避免地会产生说服的心理学功效。

美国学者杜鲁门曾指出，"大众所接受的关于司法裁决的非个人化的、机器化的神话，要求法官将所有的个人的喜怒爱憎都抛到一边，正如我们看到的，实际上，这一假设的基础是很有限的。法官并没有因为穿上了法官袍而变成了神，他们作出判决所依据的前提并不都是从法庭学来的"①。同样道理，认知案件和接受裁决的主体也并非都将个人的喜怒爱憎都抛到一边，尤其是牵涉个人利益的案件当事人。如何在这种紧张的关系之间寻求一种协调和平衡，从而实现司法的基本职能是一个重要的理论和实践问题。关注并有意识地强化司法过程中法律方法应用的心理学意义或许能为解决这一问题提供有益的启示。

二、司法过程中法律适用的智慧

智慧是之于人类来讲的，根据《现代汉语词典》的解释，它指的是"辨析判断、发明创造的能力"②。从中我们可以得出，人类的智慧至少分为两种，即思辨的智慧和实践的智慧。法律原本就是人类智慧的体现，而且就法律对人类的意义而言，适用法律解决纠纷和创设秩序应该是法律存在的基本价值所在。司法作为法律适用的基本场域，充满着适用的智慧。

（一）理性与实践：司法智慧的理论探究

法律作为一种正式规范可以塑造和维护一种秩序，而对秩序的需求恰恰又是人类的一种本能。无论是初民时期对原始习惯的遵守，还是启蒙时代对自由和理性的追求，乃至现今对法律的应用和反思，无不体现着人类的灵性，充满着人类的智慧。这其中既有如何认知法律的思辨的智慧，又有怎样更好地运用法律的实践的智慧。法律是服务于人类目的的工具。由于法律不是一种有形的实在之物，它自身的抽象性和规范性等特性以及法律功能的实现方式等决定了法律的生命只能在实践中得以体现。换言之，法律具有实践性，

---

① [美]杜鲁门：《政治过程：政治利益与公共舆论》，陈尧等译，天津人民出版社2005年版，第530—531页。
② 中国社会科学院语言研究所词典编辑室：《现代汉语词典（2002年增补本）》，商务印书馆2002年版，第1625页。

它更多地体现了人类的一种实践理性。作为适用法律基本场域，司法活动中必然蕴含了丰富的智慧。

如何来界定司法智慧呢？首先应该清楚什么是法律智慧。有学者认为，所谓法律智慧，指的是"由法律思想与观点、法制观念、法律能力等多种因素（法律职业主体的法律智慧还包括法律职业伦理因素）综合而成一个人的内在品质，表现为一个人的人格、法律行为、法律能力"[1]。这一界定尽管在一定程度上阐释了法律智慧的内涵，揭示了法律智慧内在的、思辨的一面，但这种界定是不全面的、较为模糊的，并没有指出法律智慧实践的一面。所谓法律智慧指的是主体在一定的法律理念的指导下，基于直觉、经验或专业训练而形成的思索法律或实践法律的能力与技巧。

现实生活中的每个人都有各自的法律观，都或多或少地对法律进行思索和实践。由此所表现出的思索或实践法律的能力和技巧都属于法律智慧的范畴。但是，法律智慧也不是凭空产生的，它是主体在一定的法律观念指导下，基于直觉、经验或专业训练而形成的。其中，法律观念对法律智慧的影响是直接的，不同的法律观念会导致不同的法律智慧生成。直觉、经验和专业训练是法律智慧形成的三条主要途径。其中直觉主要反映人们在对法律的一种本能的或感性的认识或使用。经验是指人们在社会生活中所积累起来的有关法律的见解以及相应的行动反应。专业训练则主要包括研究者的思辨性研究和法律实务职业者的实际操作。最后，法律智慧其实是人类实践理性的反映。以康德哲学为基础，我们可以将实践理性界定为人们运用理性决定在特定情形下怎样行动才算正当的一种能力，即实践理性的核心在于追求特定情形下行动的正当性问题。法律智慧同样应该是在实践中寻求善或正当性的智慧，因为法律本身以及对其的应用不是也不应该是"价值无涉"的，判断法律好坏的最主要标准在于法律所追求的价值及能够实现人类之目的的程度。

据此，司法智慧是指主体在一定法律理念的导引下，实践法律的能力或技巧。司法智慧又可称适用法律的智慧。从狭义上讲，司法智慧主要指掌握司法权的机关或裁判者应用法律的能力及在处理案件过程中所运用的各种

---

[1] 李友谊、卢彭："法律智慧探析"，载《湖南省政法管理干部学院学报》2002年第6期。

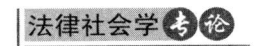

技巧。

(二) 理念与技巧：司法智慧的个案解析

法官审理案件并作出裁决的过程是司法活动的核心内容，也是集中体现司法智慧最主要的环节。每一起案件的审判都或多或少地包含着裁判者或法官的智慧性创造。换言之，司法智慧主要表现为司法者创造性适用法律的智慧，尤其在所谓的"疑难案件"中更需要法官充分发挥其智慧。当然，法官司法智慧的发挥并非任意的，要受到诸如程序性规则和实体性规则等规制。裁决的作出还要考虑或兼顾利益的协调、当事人的可接受性以及社会效果等因素。概言之，裁判应该具有"正当性"，这里的正当性包括形式正当和实质正当，即依法裁判和结论可接受。

然而，如何使裁判具有正当性对于法官来说是一个严峻的挑战。当代社会已经不同于严格法治时代，那时只要裁判结论是严格按照法律的相关规定，主要通过对法律文本的解释和推理等作出裁决即可。现在更多地要求法官对法律和相关的案件事实作出合目的性解释，甚至在有些情况下还要顾及社会效应，即进行社会性解释。这样一来，如何协调好严格依法裁决和保证结果的可接受性两者间的关系，在两者间寻求一种平衡就成为考验法官司法智慧的关键所在。

确立了司法智慧所受制的理念之后，所谓的技巧则是为理念来服务的。在依法裁判并兼顾可接受性这一理念的导引下，法官享有充分的空间来展示其运用技巧的能力。这些技巧是无法通过列举的方式来说明的，因为它主要是针对具体案件而言的，不同的案情需要应用不同的技巧加以处理。当然，在这些司法技巧中一些基本的法律方法是被经常用到的，如法律解释、法律推理和法律论证等。此外，在一个案件的审理中，当出现了规则和原则的冲突时，如何选择适用同样也体现出裁判者的司法智慧。下面就通过对两个具体案件的分析来更为形象地认识司法过程中的智慧。

案例一：2004年12月至2005年1月期间，被告人刘某某、李某某为倒卖火车票，专门在长沙某大酒店租用2919号房间，采取每张车票加收15元至30元不等手续费的方法，购买大量车票打算加价倒卖牟利。2005年1月

10日11时左右，公安机关根据群众举报抓获了两被告人，并当场收缴了长沙至北京西、长春、沈阳北等地的火车票110张，票面价值共计人民币1.5万元。长沙铁路运输法院经审理认为，被告人刘某某、李某某以牟利为目的，倒卖火车车票，情节严重，其行为均已构成倒卖车票罪。公诉机关指控两被告人所犯罪名成立，证据确实、充分。但关于对两被告人的行为属于犯罪未遂的指控，应予纠正。本案中争议的焦点是被告人的行为是否构成犯罪既遂，认定的关键在于对"倒卖"一词含义的理解或解释。

根据《最高人民法院关于审理倒卖车票刑事案件有关问题的解释》的规定，购买车票后高价、变相加价卖出，肯定属于倒卖车票罪既遂的情形。但该解释对于以高价或变相加价出售为目的而购买车票的行为是否为犯罪既遂并无明确的规定。审理本案的法官认为，倒卖应为转手贩卖、从中牟利之意，其实质在于行为人意图出卖后牟利，而不限于行为人必须要有出售行为。换言之，倒卖的本质在于行为人买进后，意图通过加价卖出牟利，至于最终是否卖出，是否实现了牟利的目的则在所不论。倒卖车票罪侵犯的直接客体为国家对车票的正常管理制度，两被告人的行为已经侵犯了这一客体。因此，两被告人的行为已经构成了倒卖车票罪的犯罪既遂。

这一案例所体现的司法智慧主要是一种解释的智慧，本案的主审法官在文义解释的基础上，结合案件的具体情况以及法律条文所要追求的目的等，对"倒卖"一词的含义主要进行了目的解释，并且将这一解释与犯罪构成的理论紧密结合，最终确定本案的两个犯罪嫌疑人构成犯罪既遂。换言之，法官通过对德沃金意义上的"隐含法律"的挖掘和解释，成功地解决了本案中的疑难之处，也是关键之处。这便是司法智慧的魅力所在。

案例二：四川泸州的一位男子，临终前立下遗嘱，经过公证，指定其遗产由他的情人（即婚姻关系中的第三者）继承，后来在继承过程中围绕着作为婚姻关系第三者的一方是否有权利按照婚姻关系中一方的遗嘱继承其财产的权利产生了争议，法院的判决是认定遗嘱内容违反了公序良俗，属无效的遗嘱，从而判决第三者无权继承遗嘱中的财产。这一判决结果得到了社会舆论的普遍支持，或者说具有非常强的社会接受性。但该判决同样也遭受了来自许多法学研究者的诟病。例如，杨立新就认为"这（判决）不仅仅是对女方财产权的侵害,而且也是对国家法律权威的损害"①。在此,且不去评论这些指责的对错,就本案中法官所运用的技巧来看,值得肯定。

本案所反映出的主要问题在于,当法律的具体规则与法律原则发生冲突时,法官应该如何选择适用呢?选择的依据仍然是前面所讲的两个基本理念,即做到依法裁决和后果的可接受性。本案中,如果法官根据继承法中的具体的法律规则,认定遗嘱有效,第三者享有按遗嘱继承的权利,尽管这样尊重了立遗嘱人的意思自治,保障了许多学者所说的第三者的"财产权",但那样的判决结果将会对社会基本道德观形成极大的挑战,必定会遭到社会舆论的激烈反对,判决也会因为缺少必要的社会可接受性而失去正当性。因为,在这里所讲的可接受性尽管包括案件当事方对裁判结果的可接受,但它主要指的是一种社会的可接受性,尤其当两者发生冲突时应以社会的可接受性为最终依据。基于这样的考虑,法官最终根据民法的基本原则,即民事活动应该尊重社会公德,不得有违社会的公序良俗这一原则作出了最后的判决。这一判决地作出充满了裁判者的法律智慧。在这一判决的作出过程中,法官充分发挥了其聪明才智,无论在判决依据的选择还是在对案情的分析定性上,以及对两者之间的关联问题上,法官都给出了合法合理的解释。尤其在面对法律规则与法律原则的冲突时,法官巧妙的选择适用了法律原则,并对其进行了合理的解释。

(三)影响司法智慧运用的因素

韦恩·莫里森认为"真正的知识不只是关于本质的诸种知识,也不是关于隐藏在各种表象后面的事物真正形式的诸种知识,而是智慧"②。智慧的产生更多地来自于实践,司法智慧如同一束理性之光,它源于司法实践又指导着司法实践。但是,这束智慧之光在现实中总会遇到各种阻隔,无法照亮司法的每一个角落,这也在很大程度上影响了司法的公正性。在诸多阻隔中,有两种较为突出,即法学研究者对司法实践的批评和法官自身素质与能动性

---

① 杨立新:《民法判解研究与适用:第八集》,人民法院出版社2004年版,第362页。
② [英]韦恩·莫里森:《法理学:从古希腊到后现代》,李桂林等译,武汉大学出版社2003年版,第36页。

的提高问题。

　　相对于司法的实然性，法学研究者对法律的研究更多的是站在一种应然的立场之上，属于一种思辨的智慧。学者们的研究即思辨的智慧对于司法有着不可或缺的指导作用，但在许多情况下它与司法智慧又存在着差异或冲突，于是对司法的指责便更多地从法学研究者群体中发出。尽管这种批评是必要的，但是囿于逻辑而无视现实的指责同样也是不可取的。其原因主要有二：其一，法学的研究者不是司法裁判的作出者，两者的角色不同，前者只要在理论上可以保持逻辑自洽性，任何因素或美好的价值都可以穿梭其中，这既是思辨智慧的优点同时也是其局限所在。司法裁决者或法官所要进行的是一项社会实践，其出发点和目的与法学研究者是有很大出入的，他们面对的是整个社会，更多地要追求实践的效果。如何使实践效果具备正当性或社会可接受性是检验其工作的最主要标准。其二，学者更多地只是注重如何严格依法办事，注意的焦点仅仅放在了法律文本的规定之上，结果很容易导致一叶障目，忽视判决结论对社会的影响。

　　应该说，维护法制统一和权威是必要的，但对法律亦步亦趋的做法同样是不可取的，那很容易会导致这样一种结果，即法律异化为奴役人类自身的工具。所以，希望法学研究者能够对司法实践有一个更为全面的把握和认识，对司法智慧多一点理解和包容。这样，在法学研究者和司法裁判者双方的良性互动之下，司法智慧必将放出更为耀眼的光芒。

　　再者，由于司法智慧与法官的个人能力尤其是业务素质有着直接联系，所以提高法官的业务素质、充分发挥其能动性对于司法智慧是至关重要的。但在这一方面当前我们做的并不是很理想，无论法官的个人素质以及对法律的忠诚，还是一些司法制度的设计，都在很大程度上限制了法官能动性的充分发挥，阻隔了司法智慧之光的普照。

　　其实，在司法实践中，从理论上讲法官是握有很大的自由裁量权的。如何更好地运用自由裁量权对每一个具体的案件，尤其是疑难案件作出合理正当的裁判，这是催生司法智慧并展现其价值的主要途径和空间所在。因此，欲使法律智慧更好地显现，就必须不断提高法官的素质及其能动性，使其更好地运用自由裁量权作出既合法又具有可接受性的司法裁判。总之，适用法律作出公正的裁判是法律人的共同追求,而司法智慧则是我们奔向这一目标的必要借助。唯有排除各种阻隔,让智慧之光照亮司法的每一个角落,法律的价值才能实现,社会的和谐才有保障。

三、正式规范非正式适用的法律智慧

新制度经济学中将规则分为正式规则和非正式规则,其中前者主要指由国家正式制定颁行的,具有普遍约束力的规则体系和制度安排。对这一分类,在我们的社会中可以找到相对应的规范形式,并可将国家的制定法视为正式规范,将其他的规范形式看作是非正式规范。国家制定法颁布之后,便有一整套相应的实施机构和制度,司法机关、行政机关各行其职,法院的判决书、行政机关的行政复议裁决书等都是其主要的形式表现。这些都可以看作是作为正式规范的国家制定法的正式适用。在此要探讨的则是这些正式规范在某些情形下的非正式适用。在这些情况下,正式规范已突破了其自身作用的意义范畴,但从解决问题或纠纷的目的和效果来看,却与其正式适用时可能产生的效果难分优劣,而其间也充分地体现了规范使用者的智慧。

(一) 从"依法收贷"看规范适用者的智慧

尽管法律可以被视为最重要的正式规范,但它并非唯一被适用的规范,甚至在某些情况下不被适用或发挥负面的作用。当然,还存在这样一种情况,即作为正式规范的法律在某些情形下被非正式地使用,同样发挥了不错的效果。之所以如此,除去规范自身的因素,那就是规范适用者的聪明才智使然,我们称这种聪明才智为法律智慧。

强世功在一篇文章里曾讲述过这样一个案例:某乡村民 W 十多年前向镇信用社贷了一笔 200 元的贷款,三个月的贷款期限过后至今未还,信用社几次催要均无果,现在本金连同利息已达七百多元。后来,在地区和县政府要求加强"依法收贷"的形势促动之下,信用社向该县法院驻该乡的人民法庭提出诉讼请求,要求该村民 W 还贷,为壮声势,信用社租了一辆小面包车供办案使用,并请上了镇上营业所主任和派出所的民警等人同去。找到该村民 W 后便在他的家里的炕上"开庭",该村民除了说出强调家里实在贫困尚无

钱还贷，而且还很诚实地说出他听说的民间流传，即到1997年年底，政府会将农民欠政府的钱或贷款一笔勾销。后经村支书、信用所主任和庭长等人摆事实、讲道理，进行了一番说服、批评和诱导以及一系列的讨价还价后，问题最终得到了解决，该村民W又去借了别人的钱还上了欠款。而具体解决的方案是，该村民偿还本金加利息共计七百多元的欠款，信用社和法庭则免除了按照规定应该缴纳的15%的罚款，并且最后制作了正式的"调解书"①，用苏力的话讲"（调解书）所用记录都看不出场景和开庭期间的种种讨价还价，似乎一切都非常符合法定要求"②。

案情很简单，问题也不复杂。但解决问题的过程和方式却充满着"乡土性"的味道，且其间欠款人、村支书、信用社主任、法庭庭长甚至请来的民警在这一案件的办理过程中都扮演着独到的角色，起着特殊而微妙的作用。最值得我们注意的是，在这次"依法收贷"的过程中，村支书和法庭庭长等人的说服理由、批评的角度和解决问题的方式无不具有我们社会的独特性和非正式性。

苏力曾在其《送法下乡》一书中讨论过这个案例，他关心的角度是为什么要送法下乡。我们在此所关心的则是解决这一问题的过程，特别是其间正式规范所起的作用以及规范适用者的法律智慧。显然，这一案例中的正式规范指的是"依法收贷"的"法"，而不管它具有怎样的效力等级，不管适用者是否真的清楚它的具体含义（本案中的法庭庭长可能应该除外），它在非正式的场合，即"炕上开庭"的调解中，发挥着关键性的、实质性的作用，而在最后的调解书上仅仅是一种形式上的摆设。为了谈论的深入，下面再引用案例中几段对话作为分析的对象和依据，并且从中我们可以更为直观地了解各方在处理欠贷这一问题时的立场和处理方式。

作为欠款人，村民W的态度，从他的话里我们可以看出来，他在强调没有钱可还的同时，也表达出并非真的想赖账的意思：

"实际上，这个事我当事了，前几年老婆子病了，花了我几千块钱。公

---

① 强世功："一项法律事件的评论——'法律'是如何实践的"，见王铭铭、王斯福主编：《乡土社会中的秩序、公正与权威》，中国政法大学出版社1997年版，第488-489页。
② 苏力：《送法下乡——中国基层司法制度研究》，中国政法大学出版社2000年版，第29页。

款吗，什么时候短的下。"

"我也60多岁的人了，不准备丢这个人，长来短个，说什么了。"

"穷户人家，你们照顾一下……"

对此，信用社主任B是这样说的：

"穷？真正穷得连饭碗也端不起，我们就不会来这么多的人……"

"不管怎么说，今天就是往来拿钱，拿不来钱，你看，这个……今天法庭也来人了，国家有破产法了……"

旁边镇上营业所的主任A也趁机连劝带吓地说道：

"你贷了三个月的款，三年还也就够意思了，现在都十年了，说什么也没用了，法庭也来了，车也用了，费用非你承担不行……现在说怎么还，说你有多少钱，剩下的拿什么抵？"

"现在这是调解的办法，还没加15%的罚款，你不接受，可以开庭，到时候按国家的规定办，该罚的就罚……现在说还是为你，你斟酌。"

接下来，作为正式规范象征符号的人民法庭的庭长G发话了：

"现在起诉到这里了。你说不行，我们定个开庭时间，到时间你到镇上法庭来。"

"想办法，款到位了，可以给你考虑一下（优惠）。到不了位，就给你加重了。"

"不行就抵东西，今天过来交不齐就不走……"

最后，还是村支书出来打了圆场，但也是绵里藏针地说道：

"你是个老粗，理解不了，今天和以前要钱的方法不一样，是依法收贷。你要把性质弄清楚。"①

对于这一过程的系列对话，强世功认为"法律知识分布的不均衡所造成的话语支配关系，恰恰反映出法官、公家单位与村民W之间在国家与社会这一结构性权力关系中的不平等地位"②。各方之间的地位是否平等在这里并不重要，因为是否平等根本不是各方所考虑的问题，而且最终问题的解决跟地

---

① 强世功："一项法律事件的评论——'法律'是如何实践的"，见王铭铭、王斯福主编：《乡土社会中的秩序、公正与权威》，中国政法大学出版社1997年版，第498－508页。
② 同上书，第508页。

第七章　法社会学视角下的法律方法

位平等与否也不存在必然的关系。在这一事件中，真正起作用的是各方的知识构成、对事实的认识及处理问题的心理和方式，是收贷一方在充分掌握了村民的心理后，巧妙地使用正式规范联合导演了这样一出"真戏"。

在上述对话中，作为正式规范的国家制定法不时地出现，包括之前可以视为正式规范象征符号的民警、法庭庭长的身份以及"来这么多人"。但是，我们不难看出，不论是信用社的主任、营业所的主任，还是法庭庭长和村支书，他们对正式规范的认识和理解程度是不一样的，相同之处就是他们都在有意无意地适用了正式规范。而且有趣的是，他们话语中的正式规范并没有起到正式的作用，对此，我们无须从法治的角度加以批评，如果从解决问题的效果来看，我们还是应当对这其中所反映出来的智慧而感到叹服的。

例如，信用社的主任搬出了国家"破产法"，很难想象，作为正式规范的国家破产法在收贷这件事上有什么真正法律上的意义。非但如此，作为正式规范实施者的人民法庭的庭长所说的话居然也是跟信用社主任、营业所主任和村支书等在"一个水平"上，什么"我们定个时间""今天交不齐就不走"，这哪里是一个正式的法律工作者说的话呢？但是我们如果从全局来考虑的话，这位庭长这次来的目的是来清理欠贷的，他只有跟信用社主任等人话语统一起来，同样将正式规范进行了非正式的适用。因为，开庭的时间怎么可以"我们来定"呢？

再就是村支书一直强调的"依法收贷""跟以前性质不一样"等，性质怎么不一样了呢？言外之意，这次是法律规定让你偿还欠的贷款，法律可是很威严的，违反了后果很严重。很难说村支书对"依法收贷"的"法"有多深的了解，但他也不自觉地将法律搬来用在了这个场合。

智慧的产生有的是出于天赋，而更多地是基于对社会经验的充分了解及对特定情境下的问题原委的把握而产生。正式规范被非正式使用并且取得了很不错的效果，这不能不说是当事人的智慧。所谓正式规范的非正式作用显然是与其正式作用相对而言的，其正式作用主要应表现在当事人都在法律的语境中，按照正当的程序解决纠纷，并最终愿意服从根据法律所作出的判决和解决方案。而在本案例中，法律则不是扮演这种角色，因此我们称法律在这里起了非正式的作用。

此案的解决方式也许是我们社会生活中所独有的，却不是鲜见的，这种解决方式也早已被实践证明是行之有效的，于是便有那么多的人，包括法官在内都在自觉或不自觉地运用着，并且是智慧性地适用着。在这里，我们无意去深究现实生活中有多少类似的"法律案件"是通过这种方式解决的，以及这种解决方式在多大程度上背离了一直以来为众多学者所畅想和构建的法治理论。如果从整个事件的发生背景及最终的处理结果来看，正式规范在这种情景下的非正式适用充满着使用者的智慧，值得赞赏。

（二）从社会心理学的角度看正式规范"非正式"适用的智慧

可以看出，此次收贷之所以能够成功，关键的因素是官方的正式规范，即法律起了最主要的作用。但是从整个过程来看，除了最后调解书上的列出的相关法律条文的白纸黑字，我们发现这其间法律所起得更多的是一种非正式的作用。当然，如果将该案的解决方式交给一位"法治理想的追求者"来评论的话，非但他不会认同其中我们所称的"法律智慧"，更有可能会予以痛斥。但我们并不打算那样做，只想从社会心理学的角度来分析一下正式规范非正式适用所表现出的那种智慧产生的原因何在。

社会心理学研究的是人在与社会交互作用中的社会心理现象。所谓社会心理，指的是"有社会因素引起直接或间接地反映社会事务及社会关系并对社会行为产生导向作用、对社会发生影响的心理活动"[1]。社会心理学将人分为个体与群体两类，其中个体是指"具有人的普遍自然属性与社会属性并能以单独的形式活动而具有个性的实体"。群体是指"某些基于相同或相似的社会原因、心理或目标的人以特定的方式组合在一起进行活动且相互制约的共同体"[2]。群体是由许多个体组成的，而且个体与群体之间是一种共存的关系，个体一旦离开了群体，便失去了社会性，便也丧失了作为人的真正的意义。因此，个体都是受群体及群体所在的社会的文化影响的。社会的规范、心理、观念等甚至决定着个体的行为选择。而当个体自觉地掌握了这一套规范和心理后，便可以较为自如的处理与其他个体之间的关系，智慧往往更多

---

[1] 章志光主编：《社会心理学》，人民教育出版社1996年版，第16页。
[2] 同上书，第17页。

的出现在这些人的身上。

在上面的案例中，欠款的村民、信用社的主任、人民法庭的庭长等人生活在同一个社会地域中，属于同一群体，他们接受着相同的社会文化的熏陶，践行着一套相同的社会规范体系，具有类似的社会心理，于是问题的产生、解决以及解决的方式便以那样一种场景展开。

不同的是，作为欠款的村民，他在接受并践行那一套社会规范时是不自觉地，是无意识的，就像他的话所反映的那样，"公款么，什么时候短的下"，"我也60多岁的人了，不准备丢这个人"。在他的头脑中，欠公家的钱是赖不掉的，尽管从心底里他可能并不想还这个钱，但他没有非要赖掉的决心，他似乎也没有那种胆量和意识，让他存在一种侥幸心理的还是听社会上的流言讲国家快要免除所有的欠款了，这里面自然包括他的。看来，尽管他并不懂得什么是法律，什么是正式规范，但以政府为代表的一系列正式规范的符号所形成的那种权威在他心中还是很威严的。这也为信用社主任和法庭庭长拿正式规范来"敲打"他提供了心理基础和可能性。

不只如此，他还顾及了一个"面子"的问题，就是因为那几个钱丢不起那个人，因为此时他想到了，这么多人来他家"要钱"，还有法院的和派出所的，这在农村里面是最容易被人议论的，还不知他家出了什么事呢，考虑到自己所生活其中的群体的舆论压力，加上众人的诱迫，他最终还是把欠款还上了。

正是欠款的村民的上面两种心理决定了最终的解决方案的作出和实际的履行。当然，不排除换成另外一个人，一个类似于农村所称的"愣头青"式的人他根本"不吃这一套"，但这种人毕竟是少数，即使真得有这种人，正式规范还是会适时地发挥出它的正式作用来的，而这不是我们所要谈论的。

再来看打着"依法收贷"旗号的另一方的处理方式和对策。首先，在声势上，他们有意造了一个很大的声势和场面，在心理上先给欠款的一方形成一种无形的压力。毕竟自己的门前停着办案人的车（尽管是租来的）以及家里来着这么多"公家"的人，在农村人的眼里看来并不是一件什么光荣的事，除非那些人是自家的亲朋好友。但那些人是来催债的，显然会让村民W

感到脸上无光。也就是说，人民法庭庭长的登门，加上派出所民警的"助威"等这些形式上的可以视为正式法律的符号的出现，本身就是一种"心理攻势"，这可以看作是规范适用者对正式规范的一种非正式适用，村民W岂有不敬畏之理？于是，收贷一方在心理上先胜一筹。

而当"炕上开庭"之后，作为"官方"代表的收贷一方他们所说的那些话，更是显示了他们的高明之处。因为在一过程中，作为本应是中立的裁判者的人民法庭的庭长从一开始就是以替信用社收回欠贷为目的而来的，这种情况下再去期待司法中立，希求法律发挥正式的作用是很难的。信用社的主任搬出破产法，营业所的主任提出要按国家规定加收罚款，法庭的庭长指出不行的话到镇上开庭，而村支书也不停地强调这次收贷的性质是依法进行的，这样的轮番"攻击"，对于一个基本上不具备法律知识结构的村民来说无疑会让他倍感畏惧。他根本不清楚那些人口中的法律是什么（尽管那些人未必也清楚，甚至也是不清楚的），但他知道，这次的收贷的确如村支书说的那样"性质不一样"。法律是不能惹的，在他的话语中就转化为"公家"与百姓的角色关系，在他的意识中，我是个小老百姓，是斗不过公家的，也就是赖不掉公家的钱的。

角色理论和社会认知理论是社会心理学中两个非常重要的理论，其中角色理论是指每个个体在社会结构中都是处于一定的位置，扮演不同的角色的，不同的角色便有相应的行为规范，称为角色规范。个体只有在得到社会的认可之后，才能形成稳定的自尊感和自我同一性，而获得社会认可的主要方式就是遵守其相应的社会角色规范。社会认知理论是指个体在社会生活实践中对他人、对群体以及对自己的认知，尤其是对角色及角色规范的认知，个体在面对社会时，都会积极地把自己的知觉、思想和观念等加以组织已形成自己的认知判断，而个体社会认知与其所具备的知识结构有直接的关系。

在上面的案例中，村民最基本的认知是自己欠的是公家的钱，而自己只是一个老百姓。这样的角色定位和角色认知在现在的农村社会生活中是一种非常普遍的心理。具体到本案中相应的角色规范就是公家的钱是赖不掉的，是要还的，即使不还，那也得等政府下令免除。当然，借公家的钱能拖就拖，这也是一种普遍存在的一种心理。但是一旦公家动真格的，就是借钱也要把欠的款还上，本案就是一个典型的实例。

而前来收贷的人也当仁不让地以"公家"自居，他们张口闭口都大谈法律，因为他们知道，公家能拿得出手的能在村民心中形成威慑力的工具是很明确的那么几种，法院和法律、手铐和监狱等。于是他们就不管正确与否将自己所知道的那点法律术语都拿了出来，最后果然起到了理想的效果。当然，也许他们也是一种无意识而作出的行为，在他们心中，公家的东西，包括法律未必是神圣的，却是非常有用的。因为正如苏力指出的那样，"这种'依法收贷'在当地的社会语境中，对借贷人本人来说，或者对普通的乡民来说，这构成了一种实在的同时颇有分量的威胁"①。普通的乡民又很少有人能够承担的起这种来自官方的正式的威胁，于是赶快把欠款还上也是意料之中的事了。

然而，值得我们考虑的是，这种来自官方的正式的威胁恰恰又是在正式规范的法律被非正式适用时产生的。那些收贷者的法律智慧更多的不是源自对法律虔诚的信仰，而是对一个普通村民畏惧法律、畏惧官方正式规范的心理的把握。

（三）两套规范体系的和谐并用

我们的社会生活中存在着多元的规范体系，这几乎已为所有的法学家所认同，但不同的是在如何对待这些规则之间的关系的态度上。有学者认为，各种规则并存共生，可以相互比照交流，如谢晖认为，"促进民间法与官方法之比照交流，俾使两者构造秩序之功能互补，以为中国法制现代化之支持"②。田成有也指出，民间法与国家法在某些情况下是存在冲突的，但解决这种冲突或矛盾，"不能把国家法简单地向乡土农村无限制地进行强力扩展或者单向控制，更不能把国家法简单地送入乡土社会，无情地消灭与压制民间法，当然更不能将国家法与民间法进行地理上的疆界划分，强调两者在价

---

① 苏力：《送法下乡——中国基层司法制度研究》，中国政法大学出版社2000年版，第39页。
② 谢晖："《民间法》年刊总序"，见谢晖、陈金钊主编：《民间法：第一卷》，山东人民出版社2002年版，第2页。

值和功能上的平起平坐,各自为政。正确的方法是要对国家法与民间法进行必要的互动与整合"①。

规范多元主义是不争的事实,各规范体系之间并非是不可共容共生的,相反,它们之间还可能是相互交流、相互补充、相互转化的。但无论是从理论还是现实上看,都不存在一方向另一方最终彻底转变的可能性。

回到前面的案例中,从信用社主任、法庭庭长等人的话里不难看出,他们运用的是他们较为熟悉的,被吴思称为"官话"的正式规范。正是这种正式规范的非正式适用,使得它与另外一套规范相互补充,共同作用,最终解决了问题。在吴思的《血酬定律》一书中,他认为"官话"代表了正式规范,话语之争其实是规范体系的选择之争。② 这种规范体系的选择之争是可能的,但许多情况下,规范体系间的合作也是存在的。

在一个社会中,不同的个体在进行交往时,他们各自扮演者相应的角色,遵循着各自的角色规范。如果所有的角色规范来自于同一套规范体系,那么他们的交往在规范面前是平等的,因为任何一套正当的规范体系内部的权利、义务(姑且有着两个词来表达)基本上是对等的。当一套规范体系侵入另一套规范体系内部并产生实质影响时,那么生活在另一套规范体系中的个体便要受两套规范系统的规制。

该案例中的村民就是生活在两套规范体系中的,一套是他日常生活所遵循的,可以视为被当前众多学者所称的"民间法"的规范体系,另一套则是官方正式的规范体系。当然在村民的意识中是不存在着两套规范体系的划分的,而且两套规范体系也是交织在一起的。只是从该村民的言语中可以看得出来这两套规范体系的痕迹,如他所讲的欠公家的钱短不下和都六十多岁的人了丢不起那个人,这就可以看作是两套规范体系都在起着各自的作用,也许令我们感到惊奇的是,这两套规范体系居然产生了同样的效果,都促使该村民将欠款还上了。而且,我们所讨论的法律智慧同样也与收贷一方对这两套规范体系的有效把握和运用有根本关系。

---

① 田成有:《乡土社会中的民间法》,法律出版社 2005 年版,第 210 页。
② 吴思:《血酬定律——中国历史中的生存游戏》,中国工人出版社 2004 年版,第 56 页。

第七章 法社会学视角下的法律方法

最后，正式规范和非正式规范的划分本身就是受着西方二元思维模式的影响所作出的，而在我们的社会生活中，人们更多地持有一种三元的思维模式，即对立的双方之间必有一"和合"之物，而"和合"者，非在于理论的证明，而在于个体行动者的心中，在个体的交往行为之间。因为一切都要回到主体，于是在主体那里，所有的规范归于和谐，而一切的智慧也便经由主体而展现。

四、多重权力关系中法律方法的功能与司法改革

适用法律需要借助相应的法律方法。对于法律方法的含义，国内外学者虽有着不同的界定，但大都认为法律方法在广义上包括创制法律（立法）和适用法律（司法）的方法，狭义上则是指司法裁判方法。陈金钊教授认为，法律方法"是指站在维护法治的立场上，根据法律分析事实、解决纠纷的方法。它大体包括三个方面的内容：一是法律思维方法；二是法律运用的各种技巧；三是一般的法律方法"[①]。此处我们在狭义上来使用法律方法这一概念，即将法律方法视为司法过程中法官（或检察官）所采用的法律解释、法律推理、法律论证和价值衡量等方法，以及相应的法律思维方法和法律运用技巧。法律适用者尤其是法官运用法律方法的直接目的是为了裁判案件并使裁判结果具有相应的说服力，但是司法实践中法律方法却并非单纯地技术性的存在，它要在多重的权力关系中承载着不同的任务或发挥不同的功能。法律方法在多重权力关系中角色的紊乱和规则的缺失，或许是我国司法改革难以走出泥淖的原因之一。

（一）法律方法的一般功能和特殊功能

法律有很多功能，但是许多法律功能的实现不是自行自为的，尤其在司法过程中，法律的适用需要借助于相应的法律方法。法律方法对于法律功能发挥的促进便是法律方法的功能或功能。有学者认为，法律方法在法律适用

[①] 陈金钊：《法治与法律方法》，山东人民出版社2003年版，第198页。

过程中具有认知功能、监督功能、评价功能、补救功能和服务功能。[1] 德国学者魏德士也总结了法学方法论的几项功能，即有利于权力的分立、平等对待与法的安定性、说明与批判、方法作为自我认知及法治国家的属性。其中，为了实现平等对待和法的安定性，就需要在用以判决的前提（法律和规则）与法官的推论之间建立一个可检验的推导关系。魏德士继续指出："由于（方法论）要求法律与法官裁决之间应当具有一个推导关系，所以法官必须尽可能准确地表达出他对法律规定的解释。他必须清楚地说明据以宣布（特定的）法律后果的条件。"[2] 法律方法的功能包括一般功能和特殊功能两种。其中，一般功能又称为内部功能，它体现在任何案件的审理与裁判过程中，法律方法一方面作为链接规范与事实的中介，在两者之间建立魏德士所称的推导关系，另一方面用于说服案件的利益相关者及其关注者。一般功能是法律方法的基本的、主要的功能。特殊功能又称外部功能，是法律方法的运用所产生的外部效应，或者司法者所附加的与法律方法内部功能无直接关联但仍以法律方法为载体的功能。特殊功能的发挥可能是基于正当的目的，也可能基于非正当的目的。

对于法律方法的一般功能，我们可以随机援引一个案例来做说明。例如，在2008年3月31日，广州市中级人民法院作出许某案的刑事判决书（〔2008〕穗中法刑二重字第2号）中，针对被告人许某的行为不属于盗窃金融机构的辩护人意见，法院认为，"自动柜员机是银行对外提供客户自助金融服务的专有设备，机内储存的资金是金融机构的经营资金，根据《最高人民法院关于审理盗窃案件具体应用法律若干问题的解释》第8条'刑法第264条规定的盗窃金融机构，是指盗窃金融机构的经营资金、有价证券和客户的资金等，如储户的存款、债券、其他款物，企业的结算资金、股票，不包括盗窃金融机构的办公用品，交通工具等财物的行为'的规定，许某的行为属于盗窃金融机构"。在这里，关于许某从自动柜员机恶意取款的行为应否被视为法律所规定的盗窃金融机构，法官运用了法律解释和法律推理等法

---

[1] 房文翠、陈雷："法律适用的内在约束力研究——以法律方法为视角"，载《法制与社会发展》2011年第4期。

[2] ［德］魏德士：《法理学》，丁晓春、吴越译，法律出版社2005年版，第284－286页。

律方法,将许某的行为事实与法律规则加以链接,形成了推导关系,同时客观上对于涉及或关注此案的人也产生了相应的说服效力。

法律方法的特殊功能有许多具体的表现,有时很难将其与一般功能相区分,因为特殊功能常常隐藏或附着于一般功能。特殊功能的具体内容则根据案情及裁判目的不同而各异。总的来讲,法律方法所承载的特殊功能无非是基于某种政治的、经济的、社会的考虑,在这些情况下,法律不再是唯一的甚至主要的案件裁判依据,特定的政治的、经济的或社会的目的才是作出裁决的决定性因素。例如,在云南李某某故意杀人、强奸案中,法院一审判决被告人李某某死刑,二审法院改判为死刑缓期二年执行。二审判决作出后,在被害人家属间、网络上和社会上引起了轩然大波。一时间,李某某案几乎陷入了"国人皆曰可杀"的境地。迫于社会舆论的压力,云南省高级人民法院以下简称云南省高院启动再审程序,撤销原二审死缓判决,改判李某某死刑,剥夺政治权利终身。值得注意的是,云南省高院启动再审程序的理由是:二审判决发生法律效力后,原审附带民事诉讼原告人不服,向本院提出申诉。审查期间,云南省人民检察院向本院提出检察建议,认为本院对原审被告人李某某的量刑偏轻,应当予以再审。经审查,云南省高法院院长认为,该案有必要另行组成合议庭予以再审,并经该法院审判委员会讨论决定,本案依照审判监督程序进行再审。对于云南省高院给出的这一理由,我们从法律上找不出任何破绽。换言之,云南省高院为达到启动本案再审程序的目的,恰当地援引了现行法律的有关规定,并且其间包含了法官对法律规则的解释和推理。正是这些法律方法的运用,一方面掩盖了云南省高院在面对社会舆论压力时的尴尬,另一方面也体面地满足了社会舆论所期待的再审此案并判处李昌奎死刑的诉求。在启动李某某案再审程序过程中,法律方法的一般功能和特殊功能得到了综合体现,而且表面上法律方法发挥的是一般功能实际上却发挥了特殊功能,尽管这种特殊功能的正当性存在很大的争议。

如果说李某某案中法律方法特殊功能的发挥很好地契合了其一般功能,属于对法律方法的合理利用,那么在下面检察院公诉王某一案中,法律方法的运用则不属于合理或正当运用。该案情是这样的:某公司老总刘某在某证券交易所从事期货交易活动,其交易账户被王某(系刘某的下属)盗用并私自操作有关期货交易,因王某经验不足和操作不当等原因,造成三十余万元的经济损失。刘某发现后与王某交涉,两人达成协议,王某同意赔偿刘某损失。但之后刘某又将证券交易所起诉至法院,要求后者承担其 30 万元损失。证券交易所收到立案通知书后向公安机关报案,王某被公安机关逮捕,侦查终结后案件移送到检察院进入审查起诉。案件讨论过程中,大部分检察官认为此案属于经济纠纷,不宜作为刑事案件处理,但负责此案的检察官被告知此案已经有相关领导打过招呼,要求一定要追究相关当事人的刑事责任。于是,检察官们开始纠结于盗窃罪、挪用单位资金罪抑或其他可能"合适"的罪名之于案件事实之中。姑且不论此案最终如何了结,相信此案的最后一个情节对于一些检察官和法官来讲都不陌生。当司法者受到法律之外的因素影响,司法者又难以抵制这种影响时,就会转而寻求某种方式或途径将这种影响进行转接,而在如何做到既实现了转接又不显性违法的选择策略上,法律方法扮演了一个非常重要的角色。这也是法律方法特殊功能的组成部分之一,尽管这种特殊功能与法治原则是根本背离的。

至此,有关法律方法功能的讨论引发我们思考这样一个问题:法律方法是否为价值中立或者价值无涉的?如果仅将法律方法视为一类技术性的逻辑工具,它应该是价值无涉的,但司法实践中法律方法却很难是价值无涉的,许多学者也将法律方法视为人类实践理性的应用表现之一,尤其是在评价法律方法的功能时,是可以在一般意义上来为其设定相应的价值,并且可以对其进行价值评价的。然而,当我们在认识法律方法的价值主体时,问题就会变得复杂起来。正如英国学者麦考密克指出的那样,由于需要证明理由,法官负载着巨大的压力,他们必须表现得如人们期待的那样。为了使自己看起来符合期待中的形象,法官必须借助于这些理由表明他们的确是在维护"法律的正义",而且至少在达到这一目的的意义上,这些理由成为正当化的理由。同样道理,那些千方百计想赢得诉讼的律师也必须明白,最好的办法是给出代表其客户利益的充足论辩理由。[1]虽然法律方法的价值可能因为运用主体的不同而有差异,但我们可以从维护法治的立场出发,主张法律方法的

---

[1] [英]尼尔·麦考密克:《法律推理与法律理论》,姜峰译,法律出版社 2005 年版,第 15 页。

运用应当反映相应的法律价值,并且可通过对法律方法目的性的正当化约束来更好地发挥法律方法的工具性——无论是一般功能还是特殊功能。

(二) 多重权力关系中的法律方法与司法改革的困境

关于法律方法功能和价值的复杂性,我们可以给出很多解释。美国学者昂格尔曾指出了福利国家对法律一种影响:"从形式主义向目的性或政策性导向的法律推理的转变,从关注形式公正向关心程序或实质公正转变。"① 这同样可以作为上述问题的一种解释,因为目的性或政策性的导向的确容易使法律方法突破其一般功能而增加特殊功能的分量。在我国的司法实践中,基于特定目的的考虑来运用法律方法也确实是常见的司法现象。但这一解释又不完全符合我国的司法实践,并且对于法律方法功能和价值的解释也容易使人们误入歧途。这里的原因在于,形式主义法治在我国尚未完全建立,司法过程中尚存在多重权力关系和多种目的追求,作为裁判者的法官无法将法律方法的一般功能独立地、完整地加以发挥,在许多案件中要将一些非法律的因素——政治的、经济的、社会的目的性或政策性因素——纳入案件裁判中来,而作为这些非法律因素转接的主要承受者——法律方法的特殊功用自然也随之增加。此外,社会转型的过程也是价值选择和规范重建的过程,有关法律的价值以及相应的法律方法的价值依然在构建中,尚未达成最终的价值共识。

从权力的视角看,法律方法从属于司法权的范畴,是司法权得以发挥效力的基本凭借。司法权又包括审判权、检察权和侦查权等具体权力类型,其中审判权可视为司法权的核心,并且审判权与法律方法的关系也最为密切。根据宪法的规定,人民法院是国家的审判机关,审判权由法院行使,对案件的审理和裁判则由法官来具体实施,也即法官是法律方法的主要运用主体。案件审判过程中,法律方法经由法官的思维作用于具体的案件,此亦司法权运行的具体表现。前文提到的许霆案中,法官对"金融机构"的含义,以及许霆的行为(事实)与盗窃金融机构(规则)之间关联性的解释,便属于法

---

① [美] 昂格尔:《现代社会中的法律》,吴玉章、周汉华译,译林出版社2008年版,第164页。

律解释这一法律方法的具体运用,同时也是司法权运行的表现。宪法还规定,人民法院依照法律规定独立行使审判权,不受行政机关、社会团体和个人的干涉。这一规定对于法律方法的意义在于,它意图保证法官根据业务知识、认知能力以及法律思维独立地来审理、裁判案件,以最大限度地发挥法律方法的一般功能,避免或限制法律方法特殊功能。

然而,由于受到文化传统、民族心理和体制机制等因素的影响,目前我国的司法权难以独立发挥作用,其在运行过程中会不时地受到其他类型权力的影响,这些权力可能来自于权力机关、行政机关、社会舆论以及党的机关或其领导人等。这意味着在很多案件的审判中,法官难以完全独立地作出裁决,如前文提到的李某某案,决定该案裁决结果的已不仅仅是司法权,社会舆论自始至终都在给法院及法官施加着压力,这种压力虽然不是来自于具体的机构或个人,它足以左右法院及法官的审理和裁决结果,属于一种社会权力。类似的情形同样发生在药某某案、于洋案和张扣扣案等近年来具有较大社会影响的案件中。当然,社会舆论在很多情况下代表的是一种非理性的民众情感,而"对于民众情感,法律是否能够并应该加以引导,抑或只是谨慎地跟随这种情感的变化,这在过去和现在都是一个有争议的问题"[①]。但是在当下的中国,执政者常从政治的立场出发要求司法者认真对待司法中的社会舆论或称民意问题,所谓司法应追求法律效果和社会效果的统一便是上述要求的一种表述。因此,如何处理好司法权同社会舆论之间的关系,是法院及法官在某些案件中需要慎重对待和处理的问题之一。通过李某某案等案件的审理也可以发现,法律方法在协调司法权与社会舆论之间的关系上,的确发挥了不可替代的链接和融通的特殊功能。

如果说在某些情况下司法权向社会舆论作出一定妥协,是由于司法权的正当性和公信力很大部分来自社会认可,法院及法官借助于法律方法来达到这一目的,尚具有一定的合理性和必要性,那么在前文提到的检察院公诉王某的案件中,负责审查起诉此案的检察官为遵从领导的指示而对法律方法的

---

① [美]埃尔曼:《比较法律文化》,贺卫方、高鸿钧译,清华大学出版社2002年版,第6页。

运用，则属于对法律方法的不当运用。这种做法或现象不仅存在于检察工作中，司法审判中同样多有存在。它反映的是司法权在遇到行政权等其他权力的干预时，不得不顾忌甚或依从行政权等权力拥有者的意志。值得注意的是，对法官运用法律方法审判案件形成不当影响的权力不仅来自于法院外部，在很多情况下也来自法院内部。其重要原因之一是法院内部在法官之间实行等级化的行政管理，也即"我们的实践是将每一个法官都纳入一种等级化的体系之中，普通法官要接受庭长副庭长的领导，庭长副庭长要接受院长副院长的领导"[①]。行政权存在的地方，也是意志独立消失的地方。由于法官之间存在这种等级关系，加之审判委员会等制度的设置，使得担任案件审判长的法官实际上处于司法权和行政权的综合作用网络之中。当司法权的独立性受到威胁或者已经失去时，法律方法便会沦为一种解构司法权以使其满足其他类型权力要求的工具，它不仅背离了司法公正的法治理念，也异化了法律方法自身存在的意义。

法律方法在司法审判中受到多重权力关系的影响，使法官无法独立地将其一般功能加以充分发挥，这是我国司法实践存在的一个重要问题，也是我国司法改革陷入困境的一个综合反映。进入21世纪以来，我国司法改革几经波折、成效有限。在司法独立和法官裁量权等关键问题的改革上难以实现突破性进展的情况下，近年来，司法改革的重心转移到了一些具体的司法问题上，如刑事害人的司法救助等。但是，司法改革能否以及是否取得成功，关键还是由司法独立及法官自由裁量权等基本指标来衡量。从宏观的体制框架或者价值评判等角度来论证司法改革的必要性及其相关进路，固然是一种思路，但是"宏大叙事"往往容易遮蔽一些微观的权力关系、社会心理及制度实践。因此，在思考如何使当前的司法改革走出困境时，从法律方法的运用及其功能的发挥这一视角切入，或许会更有助于改革的主持者和参与者找到问题的症结所在，从而提出一些有针对性的改革建议。

（三）司法改革困境的走出与法律方法一般功能的最大化

在探寻走出司法改革困境的路径问题上，学者们纷纷发表自己的观点并

[①] 贺卫方：《司法的理念与制度》，中国政法大学出版社1998年版，第120页。

给出了不同的建议，法律实务者尤其是部分支配一定司法资源的改革者也在进行着不同的改革尝试，但时至今日，一些关键性问题依然难以解决并成为司法改革的瓶颈，如司法效率提高与司法腐败防范等问题。体制的整体性与惯性固然是阻碍司法独立的重要原因，但这一障碍的消除并非朝夕可成，我们与其停留在期望与无奈之间，不如对我国司法制度及其实践从微观上加以分析——尤其是要对司法过程中各种权力关系作出全面而准确的认识，从理论和制度上来重新设定司法中各种权力关系的运行规则。在相关规则的设定中，应该遵循这样一条原则：为司法减负，促使法律方法一般功能的最大化发挥。

据调研，当前法院系统尤其是基层法院的法官大都在超负荷工作，每年人均审理三四百起案件已属平常，而当事人的涉诉信访更是令法官们头疼和压力倍增。与此同时，司法公信力在基层民众中却是不断降低。对于这种局面，司法权在其运行过程中，虽然不可避免地要处理与其他类型权力之间的关系，但由于关于各类权力在司法活动中的相互关系缺乏明确有效的规则，使得司法权常被其他类型的权力所压制或边缘化，这不仅导致了司法权运行的非纯正性，尤其是司法要承载过多的非法律目的，而且也削弱了司法的权威，并使司法者在不堪重负下又背负了许多（合理的或不合理的）指责。遗憾的是，司法政策的制定者与司法改革的推行者却往往从政治的立场出发，不加区分地回应这些指责并构建一些回应机制，如错案追究制度。其实，该思维一如在发生经济危机时提出的司法要为"保民生、保增长、保稳定"服务，这些都将导致司法负担的进一步加重，使司法改革在泥淖中越陷越深。赋予司法的非法律使命越多，司法将越难以实现独立。因此，为司法减负，使其回归司法本身则显得甚为必要和迫切。实现该目标的一个重要突破口或着力点是尽量避免或减少法律方法特殊功能的发挥，促使其一般功能的最大化发挥。

如前文所述，法律方法的一般功能在于帮助司法者串联案件事实与法律规则，以实现司法的功能。除遵从法律的意思，法律方法的运用应尽可能地免受社会舆论的影响。司法不同于立法，后者才应是民意集中表达的场合。如有学者指出的那样："以个体意愿代表民意，以一时一地的民众情绪取代以法律构建的未来秩序模式显然是不足取的,即便公众形成了一定的共识,其试图以一致意见施加影响的对象也不应当是司法,而是立法。"[1] 美国学者克里斯托弗·沃尔夫也认为:"我们必须记住,我们是将司法部门比作具有一些不民主特征的普通政治机构,而不是一个古希腊城邦国家中代表所有公民的民众大会……当我们实际看看在法官们判决的许多案件中他们否决了谁的行为时,这种对法官民主性不足的指责就会更加黯然失色。"[2] 的确如此,司法并非表达民意的场所,法官也非由公民选举产生,法官只需要服从和适用法律就可以了,他们不需要像立法机关和行政机关那样去过多地考虑社会公众的意见。如果法官受到社会舆论(即所谓民意)的左右,在适用法律时未能坚守相应的法律原则或法治精神,即使可以借助于某些法律方法对司法程序或裁决结果予以圆说(如李昌奎案),其对法律确定性或可预期性及司法权威的损害也是无法估量的。况且,如何判定司法过程中民意的内容及其真伪,也是一个非常棘手的问题,显然,法官不应该在此问题上耗费太多的时间和精力。

再者,社会舆论或民意经常裹挟着一些政治的、经济的或社会的诉求,而这些诉求本是不应该在司法过程中表达的。但是,在司法独立尚未真正确立时,司法者往往会受到来自社会舆论之外的其他类型权力所施加的压力,因为后者更加在意社会舆论的内容及风向。在某些情况下,司法者之所以顾及社会舆论并非因为承受不了舆论的压力,而是其他诸如行政权力作用的结果。只有将这些非正常的压力从制度上加以排除,才能有效地减轻司法的负担并保证司法的纯正性,这也意味着法官能够更加独立地对案件加以审理和裁判。换言之,当司法过程中排除或抑制了社会舆论或民意的影响时,也就在很大程度上阻止了法律之外的目的以及司法之外的权力对司法的不当干扰,法官也将因此有更多的精力专注于案件的审理和裁判,法律方法的一般功能也才可能得到最大限度的发挥。

然而,法官并非纯然中立或独立于社会,他们要受各种微观的社会关系

---

[1] 韩轶、江国华:"司法民主:理论与现实的困境",载《时代法学》2010年第2期。
[2] [美]克里斯托弗·沃尔夫:《司法能动主义——自由的保障还是安全的威胁》,黄金荣译,中国政法大学出版社2004年版,第121页。

的影响，并且宏观体制设计的弊端加剧了微观权力对法官审判案件的干扰，使法官很难对一些案件进行自由裁量。例如，法官的人事关系从属于特定的法院，而法院中又设有庭长、院长等行政职务，法官处于这种行政等级结构中，回避制度与员额制等并不能完全排除法院系统内部对法官审判案件的不当干扰。问题在于，如何将这些干扰置于可控范围内，使其无法从根本上影响法官对案件的自由裁量。当然，排除非法律目的的干扰并不意味着司法者在适用法律时，必然不顾及案件所涉及的政治的、经济的或社会的因素。运用法律解释、法律推理等法律方法的过程是一种实践理性作用的过程，裁决结果将会产生不同程度的政治、经济和社会效果。以实践理性的思维来运用法律方法是法官正确的选择，法律方法的一般功能也应该是实践理性指导下的功能。概言之，非法律目的的考虑与其他类型的权力是在法律方法外部还是在法律方法内部施加影响，或者法律方法是作为一种工具被动地迎合非司法目的或其他类型权力还是自主的融合其他目的或权力的影响，将是衡量司法改革成败的一项基本指标。

毋庸置疑，实现法院与法官的依法独立审判依然是我国司法改革的目标，也是走出司法改革困境和实现法律方法一般功能最大化的基本标志和必然结果。不过，对于法律方法一般功能的追求能否突破司法改革困境，有着不同的观点。如有学者认为："坚持法官独断主义和独白式思维的人们企图通过引介西方近代以来传承下来的法学方法论为我国法官'找法''释法''用法'提供可靠的裁判方法论'秘籍'，以求达到统一法律适用和规制自由裁量权的目的，尽管这种良好的意愿和艰辛的努力很值得敬佩，但遗憾的是，他们的立足点、出发点和落脚点都没有放在我国法律实施体制和机制上，并且从一开始就离开了我们的方法论和认识论基本立场。"[①] 同时，对于法官独立的路径选择问题，学者们也有着不同的主张。苏力认为，一步到位地实现法官独立并不可行，甚至可能出现更多滥用司法权甚至以权谋私的"独立的"法官。苏力主张："把法官独立问题纳入中国社会转型的司法改革的语

---

① 冯文生："裁判方法论：迷思与超越"，载《法律适用》2012 年第 6 期。

境中来分析考察，拒绝把法官独立作为天经地义的论证起点。"① 激进的司法改革是不可取的，建立法官独断主义的法律方法运用机制不能够使司法改革彻底走出困境，但改革的方向应该是明确的，衡量改革成败的指标也应该是清晰而合理的。从法律方法所承载的多重权力关系入手，设定相应的规则，使司法权逐渐独立于其他权力因素的影响，在实践理性指导下充分发挥法律方法的一般功能，应该是正确的选择。

本 章 小 结

司法的基本功能仍应该定位为纠纷解决。法律方法在司法过程中除了常规作用外，还可以产生心理学上的效果，具体可归结为对认知案件相关的事实和法律与接受裁决结果的影响，即认知心理和接受心理两个方面的影响。关注并有意识地强化司法过程中法律方法应用的心理学意义，将有助于促进司法功能更好地发挥。国家法律作为正式规则在某些情形下会被非正式使用，这其中体现了使用者的法律智慧。在一个农村收贷案例中，国家法律仅仅作为一种权威性的符号被使用，却发挥了最终解决问题的功效。对此功效或包含的法律智慧，可从社会心理学的角度进行分析，最后能得出正式规则和非正式规则是可以和谐并处的结论。

司法过程中法律方法的功能有两种：一般功能和特殊功能。前者体现于任何案件审判过程中，而后者的作用既可能基于正当目的也可能基于非正当目的。法律方法在司法审判中受到多重权力关系的影响，使法官无法独立地将其一般功能加以充分发挥。这是我国司法实践存在的一个重要问题，也是我国司法改革陷入困境的一个综合反映。从理论和制度上来重新设定司法中各种权力关系的运行规则，为司法减负，促使法律方法一般功能的最大化发挥，或许是走出司法改革困境的一个正确选择。

---

① 苏力：《道路通向城市——转型中国的法治》，法律出版社2004年版，第183页。

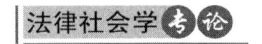

复习思考

1. 试述法律方法与心理学知识的关系。
2. 论述法律方法在司法过程中所能产生的心理学效果。
3. 论述法律适用智慧的内在机理。
4. 论述法律方法的一般功能和特殊功能。
5. 如何在多重权力关系中更好地适用法律方法以实现司法公正?
6. 从法律是用的方法角度论述司法改革。

第八章 法学引证研究的回顾与反思

学习目标

能够运用历史研究方法；熟悉引证研究作为中国主流法学学术作品价值评价方法的实践发展；能够借助个案分析方法，掌握引证研究的基本理论假设和能够有效评价法学学术作品价值的制度性基础；能够通过经济分析理论，思考引证衡量法学学术作品价值的不足和限度。

2018年是中国法学发展四十周年。法学人习惯在这个时刻集中精力总结新时期中国法学研究的成就和趋势，反思中国法学知识生产的问题和不足。比较有代表性的乃是这样两种分析路径：其一，文献综述的方式——通过梳理法学诸多次学科或者法学理论热点问题的文献，分析中国法学发展的成就和不足；其二，量化研究的方式——通过法学学术引证研究，分析法学知识类型转变、法学研究地域分布、次学科状况、法学学术翻译等问题。虽然，两种路径切入角度不同，但它们共同关注宏观层面，追求对中国法学的总体把握。

关注微观层面，通过具体的个案分析透视中国法学的研究状况，据笔者所知，目前还没有专门性的研究。这点缺失正是我们的努力所在。一本中文译著《法理学——法律哲学与法律方法》近四十年来在中国法学界获得的巨大声望，给我们的研究提供了适当的讨论对象。因此，本章专注于对一本中文译著《法理学——法律哲学与法律方法》的评价性研究。即运用社会科学和法学的工具，对这本中文译著的声望进行一次独立的、专门批评性的（而非崇拜的）研究，借此个案反思中国法学学术作品的价值评价方法。在认同近代中国法学研究的开端以及后来的几次大的推动都主要来自法学引入和移植的前提下，这项评价单个译著声望的个案研究就变得系统而具有意义。

基于所关注的核心问题，本章的结构将作如下安排：第一部分是《法理学——法律哲学与法律方法》一书的版本研究和引证率研究。作为评价性研究的前提基础，这些量化的研究的结论同该书在中国法学界获得的巨大声望是一致的。同时，也探讨了中国法学界对博登海默综合法学思想本身的研究和评价。有意思的问题是，这些研究和评价同博登海默这本著作的辉煌声望形成了鲜明落差。第二部分具体论证了这本译著的引证率与本身学术价值之间的差距。这一问题使我转向探讨作品的"关注度"与"学术价值"之间的关系，探讨引证率有效评价学术作品价值的制度基础。第三部分借助经济分析的理论框架，将这本译著放置于中国法学"学术市场"之中加以考察，剖析学术作品引证行为的动机和影响因素，揭示通过引证衡量学术作品价值的限度。

一、问题的提出：法学学术作品价值的量化研究

《法理学——法律哲学与法律方法》一书是博登海默的代表著作，1962年由哈佛大学出版社出版，1974年修订再版。本书的核心内容来源于作者1940年出版的《法理学》一书。经三十几载不断吸收法理学领域发表的重要著作和论文，数次删改完善，《法理学——法律哲学与法律方法》终成一本独具特色的法理学著作。

《法理学——法律哲学与法律方法》最早的中文译本由邓正来和姬敬武合译，于1987年在华夏出版社出版。1999年邓正来将这一版本重新审定改译，由中国政法大学出版社出版。为了纠正这一版本少量印刷、翻译错误，邓正来又于2004年出版了修订本。在此期间，《法理学——法律哲学与法律方法》一书的中文译本还有1990年台湾地区东吴大学的范健德等人合作翻译的中译本、1992年上海人民出版社出版的张智仁的中译本、2015年法律出版社潘汉典的中译本。

可见，在诸多中文译本中，邓正来的译本（以下简称邓译本）前后跨越

第八章 法学引证研究的回顾与反思

近20年，审定修正多次，就学术翻译本身而言具有较高的质量，受到中国法学界的肯定。

(一) 法学作品的量化评价

在学术界，发行量和引用率是对法学作品的价值进行量化评价的主要方法。

首先，笔者用发行量测量《法理学——法律哲学与法律方法》邓译本在中国的影响力。1987年华夏出版社版的《法理学——法律哲学与法律方法》中译本是以"二十世纪文库"法学著作中的一部的形式出版的，这是新中国成立以后第一次以丛书的形式翻译西方法学名著，也有学者认为这是改革开放以后翻译的第一本法理学著作[1]，足见该书的翻译在当时中国法学界的分量。当时，该种译本的印数是25000册。1999年邓正来重译该书，由中国政法大学出版社版，第一次印数是3000册，2000年第二次印数是6000册。2004年修订的中译本第一次印数是3000册，总共发行37000册。这么大的发行量在学术著作中是极为罕见的。在邓先生逝世后，中国政法大学于2017年组织先生的学生重新校对，推出了精装纪念版。

与发行量相对照的是，这本译著在法律学习者和法律教材推荐者中间很有威望。正如博登海默所期望的"出版本书的目的之一是为了教学"，"给那些对作为一种社会政策工具的法律的一般问题感兴趣的法律与政治学学生或研究者提供帮助"[2]。《法理学——法律哲学与法律方法》翻译出版以来，在高等院校法学专业的学生中间产生广泛的影响。许多院校将本书列为法理学专业研究生入学考试必读书目、研究生精读书目、本科生推荐书目。可以说，自90年代始，许多法理学专业的学生都是在《法理学——法律哲学与法律方法》一书的带领下踏入法学殿堂的。从这批学生中成长起来的法学学者大都受到过该书的影响。在对当今中国学者的法理学著作的抽样调查中，我发现除少数学者外，大部分学者著作的参考书目中都有这本中文译著。这些学者同时用各种形式推荐这本译著，该书被先后收入1992年《中外社会科学名著

---

[1] 冯文生："裁判方法论：迷思与超越"，载《法律适用》2012年第6期。
[2] 同上。

千种评要》法学卷，1999 年《西方法学名著提要》，2000 年《外国法学名著精粹》，等等。①

其次，用"引证率"这一目前学界主流学术作品价值评价方法测量这本译著的辉煌声望。根据中文社会科学引文索引（CSSCI）所做的统计表明②，《法理学——法律哲学与法律方法》邓译本在"文革"后翻译的纯法学书籍中他引数排名第一。苏力在《也许正在发生——转型中国的法学》一书中的相关讨论也可以证明这一点。在引证率是衡量学术作品声望的"有效"工具这一前提假设的基础上，也可以从一个侧面论证《法理学——法律哲学与法律方法》邓译本在中国法学界极具声望。

(二) 法学作品量化评价的问题

为了进一步证明引证率衡量学术价值的有效性，我同时利用了"中国期刊网"。这是由中国学术期刊杂志社开办的，目前国内最大型的学术期刊数据库。共收录 1994 年以后国内 3500 种期刊的全文。考察的结果是自 1994 年到 2018 年间，中国期刊网上涉及博登海默法学思想的研究论文只有 17 篇。③与此相对应的是国内西方法律思想史教材（著作）中，除少数作者（如张文显《二十世纪法哲学思潮研究》）外，大多数教材（著作）并未介绍博登海默及其所代表的综合法学派，即使有介绍的也都评价不高。

这是一个有意思的现象——《法理学——法律哲学与法律方法》邓译本的高引证率与博登海默思想低研究度之间存在巨大差距。这一差距促使我们对如下两个问题进行进一步的追问。

第一，如果研究匮乏的原因是博登海默思想本身并没有太高的学术价值，那么低价值的学术作品拥有高引证率这一现象足以使我们对"引证率可以有效地测量学术作品的价值"这一引证研究的前提假设产生怀疑。进而反思，引证率有效衡量学术作品价值的制度性基础何在？中国法学界是否具有这种制度性基础。

第二，如果中国法学界不具备引证研究的制度基础，那么，我们必须深

---

① 冯文生："裁判方法论：迷思与超越"，载《法律适用》2012 年第 6 期。
② 同上。
③ 同上。

入剖析《法理学——法律哲学与法律方法》邓译本在中国法学界引用的动机，借以探索引证研究评价法学学术作品价值的不足和限度。

二、引证研究的制度分析

运用引证研究评价法学学术作品的价值这一方法源于西方，它的基本理论预设是：引证率可以表征学术界对作品的关注度。在制度性基础具备的前提下，学术作品的价值与关注度相对一致。也就是说，即使存在一定的偏差，大体而言引证率高的学术作品具有相应的学术价值。

（一）中国学术作品关注度与学术价值之间的关系

《法理学——法律哲学与法律方法》邓译本巨大的发行量和高额的引证率可以证明其在中国法学界近四十年来获得的广泛关注。但是，这些量化数据能否同时证明这本译著具有同等的学术价值？或者说这本译著在中国的学术价值如何评价？笔者认为需要在中国的情境下，对引证率与学术价值之间的关系进行重新探讨。

在法学领域，自苏力通过对 CSSCI 数据的处理和分析，运用引证评价的方法初步研究中国法学发展的若干问题以来，关于法学引证率的研究日渐得到重视。代表性的研究有苏力《从法学著述引证看中国法学——中国法学研究现状考察之二》，成凡《从引证看法学——法学引证研究的三个基本方面》，凌斌《中国主流法学引证的统计分析》，侯猛《CSSCI 法学期刊——谁更有知识影响力》，刘磊《我国法学引证研究之省思》，等等。这些研究共同的特点是关注由引证率的经验数据得出的分析结果，缺少对"引证率有效评价学术作品价值"这一前提假设本身的思考。在中国法学界，正是这点缺失遮蔽了引证率与学术作品价值之间的"鸿沟"，从而遮蔽了引证率研究在中国法学研究中可能的限度。由于技术原因，我无法获得博登海默及其《法理学——法律哲学与法律方法》在美国法学界的引证率。因此，我们拟借助对德沃金和波斯纳两位学者及其著作的量化分析来具体讨论：在中国法学界，引证率能否有效衡量学术作品的价值。

表 1.1　1998—2002 年间博登海默、波斯纳和德沃金著作中文社会科学期刊他引数

作者	著作名称/中译本出版时间	期间	中文社会科学期刊他引数	引证率排名
博登海默	《法理学：法律哲学与法律方法》（1987 年）	1998—2002 年	223	2
波斯纳	《法律的经济分析》（1997 年）	1998—2002 年	162	5
德沃金	《认真对待权利》（1998 年）	1998—2002 年	6	引证率太少没有记入排名

表 1.2　1978—2004 年间波斯纳、德沃金著作美国社会科学期刊他引数

作者	著作名称/出版年限	期间	美国社会科学期刊他引数	引证率排名
波斯纳	《法律的经济分析》（1981 年）	1978—2004 年	542	5
德沃金	《认真对待权利》（1978 年）	1978—2004 年	489	9

表 1.3　1994—2008 年间对博登海默、波斯纳、德沃金人物思想研究论文数（中国期刊网）

人物	期间	人物思想研究论文数（中国期刊网）
博登海默	1994—2008 年	10
波斯纳	1994—2008 年	75
德沃金	1994—2008 年	93

为了表 1.1 能尽可能准确的提供引证数据，我在分析中文社会科学引文索引（CSSCI）所提供的经验数据的基础上借鉴了苏力在《也许正在发生——转型中国的法学》一书中的研究成果。① 表 1.2 来源于耶鲁大学法学院图书馆副馆长 Fred R. Shapiro 教授在芝加哥大学法学研究杂志上发表的"1978 年以来引证率最高的法学著作"（不包括 1978 年之前出版的，也不包括教材）一文。② 表 1.3 借助中国期刊网提供的经验数据，反映了 1994—

---

① 苏力：《也许正在发生——转型中国的法学》，法律出版社 2004 年版，第 66 页。
② 参见耶鲁大学法学院图书馆副馆长 Fred R. Shapiro 教授在芝加哥大学法学研究杂志上发表的"引证率最高的前五十名法学著作"［The Fifty Most Cited Legal Books（1978 - 1999）］，转引自冯玉军编：《美国法学最高引证率经典论文选》，法律出版社 2008 年版，第 385 - 387 页。

2008年中国法学界对博登海默、波斯纳、德沃金思想的研究状况。（为了数据的准确和讨论的集中,这里只有针对性的专门探讨三个人物法学思想的论文,不包括探讨与之相关的综合法学派、经济分析法学派、新自然法学派的论文,并在检索的基础上形成分析数据。）

根据引证率研究的理论,表1.2证明波斯纳和德沃金在美国法学界具有很高的学术声望。二者的学术作品不仅广受学界关注,而且学术价值也获得肯定。表1.3反映波斯纳和德沃金的法学思想在中国法学界被广泛讨论的事实,进一步证明波斯纳和德沃金法学思想的学术价值。重要的问题是,反映学术思想价值的表1.3和反映引证率的表1.1所提供的经验数据之间无法契合。对博登海默和德沃金来说,差异尤其鲜明。量化的数据分析证明:"在中国法学界,引证率可以证明学术作品具有广泛的关注度,但不能有效测量学术作品的价值。"

（二）引证研究效度的制度性基础

对中国法学研究来说,有意义的追问是,引证率得以有效测量学术作品价值的前提基础是什么?

"引证研究"的理论与方法技术体系形成于20世纪60年代中期。它由社会学家倡导,日益广泛地被应用于文献研究领域或学科研究领域,其中最为突出的表现在非科学领域的声望研究、学术交流机制评价、学术理论前沿问题分析等方面。[1]中国法学引证研究兴起于2000年,在宏观上,用以反映某一法学领域的研究现状和发展趋势;在微观上,用以评价法学作品的学术价值和法学期刊的学术质量。引用率从此成为法学学术评价的重要指标,甚至给个体研究行为造成深刻影响。

在西方学术界,"引证研究"凭借其自身优点获得研究者的重视:第一,引证研究为那些非常难于进行学术评价的现象,诸如声望、影响等,提供了一种量化的分析方法;第二,引证研究可以在很大程度上避免人为干扰,从

---

[1] 陈菊英:"文献引证关系研究简要评述",载《图书馆理论与实践》2003年第1期;[美]理查德·A.波斯纳:《法律理论的前沿》,武欣、凌斌译,中国政法大学出版社2003年版,第444页。

而使之能够在一种"公众选择"情况下保持客观性。① 可见,"引证研究"能够在一定程度上为学术作品的价值评价提供一种客观标准。这一结论的合理性建立在这样的假设之上:每一位研究者都高兴别人引用他的成果;每一位研究者都自愿地引用他认为是对他有帮助的成果。引证率没有学术外的评价因素。它是学术界同人自发评价的结果,某种程度上具有客观公正性。② 即必须建立学术评价机制,同时排除学术外的干扰因素。因此,"引证研究"能够客观度量学术作品价值的条件是:第一,具有真正意义上的学术共同体为学术交流、学术评价、学术文献流运动提供平台,即使学术引证具有可能性;第二,在学术共同体中,建立共同的学术规范和有序的学术环境,进行严格的学术规范训练,以保证学术引证具有科学性。第三,具有专门的学术信息收集和处理技术,使引证研究可量化。综上,"引证率有效测量学术作品的学术价值"必须建立在成熟的学术机制和完善的学术制度的基础上。如果没有制度保证,引用没有规则,未引或误引没有遭受学术共同体批评的可能性,随机引证就会大量出现。如果引证是随机的,"引证研究"就没有意义,事实上也不会有"引证研究"。③

中国学术界从 20 世纪 90 年代中后期开始,才真正关注学术规范化问题。在此之前,中国学术以"失范"现象为基础背景,大体表现在这样几个方面:第一,无论在形式上,还是在实质上,缺少学术引证惯例,"威权主义"泛滥——用政治著作、政治文件、口号宣扬代替学术引证,用引证代替论证;第二,缺乏尊重他人成果的学术意识,以及由此导致的不断出现的抄袭剽窃现象;第三,缺乏健全的学术评价标准和机制;第四,缺乏知识增量和学术传统意识,难以与国际学术界进行严肃的学术交流;第五,低水平知识的大

---

① 苏力:"也许正在发生——转型中国的法学",法律出版社 2004 年版,第 39-40 页;凌斌:"中国主流法学引证的统计分析——以 CSSCI 为数据基础的一个探索性研究",载《中国社会科学》2004 年第 3 期;[美]理查德·A. 波斯纳:《法律理论的前沿》,武欣、凌斌译,中国政法大学出版社 2003 年版,第 444 页。

② 冯玉军:"美国当代法律学术发展概观(代译序)",见冯玉军编:《美国法学最高引证率经典论文选》,法律出版社 2008 年版,第 1 页。

③ [美]理查德·A. 波斯纳:《法律理论的前沿》,武欣等译,中国政法大学出版社 2003 年版,第 444 页。

量重复与学术消费趋向日益泛滥。[①] 基于对中国人文社会科学缺失学术规范的忧虑和建构中国社会科学传统，形成学术共同体的努力，邓正来在中国学术界发起了一场建立学术规范化运动。自《中国书评》1994年集中发表近20篇学术规范化论文始，十年间，中国学术刊物陆续发表的讨论学术规范化的论文近百篇，标志着中国学界从整体上关注学术规范化问题。

在我看来，中国学术界十多年的学术规范化运动的成果是在形式上建立了一系列学术规则，具体表现为：第一，绝大多数学术期刊和出版物具有相对规范的注释体例和参考文献规则；第二，在学术论文的选择和评价上，绝大多数学术刊物采纳"匿名评审制度"；第三，揭露和批评学术抄袭剽窃现象；第四，中文社会科学引文索引（CSSCI）、中国期刊网等数据库的建立。显而易见，中国学术界经过十多年的发展只是具备了取得量化数据，进行学术引证研究的可能性，还远未达到学术引证研究的相对科学性。正如邓正来自己的评价的那样，"那十年的学术规范化讨论只是中国学术规范化运动的第一阶段。学术规范化目的不仅在于建立各种形式的学术规则，而且还更强调学术内容的实质性规则，比如说如何建构学术评价机制、如何建构学术研究范式以及如何营造中国社会科学的知识增长传统，等等……现在是将中国学术规范化运动推向第二阶段的时候了"[②]。因此，在西方，引证研究已经成为获得较高学术声誉的可靠的预测器（如自然科学中的诺贝尔奖）。在中国，用引证研究考察学术作品价值的效用则需要加以限制，需要在量化数据的基础上将学术作品置于中国学术背景下进行独立的评价。此外值得注意的是，引证研究的前提假设是一种理想的学术状态，即使具有成熟的学术机制和完善的学术制度，用引证率代表学术价值也是不完美的。我将在下文对此展开进一步的分析。

一个暂时的结论是：对《法理学——法律哲学与法律方法》邓译本的量

[①] 参见《当下的核心是建构中国学术自主性——著名学者邓正来先生访谈录》一文（西祠胡同，http://www.xici.net/b506202/d33532763.htm）和《中国书评》1994年各期上关于中国社会科学研究的学术规范的讨论。

[②] 西祠胡同："当下的核心是建构中国学术自主性——著名学者邓正来先生访谈录"，http://www.xici.net/b506202/d33532763.htm，访问日期：2018年10月20日。

化分析——版本研究和引证研究在客观测度这本译著本身的学术价值方面存在限度，但至少可以宏观描绘这本译著在中国法学界所受到的广泛关注。可以确认，《法理学——法律哲学与法律方法》邓译本在中国法学界广泛传播，从翻译质量到作品内容都得到学界接受，具有很高的威望。因此，寻找这本译著高引证率的原因就变得迫切而重要。在中国法学界不具备引证研究制度基础的背景下，需要对《法理学——法律哲学与法律方法》邓译本进行一次独立的评价，提供一些经验事实来解释它辉煌声望的来源。

三、引证研究的过程分析

没有成熟的或被学界广为接受的学术价值评价理论，从单个学术作品的评价性研究来说，也没有可以借鉴的样本或具体的要求，这既构成了本章研究的理论困难，但也给我自主选择论述框架和分析工具提供了广阔的空间。可以说，本章的评价性研究是一个富有个人色彩的文本。[①]

引证率能够表征法学作品的关注度。这一理论预设隐含着引证行为的本质特征：引证行为取决于他人的引用动机和学术活动，而非学术作品本身创造的或拥有的。[②] 这一本质特征决定引证研究探讨的焦点要从学术作品本身的价值扩展到"他者"的学术活动（这里的"他者"包括个人学术活动和学术制度），即探究引证者的引证活动和引证原因，进而揭示引证研究的限度。

基于引证行为的本质特征，我们采用经济分析的理论框架，从制度的角度切入，对《法理学——法律哲学与法律方法》邓译本在中国法学界的引证行为进行过程分析。具体而言，在宏观上，我将这本译著设想为一种在以需求和供给为特征的市场中的产品，分析在"学术市场"中"引证"的原因，特别是那些可以获得额外引证的影响因素。值得注意的是，通过上文的分析，中国法学界处于"学术市场"形成过程之中，尚不具备完善的"学术市场"机制。虽然用"学术市场"的一般性规律分析学术作品在中国法学界的引证

[①] 本章论述框架的形成借鉴了波斯纳的《卡多佐：声望的研究》一文和波斯纳著《公共知识分子——衰落之研究》一书，同时参考了社会学中的项目评估研究和分析框架的建构。

[②] [美]理查德·A. 波斯纳："卡多佐：声望的研究"，张海峰译，载"中国公法网"，http://www.gongfa.com/0402.htm，访问日期：2018年5月2日。

具有可能性，但必须结合1987年至今中国法学发展和社会变迁这一复杂背景才能获得有效性。在微观上，本章着眼考察《法理学——法律哲学与法律方法》邓译本的思想内容、写作风格、翻译质量，意图将这本译著的自身特色与我们的宏观框架相结合进行经验分析。

（一）引证行为的宏观分析

正如开篇所指出的，自1978年以来，中国法学在推进自身理论建设的同时也不断地对中国法学发展做整体性的分析与反思。一个学术产品的引证率是中国法学发展的产物，是中国社会转型和变迁的产物。对1987年《法理学——法律哲学与法律方法》邓译本出版以来中国法学的发展和变迁进行分析是解释这本译著高引证率的基础。

根据我的阅读，虽然不同论者对中国法学发展的阶段以及各阶段的主要成就存在争议，但是就中国法学发展的整体状况而言，存在基本的共识：中国法学在批判"阶级斗争范式"的过程中，恢复法学的独立地位，在政治意识形态上论证了法学的正当性，进而开始法学本身的发展和自身话语与问题的建构。[①] 从1987年《法理学——法律哲学与法律方法》邓译本出版这一时间点来看，当时的中国法学主要有两个任务，一是为法学在当代中国社会的发展争夺空间，即政治的正当性；一是开始中国法学自身的理论建设。

如上的理论判断是运用经济分析框架解释《法理学——法律哲学与法律方法》邓译本在中国高引证率的前提基础，也是下文进一步分析当时中国学术市场的供求状况的前提基础。

20世纪80年代后期，随着中国社会的改革和变迁，中国学术市场的"需求"急剧增加，值得注意的是，这种"需求"某种程度上具有特殊性：一方面，需要为中国法学争夺发展空间提供"话语"支持；另一方面，需要

[①] 本章对中国法学发展变迁的分析参见邓正来：《中国法学向何处去》，商务印书馆2006年版；苏力：《也许正在发生——转型中国的法学研究》，法律出版社2004年版；李步云主编：《中国法学：过去、现在与未来》，南京大学出版社1988年版；郭道晖：《法的时代精神》，湖南人民出版社1997年版；李步云：《走向法治》，湖南人民出版社1998年版；张文显、于宁："当代中国法哲学研究范式的转换：从阶级斗争范式到权利本位范式"，载"中国法理网"，http：//www.jus.cn/ShowArticle.asp?ArticleID=1502，访问日期：2018年12月2日。

为中国法学自身理论建设提供知识支援。当时，中国学术市场的"供给"状况则是由于法学研究的长期停顿导致可利用的理论资源极为稀缺。"21世纪上半叶的法律著译资料，现在正面临着悄然毁失的危险。由于印刷技术低下，低质粗劣、馆藏条件落后，许多法学书籍破旧枯巧，不堪翻劣、有些甚至图文蚀裉无法辩读。加之种种人为的原因，那些汗牛充栋的法学资料长期尘封蛛网，很少有人记起，整个世纪的探索和成就竟被视若虚无。馆藏制度之限制又使借阅者困阻重重。人们常叹：《尚书》《周易》乃至秦汉野史随处可得，几十年前法学著译竟一书难求！此种文化断裂现象，实有碍于今日中国法律教育和研究事业之正常进行，亦有损于中国法律现代化事业之发达。"①因此，在当时中国学术市场的"供求"关系下，《法理学——法律哲学与法律方法》邓译本出版获得的广泛关注不难得到解释。

（二）引证行为的微观分析

社会的改革和变迁是《法理学——法律哲学与法律方法》邓译本在中国高引证率得以形成一种重要的分析思路。就当时中国学术市场"需求"的特殊性而言，我强调这本译著本身的思想内容、写作风格是其高引证率得以形成的另一个重要因素。

从《法理学——法律哲学与法律方法》一书的思想内容来看，全书内容分为三个部分：第一部分是法律哲学的历史导读。博登海默在这一部分采取的写作策略是描述性的，除了结论一节外，几乎没有博登海默自己对各思想流派所做的批判性评价。第二部分法律的性质和作用是该书的核心部分。博登海默对法律的秩序成分和正义成分作了详尽而深刻的阐述，并在此基础上对法律与其他社会控制力量（如权力、行政、道德、习惯等）之间的关系进行了哲学上的分析，最终形成对法治利弊的评价。第三部分讨论了法律的渊源和技术。②

经济分析框架可以提供对《法理学——法律哲学与法律方法》邓译本在

---

① 李龙、汪习根："二十世纪中国法理学回眸"，载《法学评论》1999年4期。
② [美] E. 博登海默：《法理学——法律哲学与法律方法》，邓正来译，中国政法大学出版社2004年版，"作者致中文版前言"。

中国高引证率的宏观解释。将译著本身的思想内容和写作风格放置于经济分析框架中考察，则能够揭示《法理学——法律哲学与法律方法》邓译本与当时中国法学发展、政治文化具有高度的适应性，以在微观层面解释这本译著的高引证率。

借助上文的分析可知，当时中国学术市场的"消费者"更多的是寻求一种话语而非理论。这种话语具有强化消费者预设，乃至作为其斗争工具的作用。博登海默致本书的中文版前言中指出：《法理学——法律哲学与法律方法》关注那些超越特定社会结构和经济结构相对性的基本价值，即关注人类社会制度中那些共性的问题。这种以一般性法律问题为中心（如法治、秩序、正义、法律与权力……）的写作策略可以为当时中国法学提供"法律话语"支持。特别是在当时中国法学资源极为匮乏的情况下，为中国法学批判极"左"的政治话语提供有效的支持。政治需求对引证行为具有重要作用。从正反两方面来说，引证都是政治斗争的副产品。

在《法理学——法律哲学与法律方法》一书中，博登海默通过逐步推进的方法最终建立起综合法学派的理论思想。虽然，无论是第一部分对西方法律思想史的描述，还是第二部分在批判西方三大法学派思想缺陷的基础上对秩序、正义、法治等问题的解读都没有对原有西方法律理论产生震撼性改变。但是这部著作展示了一种简洁清晰的写作风格。博登海默突出的学术能力不在于新颖的智力创造，而在于高超的概括、总结、综合技艺。在研读《法理学——法律哲学与法律方法》一书的过程中不难发现，博登海默对繁复的西方法律思想史的澄清和梳理使其所描述的法律思想内容更加整齐，所论述的逻辑体系趋于合理，更容易被当时中国法学学术市场的消费者理解和接受。

在成熟的学术市场中，具有未完成特点的学术作品，即其学术作品的思想内容具有模糊性、多样性的情况，会增加额外的引证。具体而言，在学术界认同的前提下，这类作品为各方争论提供所需的"名言"、争论的焦点和研究的机会，从而扩大了追随者。典型的例子是霍姆斯著名的演讲《法律的道路》，在法律类论文的引证率中高居榜首。① 在中国，学术制度刚刚恢复，学术市场逐步建立的情形下，情况刚好相反。当时，中国法学界不具有研究和争论一般法学理论问题的能力，甚至没有一般法学理论问题的意识。在当时中国法学界，"消费者"需要问题的简单化，而不是复杂化。因此，文本的综合力比分析力更具有吸引力。另外，值得注意的是，《法理学——法律哲学与法律方法》邓译本优秀的翻译水平也给本书的高引证率和关注度注入了持久的活力。

综上，《法理学——法律哲学与法律方法》思想内容的一般性和写作风格的简洁性为本书增加了额外的引证行为。至此，我们从"学术市场"供求关系的角度揭示了社会因素、政治因素、写作因素对当时特定时空条件下这本译著声望形成的重要作用。在下文中，我将从"学术产品"特性的角度对这本译著引证的持久性进行解释。

（三）引证行为的持久性分析

《法理学——法律哲学与法律方法》邓译本在特定时空条件下高引证率的获得似乎具有幸运的成分，似乎是偶然的、不断变化的。那么，这本译著随后长达二十多年，甚至更长的持久的高引证率就不能说完全是一系列特别事件的产物。因为，"时间检验"能够淘汰引证中的随机因素，使我们获得对引证行为更一般的经验认识。②

"学术产品"是一种"信用品"，而不是"检验品"。"检验品"是消费前就可以大致察知其质量的产品；"信用品"则无法事先确定其质量，只有在消费中才能了解。③ 基于"信用品"的特点，《法理学——法律哲学与法律方法》邓译本在特定时空条件下获得的高引证率可以保证其持久的影响力。

首先，基于"学术产品"本身特点的影响。"学术产品"的"信用品"

---

① ［美］理查德·A. 波斯纳：“卡多佐：声望的研究”，张海峰译，载"中国公法网"，http：//www.gongfa.com/0402.htmi，访问日期：2018 年 10 月 20 日。

② 同上。

③ ［美］理查德·A. 波斯纳：《公共知识分子——衰落之研究》，徐昕译，中国政法大学出版社 2002 年版，第 5 页。

第八章　法学引证研究的回顾与反思

性质使人们无法预先监督学术产品的质量。根据经济学原理，人们往往会通过学术产品以往的引证作为确认依据。先前消费者愉快的经历累积起来，可能会出现在其他消费者的意识之中，促进他们关注有关学术产品。[①] 值得注意的是，消费中介——高校教师、核心期刊、学术出版社——在其中起到重要的推动作用。先前的引证在正反两方面都可以增加额外的引证。从正面来看，这本译著在法律学习者和法律教材推荐者中间的威望为其高引证率持久的影响力注入活力。从反方面来看，随着引证分析变得更为常见，引证行为会成为一种策略——通过将这些知名作品同引证者自己的作品联系在一起，提高引证者自己作品的可信性，此即所谓"名望引证"的误区。这些动机增加了这本译著的额外引证行为。[②]

其次，这受到便利的主义的影响。信息成本会随着一部作品被引次数的增多而下降。一部作品越是经常被引，就会变得越为人们熟悉，相比那些不常被引因而不大为人所知的作品，也就减少了回忆和查找的成本。引用更有名气的作品无论对于引者还是受众而言，成本都更低。同时，引证人们熟知的作品会传递更多的信息。值得注意的是，此时是因为便利而使引证提高，而并非因为内容具有创造性或者是重要的。[③]

第三，关于"学术产品"的替代品（即同类作品）的特殊情况。学术市场"供给"的扩张不一定会为新的竞争对手创造机会。"学术作品"一旦建立了声望，相比于同等甚至稍好一点的作品，会使人们更渴望、更仔细的阅读，从而使其获得更好的理解和判断，具有更广泛的沟通平台。学术市场缺少关注同等或稍差一点儿的替代品的动力机制。[④]

如上三个因素在正反两方面都可以增加额外的引证，从而论证《法理学——法律哲学与法律方法》邓译本在中国法学界近二十年来的持久引证

[①] ［美］理查德·A. 波斯纳：《公共知识分子——衰落之研究》，徐昕译，中国政法大学出版社 2002 年版，第 58 页。

[②] ［美］理查德·A. 波斯纳：《法律理论的前沿》，武欣、凌斌译，中国政法大学出版社 2003 年版，第 446－447 页。

[③] 同上书，第 450 页。

[④] ［美］理查德·A. 波斯纳：《公共知识分子——衰落之研究》，徐昕译，中国政法大学出版社 2002 年版，第 52 页。

率。尤其不能忽视的是，反面因素与中国学术界"失范"情境相结合对这本译著的声望具有推动作用。

结　语

《法理学——法律哲学与法律方法》邓译本自1987年翻译出版以来二十多年在中国法学界长盛不衰，这个现象本身就是中国法学史上的一个重要课题，值得严肃地探讨与反思。科学、系统地研究这本译著的声望对中国法学的意义在于：一个学术产品的声望是中国社会变迁的产物，这一声望的合理解读或反思性评价都能揭示出中国法学学术研究制度的问题。

与西方学术界相比较，中国没有成熟的学术运作规则和实质性的学术评价规范体系，尤其没有良好的责任承担机制和有效的监督中介。因此，西方学术界衡量学术价值所使用的分析工具——"引证研究"在中国的运用就具有限度。在中国学术界，用引证率衡量学术价值存在很大偏差。《法理学——法律哲学与法律方法》邓译本在中国法学界的高引证率产生于一系列特殊的历史事实并在一定程度上顺应了引证行为的影响规律。这需要用更一般的经验性研究加以说明。

我们从引证行为的本质特征出发，借用经济分析框架，将这本译著的思想内容和写作风格放置于中国法学发展与变迁的历史背景中进行独立的评价，以解释这本译著高引证率的来源：中国法学的"学术市场"是一个形式上的学术规范初步形成，实质性的学术评价尚未建立的特殊市场。在这一背景下，学术作品引证的获得不完全依赖第一流的学术水平，而是一系列社会、政治、经济变化的产物。从学术作品引证率的形成来看，《法理学——法律哲学与法律方法》邓译本与当时社会改革和变迁的适应性，与政治诉求的契合度为其引证的获得营造了必要的空间。从学术作品引证率的持续性来看，引证发展的规律——一个学术作品一旦建立了声望就会获得更高声望，在一个学术市场不完备，威权引证、名望引证情形严重的社会更是如此，这为这本著作高引证率的持久影响提供了保证。

本 章 小 结

引证研究是当今法学界评价学术作品价值的主要量化方法，在一定程度上排除了学术外的干扰因素，提供一种客观的标准。本章通过博登海默《法理学——法律哲学与法律方法》邓译本在中国法学界高引证率与低研究度的典型现象，揭示引证研究的基本理论预设是引证率表征学术界对作品的关注度。大体而言学术作品的关注度与学术作品的价值相对一致，因而高引证率作品意味着相应的学术价值。

量化的数据分析结论表明，在中国法学界学术作品的关注度与价值存在差距。成熟的学术机制、完善的学术制度、真正意义上的学术共同体是引证研究有效评价法学作品学术价值的制度性基础。目前，中国学术界经过数十年的学术规范化运动已初步具备了量化数据，这为引证研究提供了可能性，但尚未达到引证研究的相对科学性和效度。本章中笔者采用经济分析的理论框架，阐释了引证行为的本质特征和影响因素，揭示了引证行为不完全依赖学术作品本身的价值，而是一系列社会、政治、经济变化的产物，也受到个体学术活动便利主义的影响，以说明引证研究作为评价法学作品学术价值方法本身的限度。

复 习 思 考

1. 简述法学引证研究的制度性基础。
2. 简述法学引证研究的方法限度。
3. 思考法学作品学术价值的量化研究。
4. 思考法学知识生产的评价方法。